JN107459

タイラー・コーエン

池村千秋 訳

飯田泰之 解説

巨大企業はなぜ嫌われるのか

BIG BUSINESS《ビッグビジネス》

NTT出版

ナターシャ、ヤナ、カイルに捧げる

BIG BUSINESS
A Love Letter to an American Anti-Hero
by Tyler Cowen
Copyright © 2019 by Tyler Cowen
Published by arrangement with St. Martin's Press
through The English Agency (Japan) Ltd.
All rights reserved.

日本語版への序文

日本の出版社が私の著書『ＢＩＧ ＢＵＳＩＮＥＳＳ』の日本語版を出版すると決めたことを光栄に思う。

本書は、私が長年いだいてきた懸念を反映したものである。その懸念とは、私たちの暮らしと経済に対して大企業が果たしている役割が十分に評価されていないのではないか、というものだ。世界中で大企業は激しい攻撃と批判の標的になっている。しかし、見落とされがちだが、私たちが喜んで使っている製品やサービスの多くを提供しているのは大企業だ。大企業は多くの良質の雇用も提供している。たいてい、ほかの雇い主に比べて給料も高い。

それだけではない。多くの大企業は、社会で有数の信頼できる組織でもある。私自身、トヨタの自動車など、(日本企業を含む)大企業の製品を愛用している。確かに、信頼性の面で問題のある大企業も少なくない。しかし、大企業全般として見れば、小規模な企業や個人よりも信頼できる。この点については、本文で詳しく述べたとおりだ。ほとんどの場合、大企業は自由貿易と世界市民的思考も推し進めてきた。

私は、大企業の貢献がもっと正当に評価されるべきだと思っている。あなたがこの文章を読んでいる現在の社会環境は、私が本書を執筆したときとは大きく変わっているだろう。英語版の刊行後に、新型コロナウイルスの感染が世界に拡大した。この事態は公衆衛生について多くの教訓をもたらしたが、大企業についても多くの真実を明らかにしたように思える。

私が暮らすアメリカの場合、大企業はおおむね、コロナ禍のなかで立派に、そしてしばしば英雄的に行動してきた。インターネット回線は驚くほど安定していて、リモート勤務の増加などにより、やり取りされるデータの量が大幅に増加してもしっかり持ちこたえている。アマゾンは、食料品など、ありとあらゆるタイプの品物を家庭に送り届けてきた。配送の遅れもほとんどない。アマゾンやその他の通販事業者の業務量は短期間で急増したが、これらの企業は目覚ましい対応力を見せている。大学のキャンパスが閉鎖されても多くの授業を継続できているのは、ビデオ会議システム「Ｚｏｏｍ」のおかげだ。この比較的新しいサービスは、ビジネス上の会議や商談、さらには「遠距離デート」も可能にした。

医療の面では、ワクチンや抗ウイルス薬、その他の画期的な治療法の開発について、大手製薬会社やバイオメディカル企業への期待が高まっている。現時点で、そうした取り組みがどの程度成功するかはわからない。それでも、ワクチンや治療法の開発を目指す努力の規模とスピードには目を見張るものがある。世界がコロナ禍を脱したとき、製薬・バイオテクノロジー業界に——きわめて商業主義的な企業も含めて——感謝することになる可能性は高いだろう。

一連の厳しい状況が浮き彫りにしたのは、大きな試練に対して最も強靭で、最も素早く効果的な対応ができるのは、潤沢な資本をもつ大企業だということだった。一方、多くの中小企業が破綻に追い込まれている。手元の資金が乏しい企業は、需要が数カ月落ち込むと生き延びられない。安定した労働力需要の担い手としても、大企業が果たしている役割は大きいのである。

コロナ禍が解消したとき、大企業ばかりが繁栄し、中小企業が減ってしまうとすれば、その状態にリスクはないのか。確かに、ビジネスの世界は全体としてひとつのエコシステム（生態系）を形成していて、大企業と中小企業は互いに恩恵を及ぼし合っている。それに、大企業もすべて、かつては小さな新興企業だった。

経済が完全に再生するまで、中小企業に対する継続的な支援が必要になるだろう。政府の政策レベルでも、消費者の自発的な行動のレベルでも、可能な範囲で中小企業支援の動きが起きるに違いない。

しかし、私は、大企業への攻撃がもっと弱まる未来を見たいとも思っている。大企業が恐れられたり、怒りを買ったり、今以上に手足を縛る必要があるとみなされたりするのではなく、最近の成果についてもっと称賛されるべきだと思う。そして、あらゆる主要な政治的イデオロギーがビジネスと資本主義の恩恵を認めるようになってほしい。残念ながら、今日のアメリカではそうなっていない。

本書を手に取ってくれてありがとう。楽しんで読んでもらえれば幸いだ。

タイラー・コーエン

BIG BUSINESS

巨大企業はなぜ嫌われるのか

目次

第7章 ウォール街は何の役に立っているのか……185

第8章 政府は大企業にコントロールされている？…233

BIG BUSINESS

巨大企業はなぜ嫌われるのか

第1章

いま、あえて大企業を擁護する

A New Pro-Business Manifesto

近頃は誰も彼もが企業を批判する。アメリカの世論調査を見ると、リベラルな民主党支持者の間では、「社会主義」が「資本主義」より支持されている。企業に厳しい目を向けているのは、保守派である共和党支持者も同じだ。民主党支持者よりは企業活動に理解を示しているが、実際の行動は大差ない。

共和党支持者の多くは、ドナルド・トランプ大統領の尻馬に乗って、自由貿易や移民、国外へのアウトソーシング、それに既存メディア（「人々の敵」というレッテルを貼られている）を叩いている。これらの主張はことごとく、反企業的性格をもつ[1]。しかし、企業はもっと評価されていいはずだ。そこで、現状に異を唱えるために、あえて時流に逆らった本を書くことにした。

なかには理にかなった企業批判もあるが、企業が果たしている二つの重要な役割を考えると、いま指摘されている問題点はすべて比較的小さなものに思える。その二つの役割とは、私たちが消費する品物の大半を生産していること、そして、大半の人の雇用を生み出していることだ。ビジネスの世界は、私たちのために繁栄と機会をつくり出しているのである。

企業が存在しなければ、以下のものはすべて存在していない――船舶、鉄道車両、自動車、電気、照明、暖房、ほとんどの食料、私たちの命を救う医薬品の大部分、子どもたちに着せる衣服、電話とスマートフォン、読書の楽しみをもたらす書物、世界中のオンライン情報にほぼ一瞬でアクセスできるインターネットサービス。

そして、企業が支払う給料のことも忘れてはならない。いささか時代がかった言葉を使えば、「社員を食わせる」のは相当な難事業だ。画期的なアイデアを思いつき、努力を重ね、新しい会社をゼロから築くのがどれほど大変な仕事かは、起業経験者なら誰でも知っている。しかも、雇用が働き手にもたらす恩恵は給料だけではない。仕事は、人々にとって大きな誇りの源でもある。職場は、友人と出会ったり、人的ネットワークをはぐくんだりする場としても重要だ。

アメリカの企業はどこが優れているのか

まず、アメリカ企業の特質を確認しておこう。国際的に見ると、アメリカ企業はきわめて優れている。

スタンフォード大学の経済学者ニコラス・ブルームらは、企業のマネジメント手法の国際比較をおこなった。具体的には、職場でインセンティブ制度を活用できているか、社員の成績評価方法が優れているか、上層部が長期の目標を見据えているか、新しいものを創造している社員が報われているか、優秀な社員を引きつけ、つなぎとめられているか、といったことを調べた。

こうした観点から見たマネジメントの質は、会社の業績と連動していた。質の高いマネジメントがおこなわれていると評価できた企業は、生産性や企業規模、収益性、売上高成長率、株式時価総額、会社の存続年数などの指標も優秀だったのだ。[2]

この研究によると、マネジメントの質の高さでは、世界の国のなかでアメリカが群を抜いて1位だった。そのおかげで、アメリカ企業はビジネスの規模の面でも質の面でも傑出した成果を挙げている。これは、ビジネスリーダーと働き手の努力の賜物だ。さまざまな分野のイノベーションでアメリカが世界の先頭を走っていることも、マネジメントの質の高さと無関係ではない。

マネジメントの質を高めることの意義は大きい。生産性の高さで企業をランクづけした場合、このランキングで上から10％目に位置する企業は、下から10％目に位置する企業より生産性が4倍も高い。マネジメントの差がここまで大きな違いを生むとすれば、それを軽く見るわけにはいかない。ある推計によると、中国企業がマネジメントの質をアメリカ並みに高めれば、それだけで生産性が30〜50％上昇する。インド企業の場合は、40〜60％の生産性の伸びが見込めるという。[3]

では、アメリカ企業のマネジメントとは、どのようなものなのか。アメリカ企業の特徴は、職場の信頼関係の強さが効率性を生んでいる点にある。社員を信頼して意思決定を任せられれば、上層部が進歩の妨げになる事態が避けられる。権限委譲がすんなり実現し、それが好ましい結果をもたらしている企業は、速いペースで事業を拡大でき、柔軟性も保ちやすいのだ。

しかも、信頼関係が強い職場で働く人たちは多くの場合、給料やボーナスが、仕事への貢献度で決まると信じることができる。つまり、生産性が高い企業はたいてい、社員にとっても好ましい職場なのだ。実際、今日のアメリカでは、企業の生産高が空前の水準に達しているだけでなく、人々が仕事を比較的楽しめている。人間は、他人から信頼されること、そして自分が他人の信頼に値する人間であることを心地よく感じるものだ。以上のような理由で、企業が繁栄するときは、しばしば社会も繁栄する。[4]

アメリカ企業の好ましい点はほかにもある。アメリカはほかの国に比べると、市場での競争を通じて、質の悪い企業を効率的に排除できている。最悪の企業と最良の企業の差は比較的小さい。世界には、この差が大きい国がたくさんある。アメリカはほかの国より、資本主義で求められる「創造的破壊」のプロセスをうまく実行できているのだ。消費者は、商品やサービスに金を支払うという形で、どのレストランや自動車やスーツケースが最良かを「投票」している。投票で敗れた企業は市場から退場していく。

労働者を守るという大義名分により企業を保護する政策は、一見すると魅力的に思えるかもしれない。しかし、生産性の高い企業が生産性の低い企業に取って代わりにくくなることの弊害は見過ごせない。企業の新陳代謝は、経済の進歩を生む重要な源泉だからだ。

アメリカはほかの主要国に比べて、マネジメントがうまくいっている企業に労働力と資源を割り振ることにも成功している。その結果、成功している企業ほど、さらに成長を遂げ、ビジネスを拡大させやすい。

たとえば、アメリカ企業では、マネジメントの質が1標準偏差上昇するごとに、社員の数が平均268人多くなる。南ヨーロッパの場合は、これが68人にとどまる。この傾向は、企業規模の影響を除外して分析した場合も見られる。アメリカ経済は、優秀な人材同士を結びつけ、傑出した企業から最大限の成果を引き出すことに長けているのだ。[5]

企業は政治よりよほど穏健で善良だ

アメリカにもっと道徳が必要なことは、おそらく誰も否定できない。とくにその必要性が高いのは政治の世界だ。政治の二極化により、アメリカの政治は極度に硬直化しているうえ、しばしば予測不能な激変に見舞われる。二極化は、過剰な表現規制、人種差別と不正義の蔓延、暴力的なデモと銃乱射事件の増加、汚職の続発などを生む土壌にもなっている。政治を取り巻く状況は、いびつさを増すばかりだ。

対照的にビジネスの世界は、生産性が空前の水準に上昇し、寛容の精神が広まり、協力が重んじられるようになっている。そのような企業は、GDP（国内総生産）と経済成長の源泉になっているだけではない。顧客に支持されて利益を得られる商品やサービスをつくることに徹する結果、安定と予測可能性を生む一筋の光にもなっている。

成功している企業は、力強い成長を遂げることに加えて、いわば安定と寛容の「オアシス」をつくることにも腐心する。それにより、生産能力を高められるからだ。そうした心地よい職場は、優秀な人材を確保しやすいため、人々の暮らしを快適にする商品を次々と送り出せる。企業は、人間が辛うじて耐えられる生活にとどまらず、快適な生活を可能にすることにより、人々が愛情や友情、創造性、思いやりの精神を発揮しやすい環境をつくる役にも立っている。

これまでアメリカの大企業は、より多様性のある社会を目指す動きを主導してきた。多くのテクノロジー企業や、マクドナルド、ゼネラル・エレクトリック（GE）、プロクター・アンド・ギャンブル（P&G）などの大企業は、2015年に連邦最高裁判所が同性婚の権利を認める前から、同性カップルに多くの福利厚生制度を認めていた。

2016年にノースカロライナ州で新しい州法が制定されて、出生証明書に記された性別用のトイレを使うことがすべての人に（つまり、トランスジェンダーの人たちにも）義務づけられると、アップル、ファイザー、マイクロソフト、ドイツ銀行、ペイパル、マリオット・ホテルなどの企業が意見を表明したり、抗議の意思表示をしたりした。そうした批判の高まりを受けて、州法は撤回に追い込まれた。

ビジネス界が寛容の精神を重んじるのは不思議ではない。不特定多数の消費者を相手に商売をおこなう大企業にとって、ビジネスの成否はブランドイメージに大きく左右される。誰かの気分を害したり、差別されていると感じさせたり、不満をいだかせたりすることは避けたい。このような傾向には、ソーシャルメディアの時代になっていっそう拍車がかかっている。もちろん、良心に突き動かされて行動しているCEOもいるが、もし利益を最大化させることしか考えていないとしても、大企業は寛容の精神と多様性を尊重するものなのだ。[6]

ビジネスで際立った成功を収めている大企業は、冷徹なビジネスの論理だけで動いているような印象があるかもしれない。しかし実際には、小さな企業に比べて人々の性的指向や個人的嗜好に干渉しない場合が多い。近所の小さなパン屋さんは、同性愛カップルのウェディングケーキをつくりたがらないかもしれないが、全国規模で多くの顧客を獲得したい加工食品大手のサラ・リー社は、誰に対してもウェディングケーキを売る。

大企業は、不特定多数の人たちからの評判とイメージを守り、優秀な社員を大勢集める必要がある。マイノリティの人たちにも悪印象をもたれるわけにはいかない。地元の少数の白人男性だけを相手にしていては、会社を存続させ、成長させていけないからだ。

私の持論なのだが、今日の世界がどうなっているかは、新聞の一面や政治面よりもスポーツ面を読んだほうがよくわかる。スポーツは、社会で日々起きていることの縮図と言っていい。そして、そのプロスポーツを運営しているのも企業なのだ。

アメリカ人は企業への愛が足りない?!

私は、今日のアメリカに対して一つ不満なことがある。アメリカ人が十分に企業を愛していない、という点だ。

昨今、企業に批判的なのは一握りの人だけではない。以下に、いまのアメリカで条件反射的に企業を批判しがちな層、少なくとも企業に強い疑念をもっている層を挙げてみる（ただし、これらの層が企業批判派のすべてではない）。

若者

アメリカの若者の多くは、資本主義にきわめて批判的だ。ハーバード大学の研究者がおこなった調査によると、18~29歳の層で資本主義を支持している人は42％にすぎない。51％は、資本主義を支持しないと答えている。資本主義の代わりにどのような仕組みを支持するかを答えていない人も多いが、社会主義を支持すると述べた人も33％いた。

その社会主義は、年長世代が知っている社会主義とは違うのかもしれない。それでも、若者が大企業に愛情を感じていないことは確かだ。1960年代の急進的行動主義の時代以降、いまほど（とくに若者の間で）反企業感情が高まったときはなかった。[7]

バーニー・サンダース上院議員の支持者

2016年のアメリカ大統領選で、バーニー・サンダース上院議員は民主党の候補者指名こそ獲得できなかったが、ドナルド・トランプに次ぐ支持のうねりを生み出したと言えるだろう。民主党がトランプ政権の暴走に対抗しようとするなかで、サンダースの進歩主義的理想は大きな影響力をもっている。

サンダースは反企業的な左派の典型だ。社会主義者を名乗り、大きな銀行を解体したり、労働者が所有する協同組合型企業を増やしたりすることを求めている。人々の生活水準が一向に上向かないのは、強欲な企業のせいだとも主張する。

仮にサンダースが大統領になったとしても、いま述べている言葉ほど過激な政策は実行しないだろう。サンダースは、「社会主義者」という言葉もさまざまな意味で、しばしばきわめて漠然と使っている。とは言っても、見逃せない点はある。サンダースは、企業全般、とくに大企業に対して好ましい評価をたくさん述べているだろうか。もし述べていないなら、どうして、人々の生活に大きな恩恵をもたらしている存在を評価しようとしないのか。

メディア

企業批判の「主犯」はメディアかもしれない。と言っても、最大の問題は、新聞社やテレビ局が左寄りに偏向しているということではない。ほぼすべてのメディアは、ジャンルを問わず、否定的なニュースを好む。そのため、スキャンダル、汚職、労働者の搾取といったニュースが、大企業が日々目覚ましい成功を収めているというニュースよりはるかに大きく取り上げられてしまうのだ。「アメリカ企業は、今日も素晴らしい製品をつくり、人々に雇用を提供しました」というのは、魅力的なニュースにならない。

最近は、フィナンシャル・タイムズ紙のような中道派の有力メディアも、大手テクノロジー企業の害悪を批判することが珍しくない。たとえば、同紙のラナ・フォルーハーは「テクノロジーの巨人たちの力」を論じる際、否定的な側面を強調している。

いま存在する素晴らしい製品やサービスの多くを提供してきたのは、アマゾン、グーグル、フェイスブック、アップルなどの企業だ。きわめて安価に、時には無料で提供している場合もある。情報へのアクセスという点では、20年前にはほぼ誰も想像していなかったくらい、世界は密接に結びつくようになった。これは、私たちの世代の人類が成し遂げた最大の業績と言えるかもしれない。

ところが、聞こえてくるのは、テクノロジー企業を解体せよとか、現状よりはるかに厳しく規制すべきだという声ばかり。こうした報道が企業の問題点を浮き彫りにしているとすれば、その問題点とは、メディア企業がクリック数を目当てに劣悪な記事を載せていることだ。そのようなメディアの姿勢は、ソーシャルメディアでしばしば否定的なニュースが拡散されやすい現状によって助長されている。

反資本主義的な姿勢を鮮明にするメディアも登場しはじめた。紙媒体とオンライン版をもつ「ジャコバン」という雑誌もその一つだ。たとえば、最近の同誌に掲載されたマシュー・デサンとマイケル・A・マッカーシーの共著論文「大胆に行動すべきとき」には、「旧ソ連のような（トップダウン型の）社会主義が抱える欠陥は、時として資本主義のひどさとどっこいどっこいだ」という一節もある。[8]

ソーシャルメディアにも問題がある。「ディーナ」という人物がツイッターにこんなことを書き込んだ。「考えてみてほしい。眼鏡をかけている人たちは、自分の目を使うために金を払わされている。資本主義なんてクソ食らえ！」。すると、この投稿にはたちまち25万7000件以上の「いいね！」がついた。

しかし本来、眼鏡メーカーは称賛されるべきだ。企業は、競争を通じて眼鏡の価格を大幅に引き下げてきた。経済学の有名な研究によれば、州法で眼鏡の広告を制限すると、競争が阻害されて価格が上昇するとわかっている。幸い、連邦取引委員会（FTC）はその種の法規制を認めておらず、

機関・制度	非常に強く信頼している	かなり信頼している
軍	41	32
中小企業	30	38
警察	25	31
教会・宗教団体	20	21
医療制度	17	22
大統領職	16	20
連邦最高裁判所	15	21
公立学校	14	16
銀行	11	16
労働組合	8	15
刑事司法制度	9	14
テレビニュース	8	13
新聞	8	12
大企業	6	12
議会	0	6

さまざまな機関や制度に対するアメリカ人の信頼（%）

競争が維持されて価格の引き下げが実現している。[9]

企業を十分に信頼しない普通のアメリカ人

上の表を見てほしい。これは、さまざまな機関や制度をアメリカ人がどのくらい信頼しているかを調べた2016年のギャラップ社の世論調査結果をまとめたものだ。[10]

見てのとおり、大企業は最下位の議会を辛うじて上回っているだけだ（中小企業は軍に次ぐ2位で健闘している）。大企業に関しては、強欲な振る舞い、社員への横暴な行為、消費者の幸せを軽んじる姿勢などを連想する人が多い。しかし、大企業は中小企業よりも、平均して給料が大幅に高く、福利厚生制度や職場の環境も充実している。誤解を恐れずに言えば、アメリカの企業をめぐる最大の問題点は、多くの企業があまりに小規模で、十分に成功していないことだ。企業はもっと大きな野心をいだき、利益を増やして巨大企業へ成長すべきなのだ。[11]

トランプ支持者と右派・保守派

トランプはしばしば、大企業のファンを自称し、生産階級の代表を名乗る。しかしその一方で、大企業に容赦ない批判の矛先を向けている。ツイッターの投稿では、アマゾンや空調機器メーカーのキャリア（Carrier）のような企業や経営者を公然と嘲る。

トランプ支持者は、彼の主張が間違っていても最後まで支持するのか。それとも、大半の企業のほうを支持するのか。これまでのところ、トランプの過激な企業攻撃への大規模な反乱はほとんど起きていないようだ。

テクノロジー企業について言えば、右派・保守派の多くはフェイスブックとグーグルを左翼的とみなしている。ポリティカル・コレクトネス（差別や偏見を含まない言葉遣いや主張をすべきだという考え方）を重んじる文化的エリートの巣窟だというのだ（そのような側面は否定できない）。

そこで、右派は、大手テクノロジー企業の解体や大幅な規制強化を主張したり、テクノロジー企業が人々の生活で大きな役割を果たしている現状に対してある種の思想的な「聖戦」を展開したりしはじめた。イギリス出身の保守派歴史学者であるニーアル・ファーガソンがその旗振り役になっている。この運動は、大勢の右派政治家からの賛同を得るようになった。そのような政治家のなかには、大手テクノロジー企業が検閲をおこない、保守系の知識人を締め出したり、保守的な思想を排除したりしていると信じ込んでいる人が多い[12]。

私はいくつかの点でメディアを厳しく批判しているが、トランプや一部の共和党員と異なり、メディアを「人々の敵」とは呼ばない。言うまでもなく、メディアも企業の一種だ。そのメディアを激しく批判するトランプは、本当の「親企業派」と言えるのだろうか。

本書の主張

私は、企業を擁護するためにこの本を書いた。企業はもっと愛されていいはずだ。少なくとも、こんなに憎まれるべきではない。そのことを読者に理解してもらいたいと思っている。私だって、私生活の多くの領域を企業に委ねることにまったく抵抗を感じないわけではない。その点では、多くの読者と同じ思いだ。なにしろ、企業は利己的で、利益追求しか頭になく、時に腐敗しているように見える。

しかし、この状況は、それほど悪くない「取引」なのかもしれない。最善のケースでは、企業は、私たちが勇敢で気高い行動を取る余地を広げてくれる。企業がつくり出すものを利用することで、私たちは創造への欲求を満たし、生活を改善できる可能性があるからだ。

本書では、企業に対する一般的な批判を細かく検討し、その多くが成り立たないことを指摘したい。たとえば、四半期ごとの財務成績ばかり気にして長期的な視点を失っていると、よく批判される。しかし、企業も必要に応じて長期的にものを考えていることを示す証拠は多い。それに、短期の問題のほうが解決しやすかったり、重要だったりする場合もあるし、目の前の問題を解決することが長期的な成功につながる場合もある。

企業のCEOが高額の報酬を受け取りすぎているという指摘もよく聞かれる。フィナンシャル・タイムズ紙のコラムニストであるエドワード・ルース（私の友人でもある）は、ツイッターでCEOの高額報酬を「法外」と評した。[13]

CEOの報酬が昔とは比較にならないくらい高くなったことは間違いない。しかし、CEOたちがマネジメントしている企業の規模と株式時価総額も同様に膨れ上がってきた。CEO全般が不当な報酬契約を結んで株主の金をかすめ取っているという見方は間違っている。データを見れば明らかなように、高額報酬は一流の人材を呼び寄せるためのコストと考えるべきだ。

大企業の経営者に求められる役割は、昔より増えている。業界の専門知識に加えて、メディアや政府機関への対応、対外的な広報活動、ビジョンの策定、文化の垣根を超えたグローバル戦略の立案、顧客の理解、消費者とのコミュニケーション、トラブルの回避なども経営者の仕事だ。こうした多くの資質をあわせもった人材は限られているため、どうしても報酬は高くなる。これは、シンプルな需要と供給の関係だ。いまのCEOたちは辣腕中の辣腕と呼ぶべき人たちなので、報酬が跳ね上がることは別に不思議ではない。

大企業のなかでも、とくに容赦なく叩かれているのが金融分野の企業だ。金融セクターが野放図に肥大化していると批判されることが多い。しかし、金融セクターがアメリカの富に占める割合はずっと2%程度で変わっていない（アメリカの富が増加するのに伴い、金融セクターの規模自体は拡大している）。

それに、金融機関を通じて貯蓄が株式市場やベンチャーキャピタル市場へと、よりリスクの高い投資に回ることで、毎年何千億ドルもの価値が生み出されている。その価値は、一般に金融セクターが受け取っているとされる手数料の総額を大幅に上回る。金融セクターが優秀な人材を根こそぎかき集めることで、金融以外の業種の活動に支障が出ているという批判もあるが、これも根拠がない。近年、アメリカの製造業の生産高は史上空前の水準に至っている。

企業に対する最も強い批判は、悪徳行為に手を染めて、私たちを食い物にしているというものだ。確かに、企業が悪徳行為をおこなうケースは多い。しかし、ビジネスの場以外での個人に比べて、企業のほうがより悪徳というわけではない。むしろ、企業のほうが個人より多少ましかもしれない。企業は私たちに協力の仕方を学ばせ、よりよい人間にしてくれる面もある。

ある信頼性の高い研究によると、人は会社で仕事をするとき、ほかの活動に従事するときよりも悪徳な行動を取りやすいわけではない。多くの人は、職場であろうと職場外であろうと、もともとある程度不誠実な面がある。嘘だと思う人は、恋人探しサイトの会員たちが記載するプロフィール欄を見てみればいい。

言い換えれば、企業が批判されている点の多くは、そこで働く人たちの性質に関わる問題だ。人間なら誰もがもっている欠点が問題の原因なのである。ところが、私たちの取っている態度は、いささか非合理なものと言わざるをえない。企業が悪いことをしていると疑っているくせに、企業が雇用をつくって給料を支払い、新しい友人と出会う場を用意し、社会問題を解決し、リスクを伴わない消費体験を提供することを期待している。

こうした態度を見る限り、私たちは生身の人間を――時には自分の家族を――見るのと同じ感覚で企業を論じていると言えそうだ。つまり、親密さと誠実さを評価基準にしている。だが、この発想は正しくない。企業はあくまでも法律上の概念であり、抽象的な存在だ。企業自体が目的や目標や感情をもって行動するわけではない。私たちは、社会的・法的存在としての企業が果たすべき役割を考え、どうすれば企業が雇用をつくり出し、有益な製品やサービスを生み出せるかを論じるべきなのだ。

しかし現実には、私たちは人を評価するのと同じ物差しで企業を評価している。その結果、企業活動の背後に腐敗した動機があったり、非倫理的な金儲け主義の発想が見え隠れしたりすると、それを許し難いと感じずにはいられない。そのため、道徳的観点から企業を叱責することに終始し、企業を正しく理解しようとする努力を放棄してしまう。

また、企業は利己的もしくは強欲な人間の集合体だという一般的なイメージも、正しい認識とは言い難い。

資本主義と企業を熱烈に擁護したノーベル経済学賞受賞者のミルトン・フリードマンは、1970年に「企業の社会的責任は利益を最大化すること」と題した論文を発表している。非常に有名な論文だが、見当違いの主張を展開していると言わざるをえない。ひとことでまとめると、企業の経営陣が株主の資源を社会正義などの利他的な目的につぎ込むのは誤りだと、フリードマンは主張した。利益以外の目的は社会にとって重要かもしれないが、そうした目的の追求は非営利組織や政府に任せたほうがいいと考えていたのだ。企業はそのような役割を効率的に遂行できない、もしくはみずからの基本的な性質に反せずには遂行できない、というのが理由だ。[14]

私はフリードマンの著作が好きだし、社会主義的な問題解決策への疑念は共有している。しかし、この論文は、イデオロギーによって目を曇らされているように思える。実際には、企業が単純な利益の最大化以外の目標を追求すると、結果的に企業のビジネス上の利益と社会にとっての恩恵の両方が高まることが多い。

たとえば、起業家・投資家のイーロン・マスクが設立した宇宙開発企業「スペースX」は、革命的とも言える最先端のロケット技術を活用して、人工衛星を打ち上げている。ここで働く人たちの多くは、ほかの惑星や太陽系外の星への移住という夢を本気で目指して仕事をしている。インターネット電話サービスを提供するスカイプ社の創業者や経営陣は、友人や家族や仕事仲間を一堂に会させるという理想に突き動かされているように見える。多くのジャーナリストや新聞の編集者は、世界をよりよい場所にすることを少なくとも目指してはいる。

フリードマンは見落としていたが、企業は文化的、知的、イデオロギー的、ひいては情緒的な土台の上に立っているので、利益だけを追求するわけにはいかない。人間は、自分が携わるものごとに無関心ではいられない。仕事にやりがいを感じたいと誰もが思っている。企業はひたすら利益の最大化を目指すものだという考え方は、絵空事にすぎない。企業が利益を上げられているのは、実際には利益だけを目標になどしていないからだ。

とくに昨今は、ソーシャルメディアが普及したことで、企業と消費者が直接つながり、消費者が企業の問題点を指摘できるようになった。このような時代に目覚ましい成功を収める企業はしばしば、世界を救いたいという強烈な使命感をいだき、顧客に製品やサービスを届けることを聖なる責務のように位置づけたり、あるべき社会の姿を説いたりしている。企業で働く人たちは、自分たちの苦労が地球環境を救い、貧困を解消し、国力を強化する役に立っていると思いたいのだ。

社員と経営陣にこうした信念を植えつけられる企業は、長期的な競争力を手にできる場合が多い。そのような企業は顧客から支持されやすく、優秀で協力的な取引先企業も得やすい。結婚相手を選ぶとき、夫婦関係から得られる幸福を最大化することしか頭にない利己主義者と結婚したい人はまずいない。それと同じことだと思えば、わかりやすいかもしれない。

20世紀アメリカの作家・思想家のアイン・ランドは、成功する企業の特徴をよく理解していた。ランドによれば、繁栄する企業とは、偉大な社会的業績に貢献できる企業だという。長編小説『肩をすくめるアトラス』のハンク・リアーデンという登場人物は、よき生産活動が人間に尊厳と誇りと良識をもたらすと言い、それがアメリカの発展の土台を成していると主張する。

利益の追求以外の使命をもつことの意義を深く理解しているビジネスリーダーは、宗教やその他の強力なイデオロギーを信じている人であることが多い。そのようなリーダーたちは、みずからの人生でビジネスの側面と宗教もしくはイデオロギーの側面が切り離せない関係にあると感じている。そして、ビジネス、宗教、倫理、イデオロギーの視点を一体化させることにより、株主にとって、さらには社会全体にとって最善の結果を生み出せると思っている。

フリードマン自身もシカゴ大学経済学部を成功に導いたリーダーだった。同学部は、のちにノーベル経済学賞受賞者を最も多く生み出した大学になった。そうした目覚ましい成功を生んだ大きな要因は、真理を探究して高い業績を挙げることを重んじる同学部の「企業文化」だった。その成功は、少しでもたくさん金を稼ぐとか、たくさん論文を発表するといった利己的な目標だけを掲げた結果ではない。フリードマンは企業のあり方を論じるとき、社会主義という怪物と戦う闘士としての視点より、みずからの組織運営の経験を参考にすべきだった。

ここまでの話をまとめると、とりわけうまく機能している企業は、基本的には道徳にのっとった存在なのである。

あなたの頭の中にはいま、企業がそんなに好ましい存在なら、なぜ人々は企業に強い不信感をもっているのかという疑問が渦巻いているかもしれない。詳しくは以下の各章で論じていくが、ここでは差し当たり、企業が私たちに対して巨大な影響力をもっていて、私たちがその力をコントロールできていないことが一因だと指摘しておきたい。

私たちは消費者全体として見れば企業に対して強い力をもっているが、一人ひとりの消費者の力は弱い。多くの企業は損得を計算したうえで、個々の消費者のクレームに応じないことを方針にしている。そのために時間とコストを費やすことが割に合わないと考えているのだ。その結果、企業の顧客サービスセンターに電話したり、保険会社に保険金支払いの査定見直しを求めたりするのは、愉快な経験には程遠い場合が多い。同様に、一人ひとりの働き手も、経営者に対して強い影響力をもっている場合ばかりではない。

企業は、いつも獲物を物色している獰猛なサメのように見えるときがある。高い効率性を誇り、目覚ましい成功を収めていている企業は、ことのほか威圧感が強い。しかし、企業に人間味が感じられるときもある。企業が友人や保護者のような姿を見せることがあるのだ。そのとき、私たちは温かい共感の気持ちで企業を見たくなる。

このように、企業に対する私たちの見方は一貫せず、好意的になったり、否定的になったりする。それは無理もないことだ。私たちがそうせずにいられない仕組みになっているのだ。

企業なしでは生きていけない

好むと好まざるとにかかわらず、企業に対する私たちの依存は強まる一方だ。食べ物と住居と医薬品は、ほぼすべてが企業によってつくられている。オンラインサービスやアプリで恋人や結婚相手と知り合う人も増えている。この種のサービスを運営するのも、マッチ・ドットコムやティンダーなどの企業だ。

家庭がうまくいっていない人は、職場で安らぎを得たり、心の支えになるような人間関係をはぐくんだりしている場合もある。最近は巨大テクノロジー企業を見る目が厳しくなっているが、フェイスブックとグーグルのサービス、そしてスマートフォンは、私たちが日々、情報を受け取ったり、発信したりするための主要な手段になっている。

アメリカ政府も、ものごとを本気で実行したいときは企業の力を借りることが多い。アメリカ軍が使う兵器の大半を製造しているのは企業だし、道路などのインフラのほとんども企業がつくっている。オバマ政権が導入した医療保険制度改革（オバマケア）のウェブサイトの不具合を修正する際も、政府はテクノロジー企業の力を借りた。それになにより、もし企業が存在しなかったら、私たちは「ユニコーン・フラペチーノ」など、流行のドリンクを飲むこともできない。

企業への依存は、今後ますます強まりそうだ。遠くない将来、企業が自動運転技術を完成させて、運転手が必要なくなる。また、企業がオンライン上のパーソナルアシスタント機能により私たちの生活の多くの領域をマネジメントし、インターネットと接続して互いに連携する高機能家電により生活の利便性も向上させるだろう。

一方、企業は膨大な量の個人情報を収集しはじめている。どこかの企業が、ビジネス上の目的により私たちの個人データを記録したり計測したりしている可能性がある。もしかすると、そのデータは別の企業に譲渡されているかもしれない。私たちはそれに同意したことになっているが、明確に意識して同意したというより、よく考えず機械的に同意している場合がほとんどだ。第6章で述べるように、プライバシー侵害が拡大していることは、今日の企業にまつわる最大の問題と言えるだろう。

よくも悪くも、企業に求められる社会的な役割は増える一方だ。昔は政府の役割だったことまで、企業に期待される時代になっている。たとえば、医療保険制度改革により医療保険加入者が増えた一因は、大企業に対してフルタイム従業員全員への医療保険の提供が義務づけられたことにある。最近は、州や自治体単位で法定最低賃金が引き上げられるケースも相次いでいる。これは、政府が企業に対してある種の社会福祉的機能を果たすよう求めているとみなせる。

人々は、環境保護に向けた取り組みを強化することも企業に求めはじめている。たとえば、気候変動を解決する新しいテクノロジーを（政府の支援を受けながら）開発することも企業に期待している場合が多い。アメリカの主要な貧困対策制度である勤労所得税額控除（EITC）は、政府の資金で給料の上乗せをおこない、就労を促進する制度だが、就労先である民間企業を通じて給付されている。

多くの場合、企業の役割はきわめて自然な流れで拡大してきた。人間は不完全で弱い存在なので、生きていくために多くのものごとを必要とする。しかし、ほとんどの人は、そうしたすべてを自力では用意できない。そうかと言って、政府を通じて確保する方法も思いつかない。そのため、企業がその役割を担うケースが増えているのだ。

「迷ったら、まずやってみる」という精神のもと、企業の活動は大きく拡大してきた。テクノロジー業界では、その傾向がとくに際立っている。たとえば、配車サービスのウーバー（Uber）は、ビジネスを始める許可を求めたり、自社のビジネスが規制対象となる公益事業に該当しないことを確認する住民投票を呼びかけたりしようとはまったく考えなかった。テクノロジーの革命的進歩が実現し、企業が目覚ましい成長を遂げられたのは、まず人々や社会のニーズに応える製品やサービスを送り出し、それに伴う問題にはあとで対処するという姿勢を取ってきたからだ。

よくも悪くも、私たちは差別的な言論の規制においても企業に大きく依存している。アメリカ政府はたいてい、表現の自由を謳った合衆国憲法修正第一条を尊重し、表現の規制に二の足を踏む。

一方、オンライン決済大手のペイパルは過激派や差別主義団体の決済を取り扱わない方針を打ち出しているし、フェイスブックも広告や投稿の内容を監視しはじめた。ユーザーや社員などからは、そうした取り組みをさらに強化するよう求める圧力も高まっている。

グーグルは2017年、同社における多様性確保のための人材採用方針や社内制度を批判する「反多様性メモ」を書いた社員のジェームズ・ダモアを解雇した。また、動画投稿サイトのユーチューブ（YouTube）は、誰にでも好き勝手な投稿を許しているわけではないし、スーパーマーケットチェーンのウォルマートは、女性誌の「コスモポリタン」が女性を尊重していないとの理由で、レジ近くの棚から撤去した。

こうした判断に反対意見がないわけではない。しかし、一部の知識人が不満を述べているとしても、ほとんどの人はこのような措置を容認している。というより、それを求めているケースもある。ここからも明らかなように、今日の社会では、さまざまな局面で企業が大きな影響力をもつことが前提になっている。

大企業の歴史は比較的浅い。アメリカに大企業が出現したのは19世紀以降だ。そのため、私たちの感情と直感は、まだ大企業を正しく評価できない。批判のための批判に陥らないように注意すべきだ。企業を叩きたいという結論が先にありきで批判の理由を探すことは慎まなくてはならない。その気になれば、批判の理由などいくらでも見つかる。そうした批判のなかには、ある程度の妥当性が認められるものもあるだろう。

本書では、国外へのアウトソーシングが雇用を奪っているかとか、音楽産業がロックンロールを破滅させたかとか、遺伝子組み換え作物は安全かといったテーマには踏み込まない。ほかにも取り上げなかった題材は多い。代わりに、ニュースで話題になることの多いテーマをいくつか選んで論じたい。

本書で示す証拠があなたの反企業的な思い込みと食い違う場合、別の批判材料を持ち出して企業を批判することにより情緒的な安定を保とうとはしないでほしい。本書で取り上げていないテーマでも、企業が過小評価されているのではないかと考えてみたほうがいい[15]。

過小評価されているなら、企業はもっと敬意を払われるべきだ。私たちは企業の美点を認めて、過剰な批判をやめることができるのだろうか。そうあってほしいと、私は思う。投資をおこない、キャリアを開花させ、手頃な価格で良質な製品を買い、旅行し、子育てをするなど、人生の多くのことは、企業の力なしでは困難な場合があるのだから。

第2章

企業は個人よりも悪質なのか

Are Businesses More Fraudulent Than the Rest of Us ?

ズバリ言おう。多くの人は、企業をまったく信用していない。

実際、企業が顧客を食い物にしている、環境保護規制を守っていない、社員を搾取しているなど、倫理より利益を優先させているという批判は尽きない。それに、自動車大手フォルクスワーゲンの排ガス不正、新興バイオテクノロジー企業セラノスの血液検査をめぐる詐欺事件、大手銀行ウェルズ・ファーゴの社員による架空口座スキャンダルなど、企業の不正行為を報じるニュースも相次いでいる。

このようなあきれたニュースを聞かされると、企業は本質的に不誠実な存在なのだと思うかもしれない。利益への欲求が人を悪い行動に走らせる場合があることはよく知られている。この点では、企業における人々の行動も同じだ。しかし、あまり知られていないが、企業では人を誠実な行動に駆り立てる誘因も強く働くことがある。本章では、データに基づいて、この二つの正反対の力がどのような結果を生み出しているかを見ていきたい。

まず、残念な現実を認めないわけにはいかない。ビジネスの世界は、主に消費者を食い物にすることで成り立っている。何十億ドルもの市場規模をもつダイエット・サプリメント業界が販売している商品の大多数は、消費者にまったく恩恵をもたらさないと言っても過言でない。気休め程度の効果があれば、まだましなほうだ。

私はこの文章を書くために、アメリカ人がペニスを大きくするためにどれくらいの金額を使っているのか、グーグルで調べようと思った。ところが、ネット上には膨大な量の広告と真偽不明の情報で溢れ返っていて、精度の高そうな情報にはたどり着けなかった。いつもならもっと粘り強く検索するのだが、このときはもうやめにした。検索を繰り返せば、私のGメールにペニス増大サプリメントの広告が大量に表示されるだけだと思ったからだ。

そういうわけでリサーチは切り上げたが、その金額が莫大なものだと示唆する情報はいくつも目にした。この種の商品を買う消費者は、誤った希望をいだいて金を使っている。企業が利益目当てに、消費者の誤解を巧みに煽っているのだ。[1]

あからさまな嘘とは言わないまでも、詐欺的な、あるいは詐欺に近いやり方は、多くの合法的な業種でもはびこっている。定期的なX線検査を勧める歯科医は多いが、費用が高いわりに、効果を実証する証拠は乏しい。医師はしばしば抗鬱剤などの薬品を必要以上に処方し、医薬品メーカーからリベートを受け取っている。株式ブローカーのなかには、手数料を稼ぐために、不要な株式売買を促したり、手数料の高い投資信託を勧めたりする人も少なくない。小売店の販売員も、大して必要のない長期保証契約やメンテナンス契約を結ばせたがる。誰でも、このような扱いを受けた経験が何度もあるだろう。ヨットのことをまるで知らない私がヨット販売店に行けば、不利な取引をさせられそうになると思っておいたほうがいい。

私たちの生活と関わりの深い食品業界でも、状況は似たり寄ったりだ。ある研究によると、スーパーマーケットで売られているパック入りの魚の約22%は、原産地や魚の種類に関して不正確なラベル表示がされているという。意図的な嘘ではなく、スーパーと卸業者の無知が原因の場合もあるかもしれない。それでも、売り上げは減るかもしれないが、ラベルの正確性を高めることはさほど難しくないはずだ。

別の研究によれば、「天然」という表示で販売されているサーモンの少ない場合で15%、多い場合で75%は養殖物だという。逆に天然物が養殖物と誤って表示されるケースがほとんどないのは、あまりに奇妙な話だ[2]。

「この本は過剰な企業批判に異を唱える本ではなかったのか」と、戸惑いを感じはじめた読者もいるかもしれない。だが、企業がしばしば不誠実に行動することは認めざるをえない。

でも、ここで少し考えてみてほしい。私たちはほかの何と比較して、企業を批判しているのか。企業がしばしば悪質な行動を取るのは、基本的には人間が悪質な行動を取りがちだからにすぎない。スーパーの店長が鮮魚部門責任者に対して、安い魚にニジマスというラベルをつけて売るよう指示する場合、その決定をくだしているのはあくまでも人間だ。シェークスピアの悲劇「ジュリアス・シーザー」の登場人物キャシアスの「ブルータス、失敗は星のせいではない、我々自身のせいだ」というセリフにならって言えば、罪は企業にあるのではなく、我々自身にあるのだ。

人は、ビジネスの場でもそれ以外の場でも詐欺的な行動を取る。データによれば、私たちは企業の外にいるときも企業の中にいるときと同じくらい不誠実に行動する。むしろ、企業は自社の評判を守るためにせよ、経営者や社員の悪質な部分を抑制する仕組みを設けている場合が多い。そのような仕組みは、ビジネス上の成果を挙げつつ、詐欺的な行為や不誠実な行動を抑えるうえで大きな効果を発揮してきた。

しかも、近年はデジタル・コミュニケーションが進化して、不誠実な行動を取る企業がいっそう大きな代償を払わされる時代になった。そのため、大企業は悪質な行為を強力に抑制するようになっている。

そもそも大企業がビジネスを拡大できたのは、自社の悪質な行為を抑制できたからという面が大きい。消費者が大きな会社を好むことには、もっともな理由がある。あなたがマクドナルドや大手スーパーマーケットチェーンのウォルマートに騙される可能性は、地域の零細なテレビ修理業者や近所の開業医、もっと言えば自分のいとこに騙される可能性よりはるかに小さい。マクドナルドやウォルマートは、全国的な、さらには世界的な知名度がある企業だ。そのブランドに傷をつけたくはない。

大企業は、詐欺的行為が露見した場合に失うものが多く、世間の監視の目も厳しい。しかも、業績が自社の評判や好感度に左右される面も大きい。これが大企業と小さな会社や個人の違いだ。大半の政治家や大企業批判派は、この点をあまり指摘していない。

以下では、大企業がほかに比べてとりわけ悪質なのかという点を論じたい。

個人と企業、どっちが悪質？

最初に、ビジネス以外の場面での詐欺と虚偽について検討する。そこから見えてくる現実はおおむね、お世辞にも明るいものではない。まず目を向けたいのは、詐欺的行為が蔓延している領域の一つであるオンライン上の恋人探しサービスだ。

ある調査によると、恋人探しサイトの利用者の53％は、プロフィール欄に嘘を書いたことがあると認めている。これはあくまでも自己申告の数字だ。実際の割合は、おそらくもっと高い。嘘つきは、「嘘をついていない」という嘘をつく場合が多いからだ。恋人探しサイトで年齢や体重、所得や資産、時には配偶者の有無を偽りたいと考える人が多いのは、さほど意外なことではないだろう。年齢や体形について嘘をつく人があまりに多いため、サイトに載せる写真に撮影時期を明示する習慣が広まって久しい。

一方、マッチ・ドットコムのような恋人探しサイトのサービス内容を説明しているページを見ても、虚偽とおぼしき点は見当たらない。せいぜい、写真がきれいすぎたり、全般的な雰囲気が前向きすぎたりするくらいだ。つまり、企業のほうが顧客よりはるかに誠実なのだ。恋愛やセックスが人間にとってきわめて重要で、これらのことがらでは人々がしばしば行儀や礼節をかなぐり捨てて行動することを考えれば、ユーザーが大量の嘘をついていても不思議でない。53％という割合は少なすぎるくらいだ[3]。

嘘全般に話題を移すと、ある大規模な調査によれば、人は平均して1日に1・96回嘘をつく。とくに、見ず知らずの他人よりも親しい人に嘘をつく場合が多い[4]。

マサチューセッツ大学の2002年の研究によると、60％の大人は10分の会話で少なくとも1回は嘘をつくという。その60％の人たちが述べた嘘の回数は平均3回だった。しかも、これは自己申告に基づくデータだ（ちなみに、嘘をつく回数に男女間の大きな差は見られなかった）。人がどれくらい嘘をつくかは、状況によって大きく変わるが、嘘をつくことが人間の性質に深く根差していることは間違いない[5]。

私たちが提出する申込書の類いは、どのくらい正直に書かれているのか。住宅ローンの申込書に嘘やごまかしが含まれている割合は、どのくらいあるのか。カントリークラブなどへの入会申込書の記載は、どのくらい誠実なのか。正確な事実関係が記されている履歴書は、どのくらいあるのか。

人は履歴書を提出するとき、あえて触れないでおく経歴があったり、実際には解雇だったのに「転身」と言い換えたり、本当はもっていない技能や能力を記したりすることがある。こうした不正確な記述の多くは実害のないものだが、それでもこの事実は、誇張や虚偽が企業やビジネスパーソンだけの習性ではないことを浮き彫りにしている。

企業幹部のヘッドハンティングに携わる人物が書いていたのだが、履歴書の少なくとも40％には露骨な嘘が含まれているという。ある研究によれば、履歴書を提出する人の31％は事実に反することを書き、76％は情報を飾り立てて書き、59％は重要な情報をあえて書かない[6]。

社員が会社の信頼を裏切るケースも少なくない。ある推計によれば、アメリカの小売企業は、店頭での窃盗（買い物客の万引きと店員による盗みの合計）により年間320億ドルもの損失を被っている（最終的にそのツケを払わされるのは、高給取りの企業幹部ではなく、一般消費者だ）。しかも、この金額には、商品が小売店に届く前に、卸売企業の社員による盗みで生じた被害は含まれていない。

2014年のデータによると、アメリカの働き手の4・7%は職場の薬物検査で不合格になっている。検査に来ない社員はもっと多い。闇市場では、薬物検査をすり抜けるための尿サンプルも活発に売買されている。そうした尿サンプルやその他の抜け道を使ったり、検査の前だけ薬物を中断したりして、検査で引っかかることを回避している人たちもいる。

薬物検査に関連して嘘をついている人の割合は明らかでない。そもそも、どれくらいの人が違法薬物を使っているかが不明だからだ。それでも、その割合が憂慮すべき水準に達していることは間違いないだろう。これらの人たちの多くがまともな働き口を切実に必要としていることを考えると、とりわけ深刻な事態と言わざるをえない。社員の薬物・アルコール乱用は不誠実な行為であり、雇用主との契約に違反している。これは、多くの企業にとってきわめて重大な問題だ。[7]

誰もが嘘をついている?!

企業が日々活動している世界では、最も重要なパートナーであるはずの社員や顧客が頻繁に企業を騙したり、騙そうとしたりしている。それが現実なのだ。

私の個人的な経験でも、友人や家族や親しい仕事仲間と同じくらい頻繁に、私に嘘をついている大企業はほとんどない（彼らも大企業より私から嘘をつかれることが多いと言うに違いない）。それでも、友人たちとは一緒にやっていかなくてはならない。情緒的にも物理的にも遠い存在である大企業とは、そこが違う。そこで、友人に嘘をつかれるのは愉快なことではないが、たいていはその現実を見なかったことにする。周囲の人間の嘘が原因で望みどおりの結果が得られなければ、さすがにある程度はやり返す。しかし、その場合もけんか腰の態度はまず取らない。

一方、人々が大企業を激しく批判しながらも、その会社の製品やサービスを利用することは珍しくない。石油大手のシェルがいくつかの社会的な問題（たとえば気候変動など）で不正確な情報を発していても、私たちが日常生活で利用するガソリンスタンドの店員たちは嘘をついていない。給油されるガソリンは偽物ではないし、店頭に掲示されている金額以上の料金を請求されることもない。シェルは、政治へのロビー活動に関しては問題があるかもしれないが、利用客に対しては非常に誠実で正直に振る舞うよう努めている。

図書館でどのような本が最も盗まれやすいかを調べた研究がある。もしかすると、利益を増やしたい、あるいは巨大企業を築きたいと考える、金儲け好きの利己主義者たちが、ビジネス・ハウツー本を盗むのではないか、と考えた人もいるかもしれない。企業に批判的な人たちの目には、金儲けへの意欲が強い人はことのほか不誠実に見えるからだ。

しかし、データが描き出す真実は異なる。最も盗まれやすいのは、哲学の一分野である倫理学の本だ。それも、大学教員や上級レベルの学生が読むような道徳倫理の本がとくに盗まれやすい。これらの本の紛失率は、本の希少性や人気の高さの影響を除外して考えても、倫理学以外の分野の本より1・5〜2倍高い。とくに盗まれやすい本のなかには、たとえばニーチェの著作などがある（ニーチェの本を欲しがる人が多いことがせめてもの救いと言えるのかはわからないが）。ほかには、アラスデア・マッキンタイアの『美徳なき時代』（邦訳・みすず書房）がよく狙われる。ビジネスパーソンが最も不誠実というわけではないのかもしれない[8]。

ところで、倫理学者はひときわ倫理的に行動するものなのか。この点を倫理学者たちに尋ねると、少なくとも倫理学以外の哲学分野の研究者より倫理的だとは言えない、というのが最も一般的な答えだ。哲学関連の学会での参加者の行動を調べた研究がある。それによると、倫理学のセッションに参加する人たちは、ほかのセッションの参加者と同様に、私語を交わしたり、部屋を出入りするときに乱暴にドアを閉めたり、ゴミを残したまま退室したりする。環境倫理学のセッションの参加者があまりゴミを残さないことは、一つの朗報と言えるだろうが。

また、数値データの裏づけはないが、哲学界、とくに倫理学界には女性に対する敵対的な文化がはびこっているらしい。セクシュアル・ハラスメントやスキャンダルが起きやすいとよく言われる[9]。

ユーザーの検索行動に関するグーグルの内部データに基づく研究によると、人々はいとも簡単にみずからの欲求や行動について嘘をつく。元グーグルのセス・スティーヴンズ＝ダヴィドウィッツは、その研究成果を『誰もが嘘をついている――ビッグデータ分析が暴く人間のヤバい本性』（邦訳・光文社）という著書にまとめている。私たちは自分の性的指向についても嘘をつくし、差別意識の強さについても嘘をつく。日々の過ごし方についても、そして自分が嘘をついたかどうかについても嘘をつく。この本では、いくつもの驚くべき事実が紹介されている。たとえば、アメリカの郡単位のデータによれば、失業率の上昇と検索数の増加に最も強い相関関係が見られた言葉は、職探しに関係のある言葉ではなかった。その言葉とは「スラットロード」。有名なポルノサイトの名前だ[10]。

私はさまざまな文献を漁り、企業による不正行為が企業以外に比べてどのくらい多いのかというデータを徹底的に探した。厳密なデータは見つからなかったが、営利企業以外が企業と同じくらい、時には企業以上に不正に手を染めていることを示す証拠は非常に多かった。以下では、そのような証拠を紹介したい。

不正行為の蔓延度が個人と企業でどのくらい違うかを比べるには、脱税に関するデータを見るのが最も手っ取り早い。アメリカの税務当局は、いわゆる「タックス・ギャップ」のデータを定期的に発表している。これは、大ざっぱに言えば、納税の義務がある個人および企業が納めていない税金の総額を推計したものだ。要するに、アメリカ全体の脱税総額である。

2008〜10年のタックス・ギャップの値（私が入手できた最新のデータ）は、個人所得税では年平均2640億ドルとなっている。これは個人事業主を含む金額だが、基本的には会社組織による脱税ではなく、個人の意思決定の結果と考えていい[11]。

同じ時期の法人所得税のタックス・ギャップは、年平均410億ドル。個人所得税よりはるかに少ない金額だ。個人所得税の脱税額は、法人所得税の脱税額の6倍にも達しているのだ。

ただし、このデータだけで言えることには限りがある。少なくとも、個人所得税と法人所得税の総額の違いを考慮しなければ、緻密な議論にはならない。そこで、そのデータを見てみると、20

10年の個人所得税の総額は法人所得税のおよそ4・7倍だった。この二つのデータを重ね合わせると、個人所得税の総額は法人所得税の4・7倍なのに、脱税額は6倍に達していると言える。つまり、個人は企業よりもたくさん脱税していると考えてよさそうだ。[12]

「信頼ゲーム」でCEOはどう行動したか

実験経済学者のエルンスト・フェールとジョン・A・リストは、ある研究で「信頼ゲーム」と呼ばれるラボ実験をおこなった。CEOとそうでない人の行動がどのように違うかを明らかにすることが目的だ。結果は明快だった。CEOは他人を信頼し、みずからも他人からの信頼に値する行動を取る傾向があったのだ。[13]

信頼ゲームは、人と人の間にどの程度の信頼が存在するかを知るための実験だ（フェールとリストは、一般的な信頼ゲームの設計を少し修正して用いた）。実験は、参加者にペアを組ませておこなう（相手が誰かは教えない）。参加者の片方に、ある金額の現金を与える。その人物（贈り手）は、その金を相手（受け手）に全額与えてもいいし、一部与えてもいいし、まったく与えなくてもいい。贈り手が受け手に1ドル与えるごとに、受け手にはさらに3ドルが実験の主催者から与えられる。

つまり、贈り手は2人の合計受取金額を増やす力をもっているが、そのためには自分が犠牲を払わなくてはならないのだ。贈り手が受け手に一定額の返却を求めることはできる。しかし、その願いが聞き入れられる保証はない。

このゲームでは、数段階の意思決定がおこなわれる。まず、贈り手は、相手にいくら与えるか、そしていくら返却を求めるかを決めなくてはならない。一方、受け手は、贈り手の要求に対して実際にいくら返却するかを決める（このゲームの変形版では、返却要求を拒んだ場合に少額の罰金を科すことを、贈り手が受け手に事前に通告できるパターンもある）。

他人に対する信頼が本当に強い人は、贈り手になったとき、多くの金額を受け手に与え、多額の返却も要求しない。この場合、受け手が適切な金額を返却すれば、贈り手が得る金額も増えるが、受け手がそのような行動を取るとは限らない。しかし、受け手が信頼に値する人物なら、要求どおりの金額を返却し、双方の利益を増やすように行動する。

いずれの意思決定の段階でも、相手を信頼し、相手の信頼に応えることにより、双方にとって好ましいウィン・ウィンの結果が生まれる。ところが、相手を信頼することは難しく、実際には好ましい行動を取れない場合が多い。

フェールとリストの実験で、CEOたちはそうでない人たちに比べて、贈り手として相手を信頼し、受け手としても相手の信頼に応える傾向が強かった。贈り手になったときはより多くの金額を受け手に与え、受け手になったときは（罰金の有無に関係なく）多くの金額を返却したのだ。CEOたちは贈り手と受け手のどちらの立場になったときも、好ましい行動を取り、互いが信頼し合うことでウィン・ウィンの関係をつくり出せていた。

この実験で、罰金は逆効果になる場合が多かった。罰金が設定されると、受け手の返却金額がむしろ少なくなる傾向が見られたのだ。しかし、CEOたちは贈り手を務めるとき、罰金による脅しより信頼を好むため、多くの金額を受け取れていた。このゲームは設計を変えていくつも実施されたが、信頼に関してはCEOたちが一貫して好ましい行動を取っていた。

以上の実験結果から断定的な結論を導き出すわけにはいかない。これはあくまでもラボ実験にすぎず、やり取りされる金額は非常に少ないし、このゲームで取る行動がその後の人生に大きな影響を及ぼすわけではないからだ。また、実験に参加したCEOはコスタリカのコーヒー関連企業のCEO、CEOでない実験参加者はコスタリカ人の学生だった。ほかのグループでも同様の結果が得られるかはわからない。

だが、他人を信頼し、他人に信頼される行動を取るかどうかに関して、CEOとそれ以外の人たちの違いをくっきりと描き出した実験であることは間違いない。そして、少なくともこの実験では、CEOたちが見事な「合格点」を取っているのだ。

市場が信頼と互恵の精神をはぐくむ

協力するかしないかを実験参加者に選択させるゲームで、文化圏によって人々の行動がどのように変わるかを調べた研究もある。たとえば、ハーバード大学の人類学者ジョセフ・ヘンリックは、いわゆる「最後通牒ゲーム」を用いた研究をおこなった。

最後通牒ゲームのプレーヤーは2人。1人（提案者）が、ある金額のお金を2人でいくらずつ分配するかを決めて、もう1人（受領者）に提案する。50％ずつ分けよう、などといった具合だ。その分配方法に納得できなければ、受領者は提案を蹴ってもいい。ただし、その場合は2人ともいっさいお金を受け取れない。

ヘンリックは、ペルーのアマゾン川流域に暮らす先住民であるマチゲンガ族の人たちを対象に、最後通牒ゲームの大規模な実験を実施した。マチゲンガ族は、企業を通じたビジネスなど、活発な市場活動をほとんどおこなわず、複雑な政治システムも築いていない。ほかの集団とあまり関わらずに、小規模な集団で生活している。ヘンリックの説明によれば、「家族外での協力行動はほとんど見られない。その例外は、毒を使って魚を獲るときくらいだ」(この部族は、毒漁による漁業をおこなう)[14]。

ヘンリックと共同研究者たちは、このほかにも、ゲームを使ってさまざまな社会で人々の行動を調べてきた。それらの研究によると、大きな傾向としては、市場が発達している社会ほど公正さと分かち合いを重んじる規範が強く、そのような規範を守らない人物を罰する意欲も強いことがわかっている。概して、ビジネスが活発な社会ほど、小さな血縁集団以外の人たちとの協力に積極的だという。

ビジネスと市場の発達は、しばしば社会に信頼と互恵の精神をはぐくむのだ。フランスの哲学者モンテスキューなど、18世紀の啓蒙思想家のなかにこのような主張をする人物が多かったことは偶然ではない。この時代のヨーロッパ人は歴史上はじめて、大規模な商業社会の勃興を目の当たりにしたからだ[15]。

なぜ、ビジネスが信頼をはぐくむのか。第1章で述べたように、企業が利益を増やすために最も有効な方法は、狭い意味での利益の最大化を目指すだけでなく、それ以外の目的も追求する社員を集めることだ。社員が利益以外の価値を大切にし、世界をよりよい場所にしたいと考え、同僚同士が互いを裏切らないと信じ合えることが重要なのだ。

人間が関わるものごとでは、このような逆説的な状況がしばしば生まれる。幸せになりたいとばかり考えて行動する人は、目の前の課題をやり遂げることや、人との関係を築くことに徹する人よりも幸せになれなかったりする。リラックスしようと努めたり、ベッドの中で早く眠ろうと意識しすぎたり、誰かを好きになろうと頑張りすぎたりすると、逆効果になることもある。

人生でもビジネスでも、最善の結果につながるのはたいてい間接的な道だ。そのため、多くの企業は信頼と協力をはぐくむための投資を積極的におこない、社員に信頼と協力を重んじる価値観をもたせるよう努めている[16]。

企業が利益以外の社会的目標を優先させて行動すれば、多くの場合、最も恩恵に浴するのはその企業自体だ。この効果は、会社の大方針として社会的目標を優先させていなくても、個々の意思決定でそのような判断をくだすだけでも得られる。

企業の成功と失敗を分ける大きな要因は企業文化だという研究結果が次々と報告されている。ここで言う企業文化とは、その会社に根づいている価値観や規範、公式・非公式の制度などのことだ。信頼に関する規範や制度もそのなかに含まれる。企業文化は、誰も見ていないときに社員がどのように行動するかを決める要因と言うこともできる。それは、社員が同僚にどんな行動を期待するか、何が自分の職務だと考えるか、何が会社の本当の使命だと考えるかといったことにも関係してくる。

CEOや企業の創業者のなかには、企業文化こそ自社の競争力と利益を生んでいる究極の源泉だと述べる人が多い。多くの企業は、当初は独自の新しい商品やアイデアで利益を得られる。しかし、やがて似た商品を販売するライバル企業が出てくる。本当に成功を収める企業は、競争力を維持し、強化するために、最初の商品やサービスを土台に説得力あるビジョンを形づくり、企業文化と社員の行動規範を確立し、協力の精神に富んだ社内の精鋭グループをつくり上げる。そのすべての出発点は、自分たちが真に重要なことに取り組んでいるという信念だ。

これは意識的に実践される場合もあるが、厳密な計画に基づいていない場合のほうが多いだろう。いずれにせよ、うまくいけば、企業はこうした規範や制度をはぐくむことにより、長期にわたりライバルを寄せつけずに済む。

企業文化の重要性は、北米企業1348社の上級幹部を対象にした調査結果からも明らかだ。回答者の半分以上が、企業価値を高める三大要素の一つとして企業文化を挙げている。このうち92%の人は、企業文化がよくなれば企業価値が増大すると考えているが、自社の企業文化に満足している人は16%にとどまった。また、回答者の半分以上は、企業文化の面で相性がよくない会社は買収しないと述べている。以上の回答からわかるように、ビジネスリーダーたちは目先の利益のことだけ考えているわけではないのだ。[17]

ハンバーガーで有名なシェイクシャックのような新しいファストフードチェーンが誕生し、上質な食体験について宣伝をはじめると、大勢の消費者がこぞって店に足を運ぶ。ほかの客がおなかを壊さないか確認するために、1年間様子を見ようと考える人は多くない。このように、大きな会社は消費者から信頼される。同じことは、新しい自動車、新しいソーシャルメディア、そして市場で販売されている大半の商品についても言える。

消費者がつねに大企業の商品を好むとは限らないが、大企業を信頼できないという理由で商品の購入に二の足を踏むケースはほとんどないように見える。人々は概して新しい製品やサービスを試すことに積極的だが、大企業の製品やサービスに対してはとくに前向きだ。

アップルがスマートフォンのiPhoneを発売したときのことを覚えているだろうか。通話が記録されたり、位置情報が収集されたりして、自分に不利なように用いられかねないと恐れて、購入を思いとどまった人がどれだけいただろう。もちろん、そのような理由で購入を躊躇した人もわずかにいた。そうした人たちは先見の明があったと言うべきかもしれない。しかし、人々は全体として、アップルや、データとサービスの提供業者を非常に強く信頼した。

ビジネスが盛んで裕福な国ほど人々の信頼感が高いことを明らかにした研究もある。経済学者のポール・J・ザックとスティーブン・ナックは、国際共同意識調査「世界価値観調査」の結果を基に、どの国の人が他人に強い信頼をいだいているかを調べた。

世界価値観調査は、41カ国の市場経済国の国民性を描き出すことを目的にしている。たとえば、「ほとんどの人を信頼できる」と「他人と関わる際はどんなに慎重でも慎重すぎることはない」のどちらに賛同するかを選ばせる。この問いに対する回答には、国によって大きな違いが見られた。他人への強い信頼を示した人の割合は、ペルーが最も低く5・5%だったのに対し、ノルウェーは最も高く61・2%だった（調査がおこなわれたのは、1981年、90～91年、95～96年。ペルー経済の状況が現在よりはるかに悪かったことは、頭に入れておくべきだ[18]。

ザックとナックの研究によれば、社会における信頼度の強さと1人当たり所得の間には明確な関連が見いだせる。ノルウェー、スウェーデン、韓国、北米などは、信頼の度合いが高く、経済的にも裕福だ。それに対し、信頼の度合いがきわめて低いペルーとフィリピンは、これらの国よりはるかに貧しい。全般的な傾向として、ビジネスの環境が発達している国は信頼の度合いも高い。

この種の研究では概して、どちらが原因でどちらが結果かを明らかにすることが難しい。社会で信頼の度合いが高いからビジネスがうまくいくという面は当然ある。しかし、ビジネス上のやり取りが繰り返される結果、信頼が高まる面もある。おそらく、両方の作用が互いに補強し合っている場合が多いのだろう。ビジネスと信頼は足並みをそろえて成長し、花開くと言えそうだ。

非営利組織は営利企業より善良か

企業がとりわけ不誠実なわけではないと示すためには、非営利組織と営利企業を比較するのも有効な方法だ。利益の追求が不正を生むと考える人は、非営利組織なら信頼できると考えるのだろう。しかし、少なくとも、広い意味での同一分野で活動する非営利組織と営利企業を比べた場合、両者の行動に大きな違いは見られない(その例外についてはあとで論じる)。

一般的に非営利組織と営利企業を比較するのは簡単でない。両者はまったく異なる事業に携わっている場合が多く、単純には比較できないのだ。たとえば、妊婦と赤ちゃんの健康の改善を目指す非営利組織「マーチ・オブ・ダイムズ」が鉄鋼大手のUSスチールより利他的であることを理由に、企業全般を批判するのは妥当でない。

まず、とくに慈善団体の場合、運営費はたいてい企業の寄付でまかなわれている。この点では、利他的なのは企業のほうだ。企業が富を生み出して寄付しなければ、慈善団体は活動できない場合が多い。

しかも、嘘と詐欺行為は非営利組織でも蔓延している。ニュースをにぎわすような露骨な詐欺だけでなく、予算のうちで資金集めの活動費用や間接費として使われている金額を少なく見せるために数字を操作する手法が横行していることは、非営利組織の世界では有名な話だ。

それに、非営利組織には、世界を変えたり、世界をよりよい場にしたり、有益なものを生み出したりしていないところも少なくない。すでに存在意義を失い、大きな成果を挙げられないまま、ただ存続しているだけになっている。これは、営利企業ではまずありえないことだ。少なくとも、そんな状態が長続きすることはない。ある店が「非営利寿司店」だと聞けば、私はすぐにそこを離れる。その店に入りたいとはまったく思わない。

医療機関の場合、営利病院と非営利病院は、事業のやり方も活動の内容もあまり違いがない。ある研究によると、カリフォルニア州の非営利病院は、財務面の不安があまりない病院の場合も、無償の医療やあまり利益を生まない医療（精神科、リハビリ、救急医療、心の傷への対処、やけどの治療、出産など）に対して営利病院よりとくに積極的ということはない。ところが、非営利病院は、連邦政府が経営する病院以外の急性期総合病院の58％を占めていて、税制でも非常に優遇されている。

非営利病院と営利病院の行動があまり違わないことを示す研究は、ほかにもたくさんある。たとえば、いくつかの非営利病院が営利に転換したことがあったが、病院での死亡率に変化は見られなかった。メディケイド（低所得者医療保険制度）を利用している患者の割合や、黒人と中南米系の患者の割合が減ることもなかった。

2000年におこなわれた研究に、営利病院のほうがむしろ医療の質が高いことを明らかにしたものもある。2007年の別の研究によると、営利病院は、医療の結果が悪いわけではなく、症状の重い患者の治療に不熱心なわけでもないという[19]。ここからも、利益の追求がそれほど悪質な行動を生むわけではないことがわかる。

ただし、営利企業が非営利組織よりかなり悪質なように思える分野が一つある。それは高等教育だ。次第に明らかになってきたように、営利の教育機関の多くは、高い学費を徴収し、学生に莫大な学費ローンを組ませるくせに、非営利の教育機関に比べて就職の見通しが格段に良好というわけではない。せいぜい、わずかに有利なだけだ。

高等教育の分野では非営利組織のほうが誠実なのだろうと、あなたは思ったかもしれない。しかし、その見方は単純すぎる。営利企業的な手法全般に問題があるわけではなく、営利企業という仕組みが高等教育に適していないだけの可能性もある。実際、高等教育以外の教育分野では、サイエンス系の書籍出版社やソフトウェア企業、アップルのようなテクノロジー企業など、誠実に行動してきた企業も多い。

つまり、悪質な行動がしばしば見られるのは、教育分野のなかでも一つのカテゴリーの営利企業だけのように思える。この例外を別にすれば、データを見る限り、教育分野でも非営利組織が営利企業より際立って誠実というわけではなさそうだ。

あまりに偏っている企業批判

企業の行動に関する研究では、度を超して不公正な批判が展開されている場合が多いように思える。一例を挙げよう。イギリスの医師でサイエンスライターでもあるベン・ゴールドエイカーが書いた『悪の製薬――製薬業界と新薬開発がわたしたちにしていること』（邦訳・青土社）という本がある。ゴールドエイカーは、製薬業界が虚構とイカサマを売り込んでいると問題提起し、科学の原則を守るべきだと強く主張している。この点には私も全面的に賛成だが、この本の原書の副題「製薬会社はいかにして医師を欺き、患者に害を及ぼしているか」は、企業に対して不当に厳しい。

私はこの本を丹念に読んでみた。確かに、そこに記されている批判の多くには十分な根拠が示されている。たとえば、製薬会社は、患者の助けになりそうにない医薬品をしばしば売り込む。直接的に、あるいは間接的に医師を買収し、薬を過剰に処方させてもいる。本来なら公表すべき臨床試験結果を隠している場合もある。近年は、画期的な新薬もあまり開発できていない。こうした問題を厳しく批判することは間違っていない。しかし、本のタイトルは『最良にはほど遠い製薬――私たちにきわめて大きな恩恵をもたらしてきた産業を蝕む腐敗』とでもすべきだった。

コロンビア大学のフランク・リクテンバーグは、製薬業界がもたらしている恩恵に関しては学界の権威と呼べる経済学者だ。そのリクテンバーグによれば、製薬会社は目を見張るほど小さなコストで人の命を救っている。1人の人を1年長く生きさせるためにかかっているコストは、約1万2900ドルにすぎない。1996年から2002年にかけてアメリカの高齢者の平均余命は0・6年延びたが、その3分の2以上（0・41〜0・47年相当）は処方薬の進化により実現したという。しかも、投薬治療はきわめて効率がいい医療措置の一つだとのことだ。

この研究への強力な反論は聞こえてこない。ゴールドエイカーにいたっては、反論するどころか完全に黙殺している。『悪の製薬』の索引には、リクテンバーグの名前も出てこなければ、「イノベーション」という言葉も出てこない。この本に多く見られるのは、製薬会社を一方的に断罪する記述だ。しかし、1990年代前半に死を覚悟していたHIV感染者たちは、製薬会社をそこまで悪く言う気になれないだろう。この時期、新しい治療薬が登場し、早期に治療を受ければ、HIV感染者も平均余命近くまで生きられるようになった[20]。

ここで私がゴールドエイカーの本を取り上げたのは、この本の記述の質が劣悪だからではない。おおむね優れた内容であるにもかかわらず、バランスを欠いているように思えるからだ。『悪の製薬』の記述には、企業に対する偏見が透けて見える。科学の原則を守るべきだと訴えているが、ゴールドエイカー自身も経済学という科学の原則を守っていないときがある。少なくとも、経済学的に見るとバランスを欠いた主張を繰り返している。

私がこのようなことをブログに記すと、ゴールドエイカーはたびたび反論を寄せた。たとえば、製薬会社が臨床試験の結果を隠すべきでない理由について雄弁に持論を展開した。その主張はおそらく正しいのだろう。しかし、本のタイトルを『悪の製薬』にしたことへの批判には、まったく反論がなかった。本をたくさん売りたい「悪の出版社」が人目を引きやすいタイトルをつけたのだろう。そうだとすれば、ゴールドエイカーも製薬会社と同様、よいことを実践しつつ、利益も求めていることにはならないか。

メディアも、企業に関する報道ではバランスを欠いているときがある。ネイサン・ブルックスとカタリナ・フリッツォンという2人の研究者は、CEOなどの企業幹部がサイコパス（精神病質者）的傾向を示す割合が平均を大きく上回ると主張した。その研究では、ビジネスリーダーに占めるサイコパスの割合は4～20％程度に上る可能性があると結論づけた。サイコパスの割合は、社会全体では推計1％程度だ。

しかし、少しでも常識を働かせれば、この研究を鵜呑みにすべきでないと気づくはずだ。なにしろ、ブルックスとフリッツォンの定義に従うと、ビジネスリーダーはまったく有害性や危険性がなくてもサイコパスに分類されかねない。たとえば、「大きな態度、達者なしゃべり、特権意識」を示しただけでサイコパスと扱われる。また、「思いきったビジネス上の決断をすることを恐れない」と認めた場合も、サイコパスのように向こう見ずで冷酷な人物だと決めつけられてしまう。

このようなビジネスリーダーを一律にサイコパス扱いするのは、本当に正しいのか。驚いたことに、多くのメディアはこの研究を鵜呑みにし、大々的に報じた。ちなみに、ブルックスとフリッツォンの論文はのちに撤回された。しかし、お察しのとおり、論文撤回のニュースは、最初に論文の内容が紹介されたときほど大きく報じられなかった。[21]

メディアはどうしても、人々の関心を引くようなニュース、悪いニュースに目を向けたがる。ビジネスニュースも例外ではない。「アメリカの産業界は、空前の規模の生産高を維持し、膨大な数の人を雇用し続けている」というのは、新聞の見出しにならない。

企業が悪事に手を染めにくい時代

「企業は不誠実な行動を取る習性があるのではないか」と心配している人もいるかもしれないが、安心できる材料がある。インターネットとソーシャルメディアが普及したことで、企業に誠実な行動を取らせる誘因が強まっているのだ。今日、不誠実な行動が会社の評判に及ぼすダメージは昔とは比較にならないくらい大きい。レストランが食事代を水増し請求すれば、ソーシャルメディアで告発される可能性が高い。ひとたびソーシャルメディアで批判を浴びれば、その情報はなかなか消せない。

今日の企業は、つねにインターネット上でさまざまな面から採点されている。そうした評価は、たいてい誰でも読むことができる。そのおかげで、消費者はとりわけ悪質な企業を避けることができるし、ほとんどの企業は、悪評が広まらないように誠実に行動する（オンライン・レビューの重要性が増して、観光客相手のビジネスも悪質なことはしづらくなった）。近年、企業が学んだ重要な教訓は、謝罪すべきことがあれば早く謝るべきだということだ。対応が遅れれば、ソーシャルメディアで批判の嵐が巻き起こりかねない。

専門サービスの分野では、昔なら専門家しか知らなかった情報が誰にでも手に入るようになったことの影響を無視できない。たとえば、歯科医が不必要な治療を押し売りすることも難しくなった。患者がグーグルで検索して「本当に神経を抜く必要があるの？」と調べれば、信頼性の高い情報に基づいて、必要ないという結論にいたるかもしれない。昔に比べて、医師が患者から質問される題材が増え、求められる医療の質も高まっているように見える。今日では、自宅の地下室で見つけたのが本当にシロアリかわからないとき、高い料金を支払って駆除業者に依頼する前に、インターネットで写真や解説文を調べることができる。

消費者が集められる情報が増えたことは、企業の行動に枠をはめるうえで大きな効果を発揮している。市場が独占状態ではなく、消費者が企業を選べる場合、その効果はとくに大きい。インターネットの普及は、ほとんどの産業で消費者の知識と選択肢を大幅に拡大させた。

企業全般をどのように評価すべきかは、どうしても企業以外の存在との比較で考えることになる。非営利組織との比較はすでに論じたので、政府との比較もしてみよう。政府は人々の注目を集める巨大組織であり、企業を規制する力をもつ存在だからだ。政府は近年、昔より誠実になっただろうか。

そうとは言えないことを示す材料がたくさんある。少なくとも有権者は、政府が誠実になったとは思っていない。アメリカ国民の議会に対する支持率は、空前の低水準まで落ちている。世論調査によっては、その数字が10％を下回る場合も多い。２０１６年にアメリカ大統領選でドナルド・トランプが勝利し、イギリスの国民投票でＥＵ離脱が選択されたことは、政治エリートたちの腐敗、嘘、独善、うぬぼれ、旧態依然たる態度への抵抗だと解釈されることが多い。現状に批判的な人たちの多くは、そのような見方をしている。

これで、政府に対する人々の信頼が高まっていると言えるだろうか。私の目には、全般的に企業への信頼が高まり、政府への信頼が低下しているように見える。政府が国民のニーズや欲求を満たすために、もっと企業の力を借りるべきだという主張がなされる土台には、政府よりも企業のほうが信頼できるという考え方がある。信頼は、人生を有意義なものにし、人間関係を機能させるために不可欠な要素だ。生きやすい国とそうでない国の違いを生み出すのは、社会における信頼の強さである場合も多い。

企業への信頼感が高く、政府への信頼感が低いなかで、企業をもっと政府の監督下に置くべきだと主張する人が大勢いることには驚きを禁じえない。

私たちは、つねに企業の恩恵を正確に理解しているわけではないのだ。

第3章

CEOの報酬は高すぎるのか

Are CEOs Paid Too Much ?

企業の信頼性をめぐってしばしば問題にされる点の一つが、最高幹部たちの報酬額だ。多くの知識人やジャーナリストは、CEOの報酬が高すぎる（あるいは、一般社員に比べて高すぎる）と批判している。CEOたちがみずからに都合のいい報酬制度をつくって甘い汁を吸っているとか、CEOに高給を支払ってもそれに見合うだけの業績が達成されていないという批判も聞こえる。

数年前、エレノア・ブロックスハムは、普段は企業寄りの姿勢が目立つフォーチュン誌の誌上でCEOの高額報酬を批判し、「静かにアメリカ経済を死に追いやる病」と評した。チャールズ・M・エルソンもハーバード・ビジネス・レビュー誌に寄稿した論文で、CEOが自分たちの会社をATMのように扱っていると批判した[1]。

しかし、CEOの高額報酬は競争の産物である可能性が高い。それは人材争奪戦が生む結果だ。株主や取締役会にとって最大の目的は、創造性の高い企業を築くこと。そのために、優秀な人材をCEOに迎えなくてはならない。企業が顧客を奪い合って競争していることは誰もが知っているが、企業は優秀な人材も奪い合っているのだ。その競争に勝ちたければ、高い給料を支払ったり、会社の業績に連動したボーナスを約束したりする必要がある。

言うまでもないが、富と地位の持ち主が成功者とみなされる社会では、成功して満足感を味わえる人より、成功を手にできずに不満をいだく人のほうが多い。そのため、人々はCEOをいわば公開処刑にして痛めつけずにいられない。彼らの一挙手一投足をこと細かに監視し、邪悪な意図をもっていると決めつけ、給料が高すぎると批判し、資本主義の害悪すべてを体現する悪の権化と位置づける。

CEOの報酬をめぐる問題には、実務的な側面（成果を挙げている人物が質の高い仕事を続けるように、どのようにインセンティブを与えればいいか）と、道徳的な側面（人が生み出している価値の大きさに応じて報酬に差を設けていいのか）がある。これらの問題をどのように考えるかは、人々が傑出した人物をどのように扱うか、成果を挙げられなかった人物が報酬を受け取ることをよしとするか、自分より人生で大きな成功を収める人がいるという現実にどう向き合うかに影響される。

CEOの高額報酬に関する議論では、私たちの典型的な企業観の多くが頭をもたげる。お察しのとおり、私は現状の報酬制度が基本的にうまくいっていると考えている。問題点がまったくないと言うつもりはないが、いまの仕組みはもっと評価されてもいい。それは、アメリカが多くの世界レベルの企業を生み出した原動力の一つでもある。

ここでは、個別の事例ではなく、アメリカのCEO全体に関するデータを見てみたい。CEOの報酬は、間違いなく高額化している。とりわけ高給取りの人たちは、自社の平均的な働き手の300倍もの報酬を受け取る場合もある。

アメリカの大手上場企業では、1970年代半ば以降、CEOの報酬が約6倍に増えた。その金額がとくに目覚ましく上昇したのが1990年代だ。報酬としての自社株譲渡がその主たる原動力だった。最近のデータによると、アメリカの大手上場企業350社ではCEOの報酬が平均で年間約1870万ドルに上っている[2]。

なぜ、CEOの報酬はこれほど大幅に増えたのか。これは、通常の需要と供給の関係がもたらした結果なのか。言い換えれば、大企業を経営できる人材が不足しているために報酬が高騰しているのか。それとも、多くの大企業のCEOが会社を食い物にしている結果なのか。

以下で述べるように、データを見る限り、アメリカ企業のリーダーたちにはかなり高い評価を与えていい。CEOの報酬も、すべてとは言わないまでも、大部分は才能豊かな人物が重要な企業に貢献している結果とみなせる。不正や不当な私利私欲の追求が生んだ結果とは考えにくい。

CEOの報酬が増加した理由の説明として最も優れているのは、大企業のビジネスチャンスが飛躍的に拡大する一方、CEOを務められる人材が足りないから、というものだ。時には、トップクラスの人材が不足しているために、取締役会が不適切な人物をCEOに据えてしまったり、不適切な人物を更迭できなかったりする場合もないわけではない。しかし、一流の人材に高い報酬が支払われているため、基本的には、優秀な人材が重要な職に就き、高い意欲をもって仕事に臨めている。CEOの報酬に関して言えば、企業は概して正しい判断ができていると言っていい[3]。

アメリカの所得上位1%の人たちが従事してきた活動は、これまで世界経済を力強く牽引してきた。多くのデータによれば、アメリカ企業のCEOは、ほかのどの国のCEOよりも自社の生産性を高めることに成功していて、昔よりも強力な企業統治を実践するようにもなっている。そして、ほかの国の企業より積極的に新しいテクノロジーを導入して、自社の競争力を高め、社員の給料を上昇させてきた。

経済学者のなかには、CEOたちが不当に「スキル偏向的技術進歩」の恩恵に浴していると指摘する人たちもいる。スキル偏向的技術進歩とは、簡単に言えば、スキルの高い働き手にとりわけ大きな恩恵をもたらすようなテクノロジーが新たに登場することだ。

たとえば、電子メールやスマートフォンが登場し、世界規模のサプライチェーンを遠隔地からマネジメントすることが以前より容易になった。その結果、多国籍企業の優秀なマネジャーが手腕を振るいやすくなり、この人たちの報酬も増加した。

しかし、スキル偏向型技術進歩は、自然に天から降ってくるわけではない。それは、多くのCEOたちが強力なビジョンを堅持し、それを粘り強く実行に移すことで実現する。アップルのスティーブ・ジョブズは、世界規模で統合されたサプライチェーンを活用してスマートフォンを生産し、中国で完成させて世界中に売るというアイデアを思いつき、それを実現しようと決意した。そして、そのための方法を考え出し、iPhoneの開発を成功させたのである（その過程で、多くの労働者や他社のCEOの力を借りたことは言うまでもないが）。

愉快な話ではないかもしれないが、CEOが莫大な報酬を受け取っている一因は、CEOがほかの人たちよりも質の高い仕事をしている点にあるのだ。

ＣＥＯの報酬が跳ね上がった理由

明快な事実を一つ指摘しておこう。アメリカ企業のＣＥＯの報酬は、株式相場が上昇するのと足並みをそろえて増加してきた。報酬が高すぎるケースがないとは言わないが、概して、報酬が不可解に決まっていたり、不正なプロセスを経て決まっていたりはしない。アメリカの一流企業におけるＣＥＯの報酬額は、株価と緊密に連動している。これは、報酬として自社株やストック・オプション（自社株購入権）が提供されていることの影響が大きい。[4]

経済学者のグザビエ・ガベとオーギュスタン・ランディエは、企業の株価とＣＥＯの報酬の関係について大規模な調査をおこなった。その研究によると、シンプルな需要と供給の関係により形づくられる報酬額の相場は、上場企業の株式時価総額平均と基本的に連動しているという。

株式時価総額が大きくなった企業は――そのような企業が増えている――ＣＥＯを務められる人材を招くために高額の報酬を支払ってもいいと考えるようになる。その結果、おおむね、株式時価総額にほぼ比例してＣＥＯの報酬が高くなっていく。企業が株価を上昇させるためにＣＥＯに高い給料を支払い、期待どおり株価が上昇すればＣＥＯの報酬がさらに高くなる。２０００～05年、アメリカの最大手企業50社でそれぞれの会社の最高幹部３人によって保有されていた自社株式は、１社平均３１００万ドル相当に達していた。[5]

１９８０年から２００３年の間にＣＥＯの報酬が平均6倍に増加したことは、同じ期間にそれらの企業の株式時価総額が平均6倍に増加した結果と考えていいだろう。ガベとランディエがのちにジュリアン・ソバーニャと共同でおこなった研究によれば、業績が厳しい時期にはCEOの報酬額も下がっている。株式時価総額の減少にほぼ比例して、報酬も減少しているのだ。そのような時期には、取締役会がCEOの昇給案を突っぱねたり、提案に疑問を呈したりする傾向が強まる。CEOの報酬は、右肩上がりに上昇するだけではない。システムのなかに、チェック機能が組み込まれているのだ。なかでも、最も強力にチェック機能を果たしているのが株式市場だろう。[6]

ところで、アメリカの成功しているCEOほど、ほかのCEOたちの高額報酬を手厳しく批判する人たちはいない。「ほかのCEO」が高額報酬に値しないと考えるCEOの多さには、本当に驚かされる。この現象は、一部のトップアスリートがほかの一流選手を口汚くののしる様子を思い出させる。

プロバスケットボールのロサンゼルス・レイカーズでセンタープレーヤーとして活躍したカリーム・アブドゥル＝ジャバーは私のインタビューのなかで、ジャンプシュートを多用するダラス・マーベリックスのフォワード、ダーク・ノビツキーを「ばかの一つ覚え」と酷評したことがある。この類いの辛辣な言葉のやり取りは、殿堂入り選手や殿堂入り確実な選手同士、あるいはなんらかの点でライバル関係にある選手同士の間で珍しくない。最近も、チャールズ・バークレーとレブロン・ジェームズがののしりの言葉を浴びせ合った。

そうした批判が正しい場合もある。たとえば、ボストン・セルティックスのラリー・バードが献身的なディフェンスをしなかったり、横方向の動きが不得意だったりしたことは否定できない。その点、CEOの報酬は株価との連動性が強いため、ほかのCEOの報酬が高すぎるという批判は、個別のケースはともかく、一般論としては正当でないと言えそうだ。

プロバスケットボール界を参考に、ビジネス界のCEOの報酬について考えてみよう。NBA（北米プロバスケットボールリーグ）の歴史を振り返ると、傑出した成績を挙げるチームにはほぼ例外なく、リーグ有数の（しかもキャリアの最盛期の）プレーヤーが少なくとも1人いて、チームを牽引している。ビル・ラッセル、マジック・ジョンソン、ラリー・バード、マイケル・ジョーダン、レブロン・ジェームズ、ステフィン・カリーなどがそうした役割を果たしてきた。

NBAのチームが超一流選手に莫大な報酬を支払う大きな理由はここにある。このレベルの選手はなかなか獲得できないし、適切な環境でプレーできればチームに計り知れない恩恵をもたらすと期待できる。

ビッグスター（もしくは将来のビッグスター候補）に大枚をはたくことがつねに功を奏するという保証はない。ニューヨーク・ニックスは莫大な金を投じてカーメロ・アンソニーを獲得したが、チームの成績は精彩を欠き、大きな見返りなしにアンソニーをオクラホマシティ・サンダーに放出する羽目になった。アンソニーは、成績に見合わない高給を受け取っていたと言えるだろう（ただし、すべてを1人の責任と考えるべきではない。ほかの選手や監督、ゼネラルマネジャーにも責任はある）。

そもそも、どうしてそんなに高額の報酬が支払われることになったのか。アンソニーがチーム運営会社の株主や取締役会を騙したのか。もちろん、そんなことはない。アンソニーが希少な才能をもっていて、それが莫大な価値を生み出す可能性があると判断されたからこそ、高額の報酬が支払われたのだ。移籍後の成績と不釣り合いなくらい報酬が跳ね上がったのは、同様の契約がしばしば好ましい結果をもたらし、巨額の利益を生むからだ。

トップクラスのCEOにも同じことが言える。優秀なCEOは大きな価値を生むが、そのような人材を確保することは難しい。そのため、CEOの報酬が高騰し、一部の企業はビジネス版のカーメロ・アンソニーのような人物に巨額の報酬を支払う羽目になる。これは、CEOを務められる人材が貴重かつ希少であり、しかも、企業の取締役会も含めて人は誰もが判断ミスを犯すために起きる事態と考えるべきだ。システムそのものに道徳上の欠陥があるわけではないのだ。

この点は、CEOの高額報酬を批判する人たちには理解しづらいかもしれない。批判派は、現状のシステムが全般として好ましい結果をもたらしていることに目を向けず、CEOが十分な成果を挙げていないケースしか見えていない。確かに、報酬にふさわしい成果を挙げられていないCEOもいるが、実際には、成功した新興企業の創業者など、成果に比べて報酬が安すぎるCEOもいる。業績に対して報酬が高すぎるCEOのことは、カーメロ・アンソニーのようなものだと思えばいい。そのような人物に高い報酬が支払われるのは、どの企業も世界レベルの傑出した人材を欲しがっていて、そうした人材を確保することが非常に難しいからだ。この場合、採用後の成績と不釣り合いな高額報酬が支払われるケースが出てくることは避けられない。

バスケットボールの花形選手と企業のCEOを重ね合わせた議論をもう少し続けよう。アメリカの株式相場が1926年以降に上昇した分はすべて、株価が最も大きく上昇した上位4%の企業によって実現した。このデータは、経営の質がいかに重要かを浮き彫りにするものと言えるだろう。

もちろん、これらの企業が成功した理由は、リーダーの資質がすべてではない。しかし、CEOの能力を含むさまざまな好材料が作用し合うことで、好ましい結果が生まれるのだ。

別の研究では（こちらの研究のほうが主観的なものにとどまることは否めないが）、大企業の取締役113人に意識調査をおこなった。この調査で、自社のCEOを務められる知識と専門技能の持ち主が世界に何人いると思うかと尋ねたところ、回答は平均4人だった。この数字にどのくらい信憑性があるかはともかく、真に優秀なCEOがきわめて少ないことは間違いなさそうだ。[7] 非常に大きな価値を生み出す可能性のある資源が非常に希少だとすれば、その資源を獲得するためのコストが高くなることは避けられない。

今日のCEOに求められるスキル

今日の（少なくともアメリカの大企業の）CEOは、昔のような意味で「事業を運営する」スキルをもっているだけでは務まらない。石油の採掘や家具の製造など、自社の中核的なビジネスを運営できるだけでは足りなくなっている。金融市場の重要性が高まったことで、CEOは金融に精通し、金融取引のノウハウをもっていることが求められるようになったのだ。

たとえば、大手石油会社は原油市場やデリバティブ市場での存在感を増している。それに伴い、石油会社のCEOは、テキサスの油田について詳しいだけでは十分でない時代になった。石油会社と関わろうとする人たちは、その会社が金融取引や投機で大損しないと安心できるように、CEO

が金融市場に関してしっかりした知識をもっていることを求めはじめている。[8]

CEOには、政府の規制に対処したり、広報を上手におこなったりするスキルも、昔より必要とされるようになった。メディアの監視が厳しくなったため、些細なPR上の失態が大きな損害を生む可能性があるからだ。また、会社が人種差別や性差別、同性愛者差別をおこなっているという評判が立ったときは、CEOなどのリーダーがただちに対応しなくてはならない。今日、大企業のCEOは、ソーシャルメディアやテレビ、記者会見、時には議会証言、（連邦政府、州政府、郡や地方自治体レベルの）規制当局や議員の説得など、さまざまな局面で有効なコミュニケーション能力をもっている必要がある。当然ながら、日々の事業運営ができて、しかもこれらの新しい役割も果たせる人材を確保するのは難しい。

ビジネスがかつてなくグローバル化し、サプライチェーンが多くの国にまたがるようになったことの影響も見落とせない。たとえば、アップルのiPhoneの部品製造や組み立ては、アメリカ、韓国、タイ、マレーシア、フィリピン、台湾、インド、中国など、多くの国でおこなわれている。

アップルが成し遂げた重要なイノベーションの多くは、iPhoneの基盤を成すテクノロジーに関わるものではない。それらのテクノロジーのかなりの部分は、すでに存在していた。アップルの最大のイノベーション、それはこのようなサプライチェーンを構築して維持するための新しいアイデアだった。そのために、当時のトップであるスティーブ・ジョブズとティム・クックは、貿易や対外直接投資、そしてグローバル経済全般について膨大な知識を学ぶ必要があった。しかも、ビジネスをおこなう国ごとに、その国特有の制度上・規制上の障害を乗り越えなくてはならなかった。

CEOは、そうした知識を最初からすべてもっている必要はない。重要なのは、どのような問いを発すべきか、その問いに対する回答をどのような文脈に位置づけるべきかを理解できることだ。それができるためには、グローバル経済をよく知っていなくてはならない。それも、気が遠くなるくらい膨大な量の知識が求められる。昔と違って、CEOはほかの国について、そしてビジネスをおこなうグローバルな環境や文化的環境について深く理解しておく必要があるのだ。これは簡単なことではない[9]。

もう一つ見逃せない潮流がある。アメリカの大企業は、ほぼすべてがテクノロジー企業の性格をもつようになった。たとえば、農業関連の企業も、ドローン（小型無人飛行機）を飛ばして畑を監視したり、素材を購入するために企業向けオンラインオークションを利用したり、ゲノム解析など、高度な情報テクノロジーを駆使した研究開発に注力したりするようになった。これらの企業はトウモロコシや大豆を栽培するだけでなく、情報テクノロジーのど真ん中に位置しているのである。

今日、ウォルト・ディズニー社の経営者は、優れた脚本を見つけ、人気俳優を起用するだけでは十分でない。高度なテクノロジーを活用してアニメ映画にCGを駆使したり、最先端のイノベーションを実現したりできる企業を築く必要がある。そのために、トップレベルのプログラマーを確保するスキルも求められる。これは、昔のハリウッドではあまり必要とされなかったスキルだ。

大企業のCEOは、こうしたことに加えて、CEOたちが昔からやってきた仕事もしなくてはならない。社員のやる気を喚起したり、社内でロールモデルの役割を果たしたり、企業文化を確立して社内に広めたり、自社の財務状況を把握したり、取締役会に予算案と事業計画を示したりすることも重要な役割だ。

CEOは、古代の大哲学者と似たところがある。勤労、消費、投資、情報発信、政治への働きかけなど、森羅万象について幅広い知識が必要とされるからだ。確かに、CEOほど「哲学的」な仕事はない。新しい思考を生み出して、ものごとの本質を理解する能力に関して、トップレベルのCEOは今日の世界で指折りの存在だ。

CEOに最も求められるスキルは、特定の企業に特化したスキルよりも、多くの企業のマネジメントに共通するスキルになった。そのような変化は、有能なCEOの争奪戦を激化させる作用をもつ。企業全般に共通するスキルが重視されればされるほど、順送り人事による内部昇格が減り、社外の人材がCEOに登用されるケースが増えるからだ。しかも、CEOが移籍しやすくなるため、CEOの入れ替わりも頻繁になる。

それはデータにもあらわれている。CEOが外部から登用される割合は、1970年代には14・9%にすぎなかったが、1990年代末には26・5%に上昇した。この時期、CEOの報酬は大幅に増加している。[10]

CEOにどのようなスキルが必要とされるかは、個々の企業や業種、具体的な環境によって異なるが、ビジネス界の頂点で成功することを目指すなら、誰もが備えておくべきスキルがあるのだ。データによれば、そうしたスキルの持ち主が得る見返りは大きい。

たとえば、ほかの条件がすべて同じだとすると、会社を移籍してCEOに就任した場合に得られる報酬が高いのは、メディアの評判がよく、一流大学を卒業していて、いわゆる出世コースを歩んできた人物だ。このような観点でCEOを10区分にランク分けすると、その区分が一つ上がるごとに報酬額が約5%、金額にして約28万ドル増えるという[11]。

企業規模と報酬の相関関係

一般的な傾向として、企業の規模が大きいほど、トップクラスのCEOを迎えることによる恩恵が大きい。その意味では、大企業が優秀なCEOに高給を支払うのは、優れた人材が最も大きな価値を生み出せる職場で働くよう促す有益な仕組みなのかもしれない。

もしマーク・ザッカーバーグがフェイスブックではなく、中規模の金融サービス企業を経営するとすれば、それは才能の無駄遣いだ。一方、フェイスブックも、ザッカーバーグ抜きでは現在のようには成功できなかっただろう。ある研究によると、この点で最適な「マッチング」を実現しようと思えば、CEOの報酬に対する限界税率を最高で27〜34%にとどめるべきだという。それより重い税を課すと、CEOと企業の間で最適なマッチングが実現された場合の経済的な恩恵が小さくなり、生産性も低くなる。その結果、トップクラスのCEOがあまり重要でない企業で働くという望ましくない結果を招きかねない。

こうしたマッチングの要素を考慮しない経済学者たちが推奨する限界税率は70〜80%だ。そのような研究者は、富裕層の可処分所得が増えても、中・低所得層の可処分所得が増えた場合ほど消費が増えない点を重視している。しかし、人材市場においてCEOの報酬額が優秀な人材と重要な企業をマッチングさせる機能を果たしていることを念頭に置けば、重い税を課してCEOの手取りを減らしすぎることに反対する主張のほうが理にかなっている。[12]

CEOの高額報酬がおおむね腐敗の産物ではないことは、プライベートエクイティ投資会社がそれを容認していることからも明らかだ。プライベートエクイティ投資会社とは、株式非上場企業（もしくはその一部の事業）を買収したり、上場企業の上場を廃止して事業の立て直しをおこなったりする形で、ほかの企業に大々的な投資をする投資会社のことだ。

このような投資会社の事業を担うのは、企業のCEOが務まるような資質をもっていたり、過去にCEOを務めた経験があったりする辣腕の人たちの場合が多い。しかも、買収した会社に自社の意向に沿わない不特定多数の株主がいるわけでもない。したがって、買収した会社のCEOによって食い物にされることは考えにくい。また、プライベートエクイティ投資会社の利益――それは基本的に買収企業の業績に連動する――は、1993年に比べて5〜8倍に増えている。この伸び率は、大企業のCEOの報酬額の伸び率を上回る。[13]

アメリカの富豪ランキングの上位には、プライベートエクイティ投資家がずらりと並ぶことが珍しくない。買収した会社のCEOが株主の利益に反する行動を取っていたり、腐敗した行動を取っていたりすれば、そのような富を築くことはできないはずだ。CEOの報酬が高額なのは、十分な知識をもった有能な投資家たちがトップクラスの経営人材を確保するために必要だと判断した結果なのである。[14]

CEOの報酬について大局的に考えるためには、弁護士と比較するのも一つの方法だ。弁護士が高額の報酬を得たい場合、自分の言いなりになる取締役会を動かして報酬額を増やさせるという手は使えない。法律事務所のパートナー（共同経営者）たちは、新しい顧客を獲得して利益を生み出せなければ、報酬を増やし続けることはできない。そんなことをすれば、いずれ会社の金が底を突いてしまう。

注目すべきなのは、CEOの報酬が大幅に増加した時期、法律事務所のパートナーたちの報酬もほぼ同じペースで増加したことだ。その報酬額の平均は、1994年には約70万ドルだったが、2010年には160万ドル近く（世帯所得中央値の約30倍）に増加している（2010年の貨幣価値に換算）。この事実からわかるのは、高いスキルをもった人材の報酬が全般的にかなり大幅に上昇したということだ。CEOの報酬が増加したのは、この現象の一側面とみなせる。[15]

再びスポーツの世界に話題を戻そう。1993年から2010年の間に、プロスポーツのトッププレーヤーの報酬は、野球では2・5倍に、バスケットボールでは3・3倍に、アメリカンフットボールでは5・8倍に増加した。報酬の増加率で言えば、大企業のCEOは野球のトッププレーヤーとだいたい同程度ということになる。

バスケットボール選手は、マイケル・ジョーダンのようなスター選手に牽引されて、企業のCEOを上回るペースで報酬を増やしていった。アメリカンフットボール選手の報酬は、ジョン・エルウェイやジェリー・ライスのようなスター選手、それにダラス・カウボーイズなどの人気チームに引っ張られる形で、それ以上に目を見張るペースで上昇してきた。しかも、選手たちはこれとは別にスポンサー契約料も受け取っている。

こうしたスポーツ界の現象もアメリカ経済全般の潮流を反映したものと見るべきだ。アスリートやCEOが血眼になって消費者を騙したり、自分たちが不当に得をする仕組みをつくったりしているわけではない[16]。

CEOの高額報酬が不当な行為の産物である――経済学の言葉を使えば、CEOの報酬にかなりの「レント(超過利潤)」が含まれている――という見方は、歴史的な事実にも反する。大半の指標によれば、1970年代以降、企業統治はかなり厳格になっているのだ。

1950~60年代のアメリカ企業は、粗野で乱暴な行為がまかり通る無法地帯だった(テレビドラマの『マッドメン』を思い浮かべればいい)。この時代、企業統治は緩かったが、CEOの報酬はまだ比較的低かった。CEOの報酬が高騰しはじめたのは、企業統治が強化されてからだ。

ここから推察できるのは、高給を支払ってトップクラスの人材を迎えることが企業の利益に合致しているということだ。それくらい優れた人材を起用しないと、CEOの役割が務まらなくなっているのだ。しかも、とくに高額の報酬を受け取っているのは、内部昇格ではなく社外から招かれたCEOだ。この点でも、CEOの高額報酬は、CEOが会社を食い物にした結果とは考えづらい。

データをもう一つ紹介しよう。企業がCEOの報酬を決める際に、株価など会社の長期的成功に関わる指標と連動させる方針を打ち出すと、株式市場がそれを好意的に評価し、株価が上昇する場合が多い。そのような報酬制度を採用すると、CEOが恩恵に浴するだけでなく、企業価値全般が高まると考えられているのだ[17]。

メディアが報道する内容は、ここまで述べてきたこととはまるで違う。CEOの高額報酬を経済的不平等の問題と結びつける議論が多い。しかし実際には、両者の関連性は一見したよりもずっと弱い。

CEOの報酬が高額なのは、新しいスーパースター企業を創業したり、既存の企業をスーパースター企業に成長させたりした結果という面が大きい。アップルやフェイスブック、そのほかの数々のユニコーン企業（企業価値が10億ドルを超す非上場企業）の経営者たちがその典型だ。企業の経営幹部は、莫大な価値を生み出しているからこそ莫大な報酬を受け取れる。例外がまったくないとは言わないが、大きな傾向としてはそう言えるだろう。

一般的なイメージとは異なり、企業で比較的高い地位にある人たち全般の給料は、それ以外の人たちほど速いペースで上昇していない。確かに、CEOの報酬はこの数十年間の少なくとも一部の期間、かなりのペースで上昇してきたが、CEOを含むトップクラスの幹部だけが例外なのだ。この点を考えると、経済的不平等が拡大した主たる要因が企業の給与体系の変化だとは言えない[18]。

主要メディアはあまり指摘していないが、経済的不平等を拡大させた最大の要因は、革新的な製品を世界に向けて販売するスーパースター企業が台頭したこと、そして生産性の向上がそうした企業にとりわけ大きな恩恵をもたらしたことだ。スーパースター企業の具体例としては、グーグル、フェイスブック、航空・宇宙大手のボーイング、通信大手のベライゾンなどが挙げられる（詳しくは第5章で論じる）。これらの企業では概して、幹部に始まり、秘書や清掃員にいたるまで、誰もが従来型企業の社員より高い給料を受け取っている[19]。

メディアにとっては、「CEOが社員を搾取している」というストーリーほど面白く感じられないかもしれないが、所得格差を生み出している最大の元凶は、スーパースター企業とその他の企業の格差なのだ。大きな価値を生み出せるスーパースター企業のCEOを務められる人材は貴重なので、報酬が高額になること自体は別に不思議でない。

スーパースター企業が生まれれば、そこで働く人ほぼすべてが高い給料を受け取れる。重要なのは、たくさんの人の給料が増えるように、スーパースター企業をもっと増やすことなのだ。

CEOの高額報酬は不当なのか

企業にとって優秀なリーダーをもつことがいかに重要かは、創業者やCEOが死去したあとに起きることを見れば明らかだ。経済学では、残念ながら対照実験を実施できる場合ばかりではない。しかし、CEOが果たしている役割に関しては、対照実験に近い状況が生まれる場合がある。それは、CEOが在職中に急死したときだ。

アメリカ企業でCEOが急死した149件の事例についてデータベースを調べた研究によると、リーダーの交代は企業価値に直接的な影響を及ぼすようだ。優秀なリーダーを失った企業は、企業価値が下がる場合が多い。CEOが死亡した前後で企業価値がどう変わったかを調べると、企業価値の約5〜6%はリーダーの質で決まっているとみなせる。

別の研究では、CEOが急死した場合、直後の3日間で株式時価総額が平均2・32%減ることがわかった。株価の変動は、CEOの死により、その会社の業績の見通しがどのように変わったかを最も明確に映し出す指標と言えるだろう。死亡したのが若い創業者だった場合は、平均8・82%も株価が下落する[20]。

ノルウェーでおこなわれた大規模な研究では、CEOが死亡した後の企業業績を調べ、リーダーの影響がいかに大きいかを明らかにしている。サシャ・O・ベッカーとハンス・K・ビデは、創業者兼CEOが株式の半分以上を所有していた企業でその人物が死亡したケースについて調べた（この研究の対象企業は、概して前出の研究の対象になったアメリカ企業より規模が小さい）。CEOが急死したこと以外は似たような企業と比べると、これらの企業は売上高が平均60%減り、社員の数も17%減っている。2年後の段階で会社が存続している割合も約20%小さかった[21]。

CEOの死亡よりも頻繁に起きるのがCEOの入院だ。この点に関するデータも、優れたリーダーの重要性を浮き彫りにしている。デンマークのデータによると、CEOが5日以上入院した企業は、ほかの点で似たような企業に比べて業績が平均1・2%悪化したという[22]。

残念ながら、アメリカ企業を対象にしたもっと直接的な研究はおこなわれていない。それでも、以上のデータから、起業家やCEOがいかに大きな価値を生み出しているかが見て取れる[23]。アメリカはノルウェーやデンマークよりも市場の規模が大きいため、優秀なリーダーがもたらす価値はさらに大きい可能性もある。

データから見えてくることは、これだけではない。データによれば、CEOが受け取っている報酬は、彼らが会社にもたらしている価値より少ないのだ。アメリカ企業でCEOが急死した149件について調べた前出の研究によると、CEOはみずからが会社にもたらしている価値の68〜73%

程度の報酬しか得ていないという。

企業で働く人たちも、みずからが生み出している価値のすべてに相当する金額を給料として受け取っているわけではない。最近の推計によれば、その割合は85%程度にとどまる。これは主に、人材の採用と訓練にコストがかかっているからだ。それでも、少なくともこのパーセンテージを比較すると、一般社員の給料がCEOに比べて安すぎるわけではないように見える。

ここで示した推計はいずれも厳密なものとは言えないが、経済学的な推論の結果とも合致している。経済学的に考えると、会社にとってこのパーセンテージを低く抑えやすいのは、一般社員よりもCEOのほうだ。CEOを務めるような人物は、CEO以外の職に就けば収入が大幅に減るので、会社との報酬交渉の席を立つことに消極的になると予想できるのだ。[24]

私が思うに、この点に関する最も説得力ある推計は、ペンシルベニア大学ウォートン校のルシアン・A・テイラーによるものだ。それによれば、典型的な大企業のCEOは、自身が会社にもたらしている収入の44〜68%程度の報酬を受け取っている。

CEOは、業績が悪化してもそれに比例して報酬が引き下げられないことを保証する契約を結んでいる場合が多い（ただし、業績が好調なときに報酬が引き上げられる度合いはもっと小さいが）。44〜68%という割合を少ないと感じる人もいるかもしれないが、こうした保証があることを考えると、CEOの実質的な報酬は見かけより多いと言えるかもしれない。

それでも、大企業のCEO全般がみずからの生み出している価値を上回る報酬を受け取っているという、信頼性のある推計はない。これは、競争が存在する環境において当然に予想できる結果だ。[25]

CEOの報酬を構成する要素のなかで、最も変動の余地が大きいのはストック・オプションだ。とくに高額の報酬を受け取っているCEOは、その傾向がひときわ強い。報酬の60〜80%がボーナスやストック・オプションなど、業績に直接連動する要素で構成されているケースも珍しくない。CEOが自分の報酬を増やしたければ、業績を向上させるのが一番だということになる。すべての場合がそうとは限らないが、おおむね報酬は業績に連動する。したがって、企業の業績が向上すれば、CEOの報酬相場も基本的に上昇するのだ。[26]

しばしば人々の怒りを買っているのは、成果を挙げられなかったCEOが莫大な割増退職手当（「ゴールデン・パラシュート」と呼ばれる）を受け取って会社を去ることだ。その金額は、時に何千万ドルにも上る。この仕組みは、深く根を張った既得権と経営陣の強欲の産物である場合が多い。しかし、業績不振で退任するCEOに巨額の退職手当を支払うことには、効率の面で好ましい点が二つある。

第一に、CEOを無理やり辞めさせようと思えば、激しい闘争に発展し、会社に大きな害が及ぶ場合がある。その点、巨額の退職手当が支払われれば、CEOが居座ろうとせず、比較的ダメージが少ない形で会社を去ってくれる可能性がある。支払われる金額は不当と言われても仕方がないが、会社にとって切実な問題を解決する役に立ってもいるのだ（悪事をおこなった人物に手切れ金を渡してお引き取り願うというのは、愉快でないかもしれないが）。

第二に、株主は、CEOがリスクを伴う戦略を——言い換えれば、裏目に出る危険がある戦略を——追求することを望む場合がある。手厚い退職手当を約束することで、そうしたリスクのある選択を後押しできる面もあるのだ。

巨額の退職手当は、CEOが自分に有利な仕組みを不当につくり上げた結果である場合が多いと、私も思う。しかし、それが効率を高めている面がまったくないというのは、大きな思い違いだ。巨額の退職手当が全面的に禁止される世界と、それが容認される世界を比較すれば、消費者に届く商品やサービスの質が全般的に高いのは後者だろう。[27]

「四半期資本主義」への過度な批判

もう一つよく聞かれる批判は、産業界に「四半期資本主義」や「短期志向」が蔓延しているというものだ。企業が目先の儲けのことしか考えず、社員の育成や研究開発、将来の競争力構築などへの長期的な投資を怠っているというのである。

この種の批判は、CEOの高額報酬を批判する意図でなされる場合が多い。自社株やストック・オプションという形でCEOの報酬が支払われる結果、企業が短期のことしか考えない姿勢が助長されていると、批判派は主張する。企業のリーダーが目先の株価を上昇させて自分の報酬を増やすために、四半期単位の業績をよく見せようとする結果、将来の業績に悪影響が及ぶというのだ。ほとんどの場合、CEOが20年後も職にとどまっていることはない。だから、会社の未来などお構いなしに、目先の株価を高めようとする、というのである。

多くの大企業批判と同様、この指摘も大げさすぎる。もちろん、未来のことを十分に考えていない企業経営の実例は枚挙にいとまがない。たとえば、動画配信サービスのネットフリックスが新しい番組視聴のあり方をつくり出し、新しいタイプの番組づくりのために投資を増やすのを尻目に、既存のテレビネットワークは、凡庸な番組を微修正することに終始していた。

しかし、短期志向の発想をしていることと、単に未来を見通す能力がないことの違いは、時としてわかりにくい。既存のテレビネットワークの経営陣はたいてい、会社を食い物にしようとしたわけではない。大量の動画配信コンテンツを用意することが有効な戦略だと思いもしなかったのだ。

企業が短期志向に陥って未来のことを十分に考えないケースと、未来のことに気持ちが向きすぎて目の前のことをおろそかにするケースが半分ずつあるとすれば、（CEOの誠実さの問題とは関係なく）企業が過度の短期志向に走った実例が山ほど見つかるのは当然だ。しかし、そのような実例が映し出すのは、実際に起きていることの半分にすぎないのである。

企業の短期志向が批判されるのは、ネットフリックスのような革新的な企業が戦略的に行動し、もっと優れた商品やサービスを生み出した結果というケースも多い。多くの場合、ある企業が短期志向に陥っていることは、もっと優れた長期的ビジョンの持ち主が登場してはじめて明らかになる。

だから、短期志向のせいで失敗した企業のエピソードを聞かされても、ビジネス界に短期志向が蔓延していると安易に結論づけないほうがいい。それは、ほかの企業が成功を収めた結果である可能性もあるのだ。

また、企業が長期志向の発想をしすぎて大失敗した実例も少なくない。かつて多くのアメリカ企業が中国進出を大々的に推し進めた。13億人の巨大市場がいずれ莫大な利益を生むと期待したのだ。

しかし、中国政府の敵対的な姿勢もあって期待どおりの利益を得られず、有力テクノロジー企業や金融サービス企業など、多くの企業が中国から撤退した。

もう一つの例を紹介しよう。最近の新興テクノロジー企業は、売り上げがほとんどなくても高い企業価値を認められているケースがしばしばある。多くの場合、投資家が未来の夢を追いかけるあまり、目の前の問題を冷静に評価できなかったと、のちに言われることになるだろう。

電気自動車メーカーのテスラは、株式時価総額が自動車大手のフォード・モーターやゼネラル・モーターズ（GM）を上回った。しかし、消費者の手が届く価格で電気自動車を販売して黒字を達成できるとみなせる根拠はまったくない。手品師のように見事な成果を挙げるか、期待外れの結果に終わるかは、現段階ではわからない（私がこの文章を書いている時点では、見通しが暗くなりつつあるように見える）。

これは、テスラに限った現象ではない。バイオテクノロジー産業でも、まだ市場に商品を送り出せてすらいない企業の株価が高騰するケースがよく見られる。どの企業の株価が割高かは、私には判断しかねる。それがわかる人はほとんどいない。しかし、はっきり言えるのは、多くのケースで投資家が過度の長期志向に陥っているということだ。投資家は、いま十分な売り上げがないことをもっと心配したほうがいい。

株式市場全般の株価収益率も、歴史的に見て高い水準にある。２００８年の金融危機後の景気回復が始まってから、ずっとこの傾向が続いてきた。投資家が過度な短期志向に陥っているなら、こんなことはありえない。足元の企業収益は、株価に釣り合うほど高くない。株価収益率が高い水準にあるのは、市場が目先のことではなく、将来の企業収益に関して高い期待をいだいているからだ。
アマゾンは途方もなく高い株価を維持しているが、四半期ごとの財務成績ではけっして大きな利益を計上していない。同社の株価を割高と考えるかどうかはともかく、この状況は、マーケットが広い視野に立って長期的にものを考えていることの証拠と言えるだろう。

アマゾンの株式を大量に保有する創業者兼ＣＥＯのジェフ・ベゾスは、２０１８年の時点で世界一の資産家だ。ベゾスがそれほどの富を獲得できたのは、いくつかの長期目標を貫き、会社の未来のために利益を投資し続けた結果として、市場で高く評価されて会社の株価が上昇したからだ。これを見る限り、市場は適度な長期志向も実践できているように見える。

ファイナンスの分野でも注目すべき研究が発表されている。ケネス・フレンチとノーベル経済学賞受賞者のユージン・ファーマの研究によれば、手元資金が潤沢な企業は株式市場で過小評価されているので、そのような企業の株式に投資すれば平均以上の利回りが期待できるという。この研究をどのくらい確実なものとみなせるかはともかく、投資家が過度の短期志向に陥っているとは言えそうにない[28]。

もっとシンプルな例も挙げられる。多くの投資家が長期国債を購入し、政府に30年も金を貸している。満期が長い国債のほうがいくらか利回りがいいからだ。このような投資家の行動も、長期志向に基づくものと言える。投資家が満期前に国債を売却したくなった場合も、買い手は見つかる。30年にわたる利払いを保証された国債に価値が認められているからだ。

大企業のＣＥＯたちは、概して長期的にものを考えているように見える。２０１５年にアメリカの代表的な株価指数S&P500の構成企業でCEOを退任した人たちの平均在職年数を見ると、11年に達している。この年数は、それまでの13年間で最も長い[29]。

ベンチャーキャピタルはなぜ短期志向なのか

そもそも、短期志向がつねに悪いわけではない。少なくとも、短期のものごとのほうがマネジメントしやすいことは確かだ。企業は目の前の課題には気づきやすい。たとえば、ある無能なマネジャーを解雇する必要があるとか、故障した機械を修理する必要があるといったことだ。それに比べて、20年後に市場がどのように変わっているかを予測することは難しい。情報テクノロジーが大きな役割を果たしている産業では──要するに、今日のほとんどの産業では──予測がきわめて難しい。20年先までの計画を立てようと思えば、多くのコストがかかるし、大きなリスクもついて回る。計画が有効かも予測がつかない。こうした点を考えると、短期志向こそ、もっと評価されてしかるべきだ。

情報テクノロジー産業では、企業が保有する資産の耐用年数は平均6年、医療産業では平均11年、生活用品産業では12~15年とされている。医療関連の企業では、11年後には現在とはまったく異なる検査をおこない、まったく異なる医療用スキャナーを用いている可能性があるのだ。しかし、そのとき必要になる医療機器や装置はまだ発明されていないし、当局の承認も受けていない。

このような状況で、どのような計画を立案しろと言うのか。大きな変化が訪れると覚悟しておく以外に、具体的な計画を立てることは難しい。企業が長期の計画を立てようとしないのは、マネジャーの短期志向よりも、このような事情が原因なのだ。[30]
もう一つ見逃せないのは、サービス産業など、資産の耐用年数が比較的短い産業が経済で大きな比重を占めるようになったことだ。この変化に伴い、短期志向のCEOに対する需要が高まっている面もあるのかもしれない。[31]
業種によっては、真の長期計画を立てることができず、短期志向でビジネスをおこなうほかない場合もある。市場を取り巻く状況の不確実度がきわめて高かったり、コントロールできる要素があまりに少なかったりするケースだ。長期計画が可能な業種では、それが不可能な業種よりも企業経営がうまくいっていたり、利益が上がっていたりするのかもしれない。しかし、それが不可能な状況で短期志向の経営をしている企業に問題があると決まったわけではない。むしろ、数々の制約のなかで最善を尽くしていると考えるべきだ。[32]
データを見ると、企業の研究開発支出がアメリカのGDPに占める割合は、この30年ほどほとんど変わっていない。研究開発への投資が十分だとは言い難いが、少なくとも企業の短期志向に拍車がかかっているわけではなさそうだ。研究開発の恩恵を受ける確率が低いサービス産業の比重が大きくなっていることを考慮すると、好ましい傾向が強まっているとすら言えるかもしれない。[33]
株式上場企業は、四半期ごとに好業績を要求する短期志向の株主の圧力が強すぎると感じるなら、上場を廃止するという選択肢もある。一方、事業を成長させなくてはならない草創期の新興企業は、ほぼすべてが株式を上場させていない。その一つの理由は、事業の有望さを早い段階で投資家に理解させるのが難しいことにある。株式上場前の資金需要は、ベンチャーキャピタルの資金によって満たされる。将来的にはフェイスブックやアマゾンのように、株式を上場させ、しかも創業者が経営をコントロールし続けるような仕組みを選ぶ企業もある。

第7章で論じるように、ベンチャーキャピタル産業はアメリカ経済でとくに大きな成功を収めている産業と考えられている。アメリカのベンチャーキャピタルは、大きな利益を得るためにリスクを伴う投資をすることに長けている。

ここで見落とせないのは、ベンチャーキャピタルの短期志向の強さだ。新興企業に投資する期間は、たいてい10年以内。新興企業はその期間内に（多くの場合はもっと早い段階で）独り立ちしなくてはならない。ベンチャーキャピタルは、企業が前進していると思えれば追加の投資をおこない、成長軌道をはずれないようにする。

このようなベンチャーキャピタルの姿勢は、厳密に言えば「短期志向」とは異なる。将来の大きな利益を期待して行動しているからだ。それでも、表面的には企業に短期の進捗を要求している。ところが、それにもかかわらず大きな成功を収めてきた。そして何より、長い目で見ればアメリカ経済にもおおむね恩恵をもたらしている。

利益がことごとく株主への配当として支払われるため、アメリカ企業は財務面で短期志向にならざるをえないという指摘もある。たとえば、S&P500構成企業の純利益の90％以上が株主への配当に回されているという話をよく聞く。

しかし、細かく検討すると、この数字の信憑性は怪しい。これらの企業が調達する新たな資本も考慮に入れると、アメリカの大企業が配当として支払っている金額は純利益の約22％にとどまる。これなら、異常だとか不健全だとは思えない。

この件に関しても、自分たちの思い込みと合致するというだけの理由で、企業に否定的なデータに飛びつき、その情報を拡散させている人たちがいるのだ。実際には、CEOたちは会社をとことん食い物にしてなどいない。裕福な株式投資家たちに支払われる配当は、ほかのどこかに再び投資される場合がほとんどだ。[34]

さまざまな制度や慣行が社会にどのくらい好影響もしくは悪影響を及ぼしているかを10点満点で採点するなら、殺傷能力の高い銃と鎮痛剤の乱用は最悪の1点、シリコンバレーとNBAプレーオフ（優勝決定戦）は9点といったところだろう。CEOの報酬？ 7・5点をあげていいと思う。

現状にまったく問題がないと言うつもりはないが、一般的なイメージに比べればはるかにうまく機能している。裕福な人たちが多額の報酬や高い社会的地位を得ると、それを悪いことだと主張する声がかならず出てくる。しかし、CEOたちは、受け取っている金額に対して十分な価値を生み出していると言っていい。

第4章

仕事は楽しいか

Is Work Fun ?

CEOは、企業経営の経験を通じて得るものが大きい。しかし、一般の働き手はどうか。労働者が搾取されているというのは、資本主義に対して古くからある批判の一つだが、その種の批判は今日もなくなっていない。たとえば、仕事を題材にしたいくつかの書籍を取り上げたタイムズ・リテラリー・サプリメント誌の書評記事で筆者のジョー・モランは、「これらの本が光を当てたのは、仕事で悲惨な境遇に置かれた人たちだ」と述べている。

デヴィッド・グレーバーの話題の近著は、『ブルシット・ジョブ――クソどうでもいい仕事の理論』（邦訳・岩波書店）。スタンフォード大学ビジネススクール教授のジェフリー・フェファーの新しい著書は、『ブラック職場があなたを殺す』（邦訳・日本経済新聞出版社）というものだ。もっとも、健康への悪影響は労働より失業のほうが大きいという強固なデータがあるのだが。[1]

仕事に関する負の側面

やりがいのある仕事に携わることは、充実した人生を送るうえで重要な要素の一つだ。仕事にやりがいを見いだせる人は概して、幸せを感じ、社会にうまく適応し、良好な人間関係を築ける。仕事は、私たちがバランスの取れた家庭生活を送り、可能性を開花させる助けにもなる。あまり注目されていないが、この点でも資本主義は新しいものを生み出している。具体的には、よりよい人間を創造しているのだ。

これらの点について詳しくは後述することにして、ここではまず、仕事に関する負の側面を指摘しておこう。「仕事」あるいは「労働」という言葉には、好ましくない意味合いもある。もしあなたが友人に（元友人と言ったほうがいいかもしれないが）「あなたと一緒にいるのは一仕事だ」と言えば、好意的なコメントとは言い難い。また、「騙されて労働させられる」という表現はあっても、「幸せに労働する」「恍惚として労働する」とは普通言わない。

仕事とは、金を支払われない限りやりたくないこと――そう言っても極論とは言えないだろう。仕事は楽しいことばかりではない。そして、人々が日常的に最もよく接する企業はたいてい勤務先の会社なので、人々が企業に対していだくイメージは、生活から楽しさを奪う活動と結びついてしまっている。

人生の楽しさは、仕事を通じて日々奪われていく。ほとんどの人は、週に5回もそうした経験をする。それに対し、給料が支払われる頻度はもっと少ない。しかも、銀行振込が多いので実感が乏しい。要するに、多くの人は、給料を受け取っていることよりも仕事のストレスと退屈さのほうを生々しく感じているのだ。企業がかならずしも人気がない理由の一つはここにある。企業は、口うるさい親のように、社員に辛抱を要求する存在と見られている。

最近のいくつかの研究は、仕事がいかに大きな重荷になりうるかを浮き彫りにしている。ノーベル経済学賞受賞者のダニエル・カーネマンと経済学者のアラン・クルーガーらは、人々の「日々の情緒的経験」について調べた。具体的には、調査参加者にブザーを身につけさせ、それが不定期に鳴るようにした。そしてブザーが鳴ったときに、その時点で取っていた行動と感情を記録させた。これに加えて、調査参加者が人生のさまざまな側面に対してどのくらい幸福感をいだいているかも尋ねた。さまざまな活動がもたらす一時的な満足感だけでなく、人生全体の満足感も調査したのである。幸福感とは複合的なものだからだ。調査参加者は、働く女性909人。平均年齢は38歳、平均の世帯所得は5万4700ドルだった。[2]

この調査によると、人々に最も幸福感をもたらす要素は、パートナーとの関係、友達づき合い、くつろぎの時間、祈り／信仰／瞑想という順だった。幸福感をもたらす度合いが中程度だったのは、テレビの視聴、料理、電話での会話など、日常のありふれた活動の数々。下位の5つの要素は、育児、コンピュータ／電子メール／インターネット、家事、仕事、そして最下位が通勤だった。

見てのとおり、仕事は、日々の活動のなかで、幸福感を生む度合いが二番目に低い。しかし、この調査結果を理由に、私たちが仕事を嫌っていると決めつけるべきではない。ほかの活動のほうがもっと好まれているだけかもしれない。実際、掘り下げて調べると、仕事に好ましい感情をいだいている人と悪い感情をいだいている人の割合は、3・5対1となっている。仕事に好ましい感情をもっている人のほうが多いのだ。パートナーとの関係（その割合は5・1対0・36）には及ばないが、それは無理もない。仕事がセックスに勝てると思うほうがおかしい。

同じ研究によれば、人々が仕事に費やす時間は1日平均6・9時間。祈り／信仰／瞑想の時間は平均24分にすぎない。これは、仕事をすれば金がもらえるが、お祈りをしても金をもらえないからだろう。もし1日6・9時間お祈りをすれば、ほとんどの人はいまほどお祈りの時間に幸福感をいだかなくなるに違いない。また、パートナーとの関係に人々が割いている時間は1日平均12分。もし1日6・9時間費やしていれば、この活動に幸せを感じる度合いはもっと低かっただろう。

こうした点を考えると、仕事は一般的なイメージほど嫌われているわけではないらしい。人々が仕事に多くの時間を割くのは、差し引きすれば多くの見返りを期待できるからだ（ただし、見返りのすべてをすぐに直接的な形で得られるわけではない）。しかも、仕事は恋人や友人と巡り合う機会にもなる。その点に魅力を感じて、仕事に多くの時間を費やしている人も少なくない。

この研究には留意すべき点が一つある。調査参加者の女性たちに尋ねたのは、ウイークデーについてだけだった。もし週末の生活についても尋ねていれば、仕事はこれほど重荷とは思われず、もう少しは歓迎されていた可能性もありそうだ。週末の生活が調査対象になっていたら、育児に対する評価も変わっていたかもしれない。

興味深いのは、仕事がその瞬間の感情に及ぼす影響と、生涯にわたる満足感に及ぼす影響に落差が見られることだ。私たちがおこなう活動のなかには、その瞬間はあまり楽しくなくても、生涯を通じた満足感を生む重要な源泉となるものがある。その一つが育児だ。子どもをもつことは長い目で見れば人生の充実度を高めるが、日々の育児には大きなストレスが伴う。

仕事もこれと似ている。良質な仕事に就いている人は、仕事をしている瞬間には心地よさを味わえなくても、長い目で見た人生の充実感が高まる。仕事の恩恵は見かけよりも大きいのだ。日々の仕事における重圧を軽く考えるつもりはない。しかし、さまざまなデータを見ると、仕事にはもっと好ましい側面もたくさんある。仕事は、私たちが人生で大切に感じる数々のものをもたらす。仕事を通じて、自分が社会で必要とされていると感じられるし、問題を解決する経験もできる。気が合う人や考え方の近い人たちと触れ合うこともできる。多くの仕事は、創造性を発揮する機会にもなる。すべての働き手の82％は、主に「未知の課題を解決すること」がみずからの仕事だと答えている。〔3〕

仕事に関しては、給料という要素も軽視できない。生活費や家賃を支払うために金を稼ぐ必要があるだけではない。友人と出会い、つき合えるのは、仕事で得た収入のおかげという場合も多い。仕事の価値は、友人がもたらす恩恵とも切り離せない関係にあるのだ。

給料以外の見過ごせない恩恵

仕事がさまざまな恩恵をもたらすのは偶然ではない。そのほとんどは、人材獲得競争のなかで優秀な人材を集めるために雇用主が用意したものだ。経営者は、計画的にこのような恩恵を生み出したわけではないとしても、それが持続し、強まることを望む。優れた人材を獲得して、つなぎとめたり、社員の士気を高めたりするために、その必要があるのだ。

仕事が給料以外にどのような恩恵をもたらしているかは、失業の弊害に目を向けるとよくわかる。職を失った人は、しばしば非常に大きなダメージを受ける。人は働きたくても職がないとき、所得減という要因だけでは説明がつかないくらい激しく幸福感と健康が損なわれる場合が多い。失業者は、精神疾患を発症している割合と自殺する割合が大きく、平均的な幸福感も著しく低い。

このどちらが原因でどちらが結果かを特定することはしばしば難しい。人は失業しているから自殺するのかもしれないし、自殺傾向がある人は採用面接で上手に振る舞えず、そのせいで職に就けないのかもしれない。しかし、いずれにせよ、失業が人生を非常につらいものにすることは間違いない。経済学者のアンドリュー・E・クラークとアンドリュー・J・オズワルドの有名な研究によれば、非自発的失業が個人の幸福感に及ぼす悪影響は離婚や別居よりも大きいという。[4]

人々が口にしていることや、その時点での気分を尋ねる調査への回答で述べることよりも、実際に取っている行動のほうが多くを物語る場合も多い。たとえば、労働時間のデータには目を見張らされる。アメリカ人の1週間当たりの平均労働時間は、1950年には22・34時間だったのが、2000年には23・94時間に増えている。このデータを見る限り、アメリカ人は仕事に対してかなり前向きな考え方をもっていると言えそうだ。

20世紀後半、大勢の女性が職に就くようになった。それは多くの場合、自分で金を稼ぎたいというのが理由だった。仕事をしたいという人々の思いは、かつて多くの論者が予測したほど弱まっていないのである。自分で金を稼いで自分でその金を使うことは楽しい。それに、多くの仕事は、かつてよりもやりがいがあり、人との関わりの機会も増えて、危険も少なくなっている。第二次世界大戦直後に比べると、生活水準は大きく上昇したが、人々はいまも基本的に仕事をしたいと思っている。[5]

経済学者のジョン・メイナード・ケインズは1930年の著作で、2030年にはほとんどの人が週15時間未満しか働かなくなるだろうと予測した。人間のニーズや欲求の大半が満たされるようになるため、退屈な仕事に耐えてまで収入を得たいという思いが弱まり、人々はもっと余暇時間を欲するようになると考えたのだ。

しかし、この予測は、所得が増えることの魅力と仕事の楽しさを過小評価していた。そして、イギリスのケンブリッジ大学で教鞭を執った裕福な学者であるケインズが考えていたほど、人々は余暇に大きな価値を認めていないようだ。

安全地帯としての職場

仕事という活動について人々が肯定的な評価をしていることは、ストレスに関する研究結果からも明らかだ。セーラ・ダマスク、ジョシュア・M・スマイス、マシュー・J・ザワツキーは、アメリカ北東部の中規模都市に住む122人の大人に、1日6回、綿棒で口の内側を擦ってサンプルを採取させ、コルチゾールというホルモンのレベルを測定した。このホルモンのレベルにより、その人のストレスの度合いがわかると考えられている。サンプルの採取は、家庭と職場の両方でおこなうものとされた[6]。

実験の結果は、きわめて明白だ。半分以上の人が職場よりも家庭で強いストレスを感じていたのだ。女性にいたっては、職場にいるときのほうが幸福感の強い人が多かった。これはおそらく、女性がしばしば家庭で育児の責任を担っているためだろう（ただし、家庭より職場でのストレスが小さい人の割合は、家に子どもがいる女性より、いない女性のほうが大きかった。この点を考えると、問題の原因は子どもではなく、配偶者なのかもしれない）。

この研究で注目すべき点がもう一つある。このように、職場がいわば「安全地帯」の役割を果たす傾向は、貧しい人でとりわけ目立っていたのだ。もっと幅広い層を調査対象にした場合も同じ結果になるという確証はないが、職場での生活では格差が比較的表面化しにくいのかもしれない。

豊かな人に比べて、貧しい人は家庭でさまざまな問題を抱えている割合が大きい。離婚、配偶者の暴力、家族の薬物依存、子どもの学校中退などの問題である。裕福な家庭もこれらの問題と無縁ではないが、貧しい家庭のほうが問題を抱えているケースが多く、これらの問題により被るダメージも大きい。問題に対処するための経済力が乏しいことが原因だ。

しかし、職場ではその格差がいくらか縮小する。少なくともこの研究では、貧しい人のほうが職場で安らぎを見いだしているケースが多かった。もちろん、貧しい人は職場で受け取る給料が少ない。それでも心理的なストレスに関して言えば、多くの企業は、私生活できわめて過酷な状況にある人たちの「安全地帯」になっているのだ。

この研究では、社会的地位が低い人ほど、ストレスのレベル（コルチゾールの値）が高いこともわかっている。一つの研究結果を過度に一般化することには慎重であるべきだが、貧しい人たちをストレスから守り、平等を実現するうえで、職場がしばしば大きな役割を果たしていると見てよさそうだ。

前出のカーネマンらの研究もほぼ同様の結論に達している。それによれば、人が職場で好ましい感情を経験するかどうかは、一般的に「よい仕事」の特徴とされている要素と密接な関係にはないという（たとえば、「充実した福利厚生」と職場での好ましい感情の間の相関係数は約0・10にすぎない）。劣悪な仕事に就いている人でも、仕事に伴う好ましい感情をかなり経験しているのだ。

エリザベス・バーンスティーンがウォール・ストリート・ジャーナル紙で取り上げているエピソードを紹介しよう。記事に登場する女性と似たような経験がある人も多いのではないか。この記事からは、「安全地帯」としての職場の重要性がよくわかる。

オモチャの配送をおこなう会社のオーナーであるタラ・ケネディ＝クラインは、ペンシルベニア州シューメイカーズビルに暮らす43歳。家族を大切にしているが、夜間や週末には会社の倉庫に出勤して1500個の配送コンテナを並べ直して過ごすことが多いという。家族の「晩ごはんは何？」「靴下はどこ？」といった言葉から逃げるためだ。

「家族のことは愛しているけど、子どもの宿題や夕食、空手、アメリカンフットボール、ピアノのレッスン、ローラースケート、洗濯物といったことから解放されて、冷たいコンクリートの倉庫にこもれることには意味がある」と、彼女は言う。[7]

フロー体験とモチベーション

人々が仕事上の活動の多くを楽しく感じていることは、仕事で「フロー」を感じている時間がどれだけあるかを測定することによっても見えてくる。フロー理論とは、ハンガリー系アメリカ人の心理学者ミハイ・チクセントミハイが提唱する概念だ。外的な刺激を処理し、状況の変化に対応し、問題解決に取り組み、ある程度の成功を収めたとき、その活動に没頭して集中力が高まる感覚のことを言う。

テニスのプレーが絶好調なときや、プログラミングの難題を解決できたとき、仕事で完璧なプレゼンを披露しているときなどを思い浮かべてほしい。そのときあなたは、全精神を、そしてときには全肉体もかけて重要な課題に挑み、その課題に成功したという感覚を味わうことができる。それは、とても気持ちのいい経験だ。

フローの感覚を味わっているとき、人はモチベーションが高まり、頭の回転が速くなり、活動量が増え、充実感が湧いてくる。大きな成功を収めている人のなかには、フローの考え方を好む人が少なくない。フロー理論の支持者として有名な一人がジョン・マッケイだ。自然食品スーパーマーケットチェーンのホールフーズを創業し、大企業に育て上げた人物である。マッケイは多くのフロー状態を体験してきた半面、仕事はかなり過酷だったに違いない。

私は以前、スーパーマーケットの青果担当の仕事をしていたことがある。仕事はきつくて退屈で、うまくいかないことの連続だった。それでもほぼ毎日、仕事が楽しいと心から感じていた。プラムのパッケージをテキパキと包装したり、バナナのカートを片づけて、大型冷蔵庫の中に勢いよく押しやったりするのは（店長はもっと丁寧にカートを移動させてほしかっただろうが）、楽しい経験だった。

その仕事をずっと続けるつもりではなかったので気楽に働けた面はあったにせよ、働くこと自体が楽しくて、私はフロー状態に入ることができた。[8]

データによれば、仕事によりフロー状態が促進される場合が多い。ある研究では、シカゴの5つの大企業で働く人たちについて調べた。調査参加者の27%はマネジメントおよびエンジニアリング系の仕事、29%は事務系の仕事、44%は工場の組み立てラインの仕事に就いていた。つまり、調査対象はCEOだけに限られない（参加者の37%は男性、75%は白人だった）。

調査参加者はブザーつきの機器をもたされて、それが1日に7回鳴るたびに、そのとき携わっている活動の難しい点や必要なスキル、活動の質などを手短に回答した。また、参加者は余暇時間の活動についても尋ねられた。

回答内容は、仕事に対してかなり前向きなものだった。まず、調査参加者は、余暇時間より仕事時間にフロー状態を経験することが多かった。読書、おしゃべり、テレビの視聴など、余暇時間の活動の多くは、フロー状態をあまり生まないようだ。しかも、モチベーション、活動量、集中力、創造性、充実感などの多くの面で、活動の質はフロー状態のときのほうが高かった。

これはあくまでも一つの研究結果にすぎない。しかし、仕事をしているときに満足感や充実感が高まるという見方を裏づける材料ではある。チクセントミハイがジュディス・ルフェーブルと共同でおこなった研究も、「ほとんどの場合、フロー体験は、余暇時間ではなく仕事時間に報告されている」と結論づけている。[9]

考えてみれば、仕事が多くの人に幸福感と充実感をもたらし、ストレスを和らげることは、意外ではない。まず、人は仕事を通じて、自分が社会の役に立っていると感じられる場合が多い。それに対し、家庭でそうした評価を得られる機会は比較的少ない（もちろん、家族からの評価もとても大切だ。「パパは立派な先生だね」と子どもに言われれば、幸福感が高まるだろう）。

配偶者や子どもは、つねに感謝してくれるとは限らない。それどころか、誰が家事をするかをめぐり言い争いになることもある。家事をするよう求める家族に対して、自分が仕事の稼ぎで家庭に貢献していることを改めて主張しなくてはならない場合もある。女性はとくに、そのようなケースが多いだろう。

その点、仕事の場ではなんらかの形で称賛を受けられる機会がもっと多い。職場で褒めてくれる人が何人いるかは人によって異なるが、たいていの人は何十人もの、時には何百人もの人と一緒に仕事をしていて、同僚以外にも大勢の顧客や納入業者と接している。ジャーナリズム、アート、政治などの仕事では、称賛を寄せてくれるかもしれない人は数万人、場合によっては数百万人にも上る。

報酬のおかげで仕事に満足感を感じられる面もある。もちろん、仕事に報酬が発生するのは、それがいつも楽しいとは限らないからだ。雇用主としては、社員を所定の時間にかならず出勤させるために給料を支払っているという事情もある（決められた時間に全員が出社することは、業務の調整に便利という意味しかない場合も多いのだが）。

それでも、自分の仕事が社会で金銭的な価値をもっていると感じたい人は多い。過度の金銭欲や病的な自己愛の持ち主もなかにはいるが、ほとんどの人は報酬と承認に対する健全な欲求をいだいているにすぎない。そうした欲求を満たすうえで、金銭という評価基準が果たせる役割は大きい。給料を受け取れるから働き、働くから給料を受け取れるという関係は、心地よい好循環と言えるだろう。それが可能なのは、企業という存在があるからにほかならない。

2016年のアメリカ大統領選におけるドナルド・トランプの勝利から学ぶべきことの一つは、アメリカ人が雇用を欲しているということだ。トランプは選挙戦でひたすら雇用について語り、富の再分配や福祉についてはあまり言及しなかった。「経済」や「格差」についてもろくに語っていない。反トランプ派の経済学者であるマイク・コンツァルが言うように、「トランプは四六時中、雇用のことを語っている」のだ。

トランプ大統領をどう評価するかは別にして、アメリカの中流層がこの主張に共鳴したことは間違いない。ほとんどの人は心の底で、良質な職に就くことが幸福感と充実感と社会的地位の重要な源泉だと気づいているのだ。この点は、私が年間所得保証制度の導入を支持しなくなった理由の一つでもある。この種の制度で給付水準を高く設定すれば、働かなくなる人が増えるだろうが、仕事をもたなくなった人はさまざまなダメージを被る可能性が高い[10]。

仕事と利他精神

仕事の世界では、目に見える形で自分の進歩や成長を実感できる。昇給したり、ボーナスを受け取ったり、昇進したり、立派なオフィスを与えられたり、いい会社に移籍したり、社会的地位の高い役職に就いたりしたときは、努力が報われたと思える。

たとえ〝大出世〟はできなくても、昇給の期待はもてる。近年、賃金の上昇が停滞していると言われることが多いが、それはあくまでも労働市場全体の状況を言っているにすぎない。そのようなデータが意味するのは、いまの世代の給料水準が昔の世代より実質ベースで上昇していないということだ。個人がキャリアを重ねても、給料が上がらなくなったわけではないのだ。

経済成長が停滞していても、個人単位で見れば、人はたいてい職業人生を通じて昇給と昇進を続ける（少なくとも50代まではそれが続く。ただし、職種による違いは大きい。数学者やプロバスケットボール選手は、小説家や介護士や哲学者より早い時期に、所得の増加が頭打ちになり、さらには所得が減りはじめる）。

仕事は、人と交わる機会もつくり出す。仕事の場では、ある程度の秩序が守られた環境でほかの知的な人たちと交流できる。しかも多くの場合、職場で接するのは同じ使命に向けて行動している人たちだ。

そのような環境では、有意義な人間関係や戦友意識が生まれたり、ライバル企業に対する健全な競争意識や、重要な社会問題を解決したいという好ましい使命感が形づくられたりしやすい。たとえば、病院の救命救急センターで銃撃事件の被害者の治療に当たったり、ホームレスの人たちに食べ物を配る慈善団体で働いたりする人は、強い使命感をいだいているだろう。ある調査によれば、職場に親しい友人がいるという人は、職に就いているアメリカ人の半分に上る[11]。

企業は、人々にとって重要な人間関係を生み出すだけではない。職場では、ほかの場ではありえないような人間関係が成り立つ。これは、職場の暗黙のルールにより、コミュニケーションのあり方に一定の枠がはめられることの影響が大きい。職場では、大勢の前で激しい怒りをぶつけられたり、人前で泣き出す同僚がいたり、同僚から無茶な欲求をされたり（たとえば宇宙の謎をすべて説明するよう求められたり）することはない。

確かに、暗黙のルールを逸脱した行動が取られる場合も少なからずある。誰かと誰かが不倫をして修羅場になったり、誰かが同僚をストーキングしたりするケースは珍しくない。それでも、職場の人間関係に関する規範はおおむね守られている。

そのおかげで、情緒面でのストレスは最小限にとどまり（ストレスは家庭の中だけ）、職場では協力の精神に基づく快適な人間関係を満喫できる。関心を共有し、互いに敬意をいだいていれば、仕事上の人間関係がより強固な絆に発展することもある。

もちろん、職場の人間関係が表面的なものにとどまるケースもある。それでも、表面だけでも良好な人間関係をもてれば、気持ちが前向きになり、やる気が出てくる場合が多い。評論家たちは概して、表面的な人間関係の価値を軽く見すぎている。人と人の関係では、互いに深入りしすぎないことにも大きな価値がある。人間が処理できる感情の量には限りがあるので、型どおりの当たり障りのないやり取りが心地よいときもあるのだ。[12]

仕事は給料と社会的地位をもたらすだけでなく、人助けの重要な手段にもなりうる。あなたが人類に貢献したいと思っているとしよう。仕事を介さずにその目標を達成することは非常に難しい。たとえば、莫大な金を稼いで寄付したいなら、仕事をしなくてはならない。

巨額の寄付よりも一般的なのは、人を助けられるような職を選ぶという方法だろう。脳外科医になったり、医学研究者になったり、消防士になったり。あるいは、幼稚園の先生になったり、自殺予防の電話相談センターを運営したり、政府に助言をしたり、偉大な大統領になったり。仕事は、私たちが利他の精神を実践するための主要な手立ての一つなのだ。仕事を通じた利他の行動は、うまくいけば、何百人、何千人、ことによると何百万人もの人を助けられる。

仕事と利他主義が密接に結びついているのは、偶然の結果ではない。多くの企業は、社員が誇りと満足感をいだける会社を築こうと骨を折っている。社員や未来の社員たち、とくに若い世代がこうした点を重んじるようになったことが最大の理由だ。

会社のイメージがよくなれば、優秀な人材を採用しやすくなる。企業は、質の高い社員を確保したいからこそ、快適で、寛容の精神に富み、刺激的な職場をつくろうとする。ここでも、アダム・スミスが言う「見えざる手」の力により、利益に貪欲な企業がわざわざコストをかけて社会の利益になる行動を取っているのだ。

職場のハラスメント問題

いま私がこの文章を書いている時点で、職場のセクシュアル・ハラスメントが大きな社会問題になっている。唖然とするようなスキャンダルが後を絶たない。職場などでのハラスメントにより、自信が傷つけられたり、自分の居場所がないと感じたりしたと、多くの女性たちが訴えている。こうしたおぞましい問題がどのくらい蔓延しているかはわからないが、ここでは比較の視点から一般論として二つの重要な点を指摘しておきたい。

まず、女性が家の外で働くようになり、経済的自立を成し遂げる選択肢が広がったことで、パートナーや配偶者からのハラスメントなど、生涯で経験するハラスメントの総量は減った。女性が(これは女性に限ったことではないが)職に就いて収入を得ていれば、ハラスメントや虐待をおこなうパートナーと手を切りやすい。シンプルな問いを考えてみてほしい。女性が殴られる可能性が高いのは、家庭か、職場か？　言うまでもなく、答えは家庭だ(その女性がプロボクサーでない限りは)。

職場でのハラスメントは、営利企業でとりわけ多いわけでもない。アカデミズムの世界や政治の世界でもスキャンダルが相次いで露見している。セクシュアル・ハラスメントをおこなった人物が職や権力を手放さざるをえなくなったのは、政治の世界よりも民間企業が先だった。メディア企業では、少なからぬ大物たちがスキャンダル発覚後ほどなく辞任したり、新作映画から手を引くことを余儀なくされたりした。

それと異なり、政治の世界では、ハラスメントをおこなった人物が比較的無傷で済んでいる場合が多い。アメリカ政治の中核を成す機関である連邦議会に対しては、そもそも有効な告発が難しい。労使関係に関わる法律の大半は、雇用主としての連邦議会には適用されない。しかも、告発者が訴訟を提起しようと思えば、その前に長々しい協議と仲裁のプロセスを経なくてはならない。議会には、そうした訴えを和解で解決することを目指す専門の部署まである。ちなみに、和解する場合も、議会が和解金を支払うわけではない。財務省の特別な資金から秘密の支払いがなされる。

また、議員や大統領は強大な権限をもっている。経済や司法制度全体に影響力を及ぼせる場合もある。そのため、たとえ議員や大統領のハラスメントを告発する人があらわれても、多くの人は彼らの肩をもつ。内心ではハラスメントがあったに違いないと思っていても、告発者を支持しないのだ。ハラスメントを思いとどまらせるのに適した環境とはとうてい言えない[13]。

政界特有の思考様式も、ビジネス界以上に告発者にとって不利な環境をつくり出している。政治の世界では、敵と身内をはっきり区別する発想が強い。議員や補佐官など、自分の「チーム」のメンバーを告発すれば、敵に批判材料を与えたとみなされる。政治の町ワシントンでは、身内を告発した人間はキャリアを絶たれかねない。「メディアに話すべからず」というのが重要な掟なのだ。

しかも、ハリウッドの映画業界と違って、ワシントンで力をもっている女性は年長世代が多い。若い女性は発言力がなかったり、声を上げてもメディアに黙殺されたり、信用されなかったりする。そのため、口を閉ざして我慢するしかない[14]。

私がこれまで見てきた限り、民間企業は、政治や行政の世界よりも迅速にハラスメントの問題に対処してきた。あまりに長い間、問題を放置してきたことは否定できないが、企業間の競争がハラスメントを抑制する要因として作用しているように見える。

たとえば、女性社員へのハラスメントで有名な企業が女性を雇おうと思えば、他社より高い給料（経済学者は「補償賃金」と呼ぶ）を支払わなくてはならない。もちろん、これだけでは、企業にハラスメントを根絶させるには不十分だ。もっと厳しく法的制裁を加える必要がある。それでも、競争が存在することにより、企業で女性の処遇改善が後押しされていることは間違いない。

企業におけるハラスメントの解消をさらに促すためには、たとえば「信認義務《フィデューシャリー・デューティ》」の考え方を徹底すれば、（少なくとも理屈のうえでは）リーダーたちの行動を抑制できるだろう。企業は、ボイコットや評判の悪化、消費者の反発にも弱い。多くの企業はそうした逆風にさらされることで、善良な行動を実践し、ハラスメントをおこなった社員を解雇してきた。

同性愛者の権利擁護がそうだったように、セクシュアル・ハラスメントの根絶に関しても企業が先頭に立つ形で進歩が実現すると、私は思っている。これまでも、女性が仕事から得る報酬は次第に増え、職場でのストレスも少しずつだが減ってきた。[15]

ハラスメントは人間の本能に関わる問題だ。企業でほかの場よりもこの問題が深刻だという証拠は、いまのところない。むしろ企業では、問題が是正されて改善されやすいように見える。企業が厳しく批判されている問題の多くは、人間の性質そのものが生む問題だ。企業は、そのような人間の道徳的欠陥を和らげている場合すらある。

社員は企業に逆らえない

企業と労働者の経済的な力関係については、どう考えるべきか。哲学者のエリザベス・アンダーソンなど、企業に批判的な論者に言わせれば、企業と労働者の関係は、基本的に力と強制の関係だという。しかし、実際は違う。企業同士の競争により、企業は社員の待遇を改善せざるをえなくなっている。

仕事の世界には、長時間労働やお粗末な給料、不公正な扱いや不当解雇など、問題も多い。それでもデータを見る限り、今日のアメリカで働くことは、金銭面でも感情面でもおおむね好ましい経験と言っていい。

最近、市場における「買い手独占」と呼ばれる考え方を強調する経済学者が多い。労働市場の場合なら、一つの企業が労働力の買い手として強い市場支配力をもっている状態を言う。普通の市場独占とは逆に、売り手ではなく買い手が強い立場にあるのだ。

しかし、買い手独占が賃金の停滞やその他の大きな問題を生んでいるという証拠は見当たらない。何十年にもわたって賃金の伸びが停滞している最大の要因は、労働者の立場が弱いからではなく、生産性の伸びが比較的緩やかにとどまっていることにある。

ある研究によれば、アメリカ最大の民間の雇用主である小売大手のウォルマートですら、一部の地方を除けば、労働市場における買い手独占の力は強くないという。このような状況では、社員に逃げられたくないとか、新しい社員やもっと優秀な社員に来てもらいたいと考える企業は、労働者の自由を大幅に拡大させざるをえない。

買い手独占の状態であっても、それが問題を生まないケースもある。私はほかのライバル大学よりも、現在の勤務先であるジョージ・メイソン大学で教え続けたいと思っている。それは、大学での待遇が（少なくともいまのところは！）悪くないからだ。私と同じような思いをいだいている働き手が多いとすれば、それはその人たちと現在の職場のマッチングが比較的うまくいっているからだろう。買い手独占というのはまがまがしい言葉だが、それが搾取を生む場合ばかりではないのだ[16]。

多くの働き手は、いまの職場に愛着をもっている。職場に友人がいたり、上司との関係が良好だったり、通勤が便利だったり、居心地のいい個室と快適なソファが与えられていたりすることが理由だ。確かに、それが企業の交渉力を強めている面はある。会社への愛着が強い社員は、辞めることの心理的コストが大きいからだ。それでも、会社がそうした交渉力を手にするためには、まず社員が望むものをたっぷり提供しなくてはならない。

企業の交渉力が強すぎるわけでもないのに、理想的と思われる水準よりも転職が少ない理由は、多くの人が現在の職場を気に入っていることだけではない。誰もが知っているように、給料には（時には高額の）税金がかかる。それに対し、職場の福利厚生制度には一般的に税金がかからない。会社が社員のために快適な椅子を購入したり、柔軟な勤務形態を認めたりするのは、実質的には社員への報酬の一部だが、社員は所得税や社会保障税を課されることなくその恩恵に浴せる。

その結果、社員への「報酬」に占める福利厚生の割合は、給料と福利厚生が等しく課税されると仮定した場合より高くなっている。経済学者の視点で見ると、福利厚生の一部が事実上の税回避の手段になっているのだ。粗っぽい表現を使えば、企業は社員に過度に少額の給料しか支払っていないが、別の側面では社員を過度に手厚く処遇していることになる。今日の労働市場で働き手の自由と楽しさが少なすぎるという指摘を聞いたときは、この点を思い出したほうがいい。

最後に、労使関係の不平等の少なくとも一部は企業の責任ではないということを指摘したい。確かに、働き手が会社を辞めることが非常に難しいケースは多いが、政策を改めれば、会社を辞めることのコストを下げられる。

医療保険や退職金、移民の在留資格などは、現在の職と密接に結びついている場合が多い。この状況は、主として政府の規制と税制の産物だ。働き手は、これらの面で勤務先から多くの恩恵を得ているため、会社を辞めることに消極的だったり、恐怖心をもっていたりする。たとえば、移民は最初の身元引受企業で働き続けないと、就労ビザに関して困った立場になるケースも多い。

また、社員に競業避止契約を結ばせることが横行しすぎている。社員がライバル企業に移籍することを禁じる契約だ。この種の契約があるため、転職が難しくなり、働き手は給料を増やしにくくなっている。法改正によりこの状況を改めて、人々の生活を改善することは、難しくないはずだ。

職場で社員の自由が制約されているのは、ほかの社員が原因の場合もある。よく耳にする企業批判のなかに、社員のプライバシーや知的な自由を十分に認めていないというものがある。たとえば、フェイスブックなどのソーシャルメディアへの投稿内容を理由に、社員が解雇されるケースがしばしば問題にされる。

一見すると、こうした処分は言論の自由を不当に侵害する行為にも思える。しかし、よく検討すると、きわめて理にかなった判断であることが多い。フェイスブックやツイッターなどに、人種差別や性差別など、他人を不快にさせる文章や写真を投稿する人は後を絶たない。会社がそのような社員を解雇するのは、ほとんどの場合、ほかの社員の自由を守り、ハラスメントや危険にさらされずに働けるようにすることが目的だ。

この種の処分がおこなわれるのは、会社と社員、もしくは上司と部下が対立関係にある場合ばかりではない。むしろ、そうでないケースのほうが目立つ。しばしば、そのような処分は、職場における自由のあり方をめぐる社員間の意見対立について裁定をくだすことを意図している（それがうまくいく場合ばかりではないが)。不適切な投稿をした社員を解雇するのは、企業がその社員の利益よりも社員全体の利益を優先させた結果という面もあるのだ。

職場における自由の問題は、社員対会社ではなく、社員対社員の問題であるときが多い。人はたいてい、会社よりもほかの社員に対して激しい怒りをいだく。そのような対立に関して会社が誤った裁定をくだすケースも少なくないが、企業がいかに難しいジレンマに直面しているかはかならずしもよく理解されていない。

端的に言えば、ほとんどの人は、ほかの社員が職場を取り仕切ることを望んでいない。同僚よりも上司のことを信頼しているのだ。もしかすると、自分自身のことより上司のことを信頼している人が大半かもしれない。多くの働き手は誰かに管理してもらう必要があり、たいていそれを自覚している[17]。

職場でしばしば管理が必要とされる理由は単純だ。社員の不適切な行為は、すべて前もって書面で禁止しておけるとは限らない。そのため、上司が事例ごとに判断する必要がどうしても出てくる。それに、問題のある社員がいても、法律上の理由ですぐに解雇できないケースもあるので、差し当たりその社員がほかの社員に害を及ぼさないように、ソーシャルメディアなどでの表現を制約したいと感じる場合もある。

確かに、会社に大きな裁量を与えれば、権限が乱用される可能性もある。実際、そのような事例は珍しくない。上司から怒鳴られたり、(表向きは別の理由を挙げるにしても)政治活動に関わったために解雇されたりすることがある。それでもデータを見る限り、社員の解雇に関して会社が大きな裁量をもつことは、会社だけでなく、社員全体と顧客にとってもデメリットを上回るメリットがある[18]。

比較の視点も重要だ。市場には、労働者が所有・経営する協同組合型の企業や、労働者が管理する企業も存在する。しかし一般的に、これらの組織形態の企業で働き手の自由が特段大きいわけではない。

この種の企業は、収益性と効率性が低くて、高い給料や良好な就労環境を提供できない場合が多い。また、労働者が管理するといっても、管理の役割を担う人たちはほかの人たちを働かせることが仕事になる。その点では、従来型の企業とあまり変わらない。資本主義に代わる新しい仕組みを見いだすことは簡単でないのだ。

新しい組織形態の企業は従来型の企業よりましに見えるかもしれないが、往々にして職場のジレンマを改善できていない。それどころか、ジレンマを悪化させたり、対処しにくくしたりしている場合も多い。

もう一つ例を挙げよう。法律事務所や昔ながらの投資銀行のように、働き手がマネジメントする「パートナーシップ」の形態を取る組織では、人々が得ている自由は概して小さい。共同経営者である働き手たちは、厳しい社会的・職業的ルールに従うことが求められる。しかるべき服装と振る舞いをし、公共マナーを守るなど、職場以外の行動も制約されることが多い。

このように働き手が企業の共同オーナーでもある組織では、人々がほかの働き手を監視しようという意欲が強く、監視がおこなわれやすくなる。ここでも最大の問題は、管理を志向する企業と自由を志向する社員の対立ではない。ある人の職場での自由を制約しようとするのは、しばしばほかの働き手たちなのだ〔19〕。

働き手にマネジメントを委ねたとしても、ビジネスの生産性を高めて利益を得るためには、一定の制約は避けられない。市場で競争していくために、それはどうしても必要なものなのだ。

第5章

独占企業の力が強まりすぎている?

How Monopolistic Is American Big Business ?

独占は長くは続かない

最近は、市場の独占を理由に大企業が批判されることも多い。一部の巨大企業が独占的傾向を日に日に強めているというのだ。この指摘は当たっている面もあるが、誇張されている面もある。

実は、独占の弊害は言われているほど大きくない。少数の企業が市場で大きなシェアを握る市場集中は、消費者に恩恵をもたらす面もあるのだ。それに、医療や教育などの分野では、企業の行動よりも政府の規制が原因で独占が生まれている。

本章では、独占と市場支配について基本的な考え方を論じたい（テクノロジー産業の状況は、今日のアメリカで生じている独占の典型だ。一握りの企業へのシェアの集中が進んでいるが、消費者にはほとんど害が生まれていない。むしろ、いくつかの確かな恩恵が得られている。テクノロジー企業については、次章で詳しく論じる）。

まず、独占の歴史をおおまかに振り返っておこう。ほとんどの場合、独占は長続きしない。この点は、政府が独占を後押ししていたり、市場への参入障壁が存在したりしても同じだ。

過去数十年のアメリカでは、次のような企業が独占企業、もしくは鉄壁な企業帝国と呼ばれてきた。コダック、IBM、マイクロソフト、パーム、ブラックベリー、ヤフー、アメリカ・オンライン(AOL)、ディジタル・イクイップメント・コーポレーション(DEC)、ゼネラル・モーターズ(GM)、フォード・モーターといった会社だ。

GMとフォードは今日も大企業だが、市場でつねに厳しい競争にさらされている。アメリカ国内での自動車生産台数では、かなり前からトヨタも業界トップクラスの存在になっている。GMが電気自動車市場でテスラの牙城を揺るがすのではないかと言われることもあるが、GMが挑戦者と位置づけられていることは、同社の地位がいかに低下したかを物語っている。

先に挙げた企業のなかで、現在も市場に君臨しているのはマイクロソフトだけだ。そのマイクロソフトも、最近はかならずしも恐れられたり、独占企業になりうる存在と思われたりはしていない。いまのマイクロソフトは、官僚的な体質の巨大企業ではあるが、多くの人に有益なサービスを提供しているソフトウェア企業とみなすべきだろう。

見落としてはならないのは、どの企業もなんらかの弱点をもっているということだ。どんなに巨大な企業や長い歴史をもつ企業も例外ではない。社内の官僚的な体質が強まったり、強力な新製品を生み出せなくなったり、市場環境が悪化したり、国外の競合企業が参入してきたり、革新的なテクノロジーの出現による激変に飲み込まれたり、コストが増大したり、会社が活力を失ったりする。

それに、資本主義経済の下では企業の新陳代謝が避けられない。ノキアが世界の携帯電話市場を牛耳り続けると恐れられていたのは、遠い昔の話ではない。しかし、いまのノキアは市場の有力プレーヤーの一つですらない。ソーシャルメディアの分野では、マイスペースが「先行者利益」を握って市場を支配することを予想した人が多かった。要するに、独占企業の強みは一般に思われているほど長く続かないのだ。いまは目立たない存在だとしても、かならず強力な挑戦者が登場する。

独占の弊害については本章の終盤で論じるが、ここではまず、今日の経済における明るい材料を紹介しよう。経済のほとんどの分野では、消費者の選択肢が目覚ましく拡大した。少なくとも、市場が機能している分野ではそうした傾向が見られる。小売業などで市場集中が強まっている分野もあるが、そのような分野も含めて、消費者が既存の業者以外を利用することは昔よりずっと簡単になった。

たとえば、私が本を買うとしよう。昔お気に入りだった書店チェーンのボーダーズは、もう存在しない。私が住むバージニア州北部には、新本を扱う独立系の有力書店もあまりない。それでも、私はアマゾンを通じて、多くの業者から新本でも中古本でも買うことができる。オンラインオークションのイーベイ（eBay）で買ってもいい。それ以外にも、本のタイトルをグーグルで検索すれば、その本を扱っている業者がいくらでも見つかる。

それでも私が巨大企業のアマゾンを利用するのは、同社の価格が安くてサービスの質が高いからだ。そして、アマゾンが安価で良質のサービスを維持している一因は、市場で多くの弱小業者と競争していることにある。アマゾンが市場を支配しているように見えるかもしれないが、消費者の選択肢はこれまでになく充実しているのだ。

書籍のＰＤＦファイルを無料でダウンロードできる違法サイトの存在も見逃せない。私自身はその種のサイトは利用しないし、それを許容するつもりもないが、そのようなサービスが競争相手として存在することもアマゾンに対する圧力になっている。

情報テクノロジーは、アパレル市場も様変わりさせつつある。今日のアパレル業界では、昔ほど企業の新陳代謝が活発でなくなったように見える。特定のブランドやアパレルチェーンが地位を保ち続けるケースが増えているのだ。これはおそらく、それらの企業が情報テクノロジーに投資している成果だ。

昔は、一時代を築いたアパレルブランドもやがて時代遅れになるのが普通だった。しかし、最近の有力ブランドは、情報テクノロジーを活用して需要を緻密に分析するようになった。ブランドによっては、低価格のアウトレットストアを展開し、低価格帯の市場も押さえている。その結果、一部の企業が市場を支配する傾向に拍車がかかったものの、消費者の選択肢はかえって増えた。

それだけではない。インターネットを活用したり、遠くまで出かけたりして、地元以外で買い物をすることもずいぶん簡単になった。誰もがそのような買い物の仕方をするわけではないが、潜在的な競争相手が存在すると思えば、大きなシェアを握っている企業も、価格と品質の両面で消費者の望みを重視せざるをえない。競争があるおかげで、市場集中の度合いが高まってもあまり心配する必要がないのだ。

国内旅行や外国旅行をする人も増えた。その結果、消費者は昔よりも多くの商品と出合うようになり、旅先で商品を購入する機会が広がった。この面でも、市場での競争は（データにはあらわれないが）見かけよりも活発なのだ。

たとえば、地元のレストランが気に入らなければ、テキサスに旅行するまでバーベキューを食べずにおくこともできる。近くの店でスーツをつくらずに、香港に旅行するときにつくってもいい。このように遠く離れた場所の店と比較して商品を購入することは、数十年前はいまよりはるかに難しかった。

今日の小売市場では、過去になく価格差別が目立っている。同じ商品やサービスを顧客によって異なる価格で提供することが増えているのだ。これは、企業がデータの利用に習熟したという事情が大きい。

たとえば、一つの企業がほぼ同じような洋服を、異なる層の消費者に対して、異なる価格で――しばしば大幅に異なる価格で――販売するようになっている。その結果、アウトレットストアにわざわざ足を運ぶ人や、器用にネット検索ができる人は、昔より安く商品を買えるようになった。一方、私のように、近くのショッピングモールで買い物を済ませ、最初に目にとまったものを買うような客は、高い金を払う羽目になる。

つまり、誰もが恩恵を受けているわけではない。しかし、独占の弊害がまかり通っているとは言い難い。高級百貨店のノードストロームで無造作に店頭のスーツを買っていくような人は安く買えないが、時間をかけて安い業者を調べたり、わざわざアウトレットストアや低価格の店を利用したりする人は大きな恩恵に浴せる。その点で、価格差別には、概して経済的不平等を緩和する効果があると言える。

小売市場の多くの領域で「勝者総取り現象」が起きていることは否定できない。アメリカの小売分野の業種ごとに上位4ブランドの市場シェアを合計すると、その値は1982年には平均15%だったが、2012年には平均30%に上昇している。一部の有力企業が徹底したマーケティングと商品開発により全国区のブランドを築く一方、小さい企業はそれに太刀打ちできていないのだ。

これが好ましい傾向だとは、私も思わない。しかし、オンラインショッピングなど、市場の片隅で競争が激化しているため、有力ブランドも好き勝手には振る舞えない。消費者にとって、商品の価格と選択肢をめぐる状況は、市場集中度の指標が示すよりも明るいのだ。[1]

小売価格は下がっている

ありきたりの安価な品物に関しては、アメリカの二大ダラーショップ（1ドル均一ショップ）であるダラー・ゼネラルとダラー・ツリーに注目したい。2017年の時点でこの二つのチェーンが出店している店舗は合計2万7465店。この店数は、大手ドラッグストアチェーンであるCVSとライトエイドとウォルグリーンの3社の店舗数を合計したより多い。ここからわかるように、超低価格店の市場には激しい競争があり、市場集中による価格のつり上げが起きる余地はない。

このデータは、ダラーショップ業界内で有力企業への市場集中がかなり進んでいることを示しているとも言える。しかし、この場合も市場集中度の指標だけ見ていると判断を誤る。巨大なシェアを握る企業が登場しても、高価格が維持されるような事態にはなっていないのだ。[2]

小売市場に関して忘れるわけにいかないのは、以前、「垂直的取引制限」と呼ばれる行為を取り締まるための独占禁止法制が存在したことだ。垂直的取引制限の例としては、たとえば再販売価格維持行為がある。メーカーが小売業者に商品を卸す際に、定価での販売を義務づけたり、最低販売価格を設定したりすることを言う（この種の慣行は、小売業者の側が望む場合もある。ドラッグストアで売られている歯磨き粉、書店の書籍、スーパーマーケットの缶詰などで実行されていた再販売価格維持行為の例がよく知られている）。

しかし最近は、本当の意味で小売価格が固定されているケースは少ない。特定の商品やブランドで販売価格が固定されることはあっても、ほぼすべての場合、類似の商品がもっと安い価格で手に入る。スーパーマーケットチェーンのウォルマート、オンラインオークションのイーベイ、オンラインショッピングのアマゾンでは、途方もない種類の商品を安価で購入できる。

消費者はグーグルで検索して、どこで安売りをしているか調べてもいい。それでもまだ価格に納得がいかなければ、中国のオンラインショッピングサイト、アリババで中国から取り寄せてもいいだろう。このように、消費者は最小限の労力で垂直的取引制限の悪影響を回避できるので、その種の行為はいまではほとんど問題を生まなくなっている。

私に言わせれば、再販売価格維持行為の取り締まりはほぼ意義を失っている。それを規制する法制度はいまも存在するし、学界でも研究対象になっているが、古色蒼然とした題材と言わざるをえない。それに意義があったのはかなり昔の話だ。

再販売価格維持行為に限らず、談合による価格操作が不可能になったり、消費者に及ぶ打撃が小さくなったりした大きな要因が、巨大企業であるアマゾンとウォルマートだ。この両社はアメリカ最大手の小売企業であり、いずれも価格を安く抑えることにより競争に勝とうとしている。そのような低価格路線を永遠に続けるつもりらしい。両社が目指しているのは、多くの商品の市場を牛耳ること。その目標を達成するために、安さを武器に自社の知名度を高め、消費者が最初にチェックする小売業者になろうとしている。

この二つの企業が登場して、すでにかなりの年数が経つ。これまでの動向を見ると、両社の最終目標が市場の支配と価格のつり上げだと考えることは難しい。両社の戦略は、恒久的に低価格で商品を売り続け、事業を途方もない規模に拡大させ、大量のデータを活用してコストとサービスの質の両面でライバルに打ち勝とうというものだ。(商品やサービスの質を維持しつつ)薄利多売で商売をするというのは、価格のつり上げをもくろむ独占企業の典型的なやり口とは正反対だ。

しかも、この両社自体が消費者に大きな恩恵をもたらしているだけではない。このような企業の存在は、市場を独占して高い価格で商品を売りたいと考える企業に対する強力な抑止力にもなっている。アマゾンやウォルマートと価格で競い合いたい企業がどこにあるだろう。

スマートフォンと独占

市場独占の弊害が昔ほど深刻でなくなった理由はほかにもある。幅広い業種の企業に対する競争相手になりうる新たな存在が出現したため、たとえ市場を独占しても、好きなだけ価格を引き上げるわけにはいかなくなったのだ。そのライバルとは、人々の暇つぶしを助ける新しいサービスのことだ。

その昔、行列に並んでいる人たちは、たいていただ立って待つだけだった。最近は、待っている間にスマートフォンをいじったり、テキストメッセージをやり取りしたり、フェイスブックをチェックしたりするなど、携帯端末でインターネットにアクセスして過ごす人が多い。人々はそうした活動に飽きる様子がまったくない。経済学者らしい表現をすれば、携帯端末で利用するオンラインサービスは「あらゆる商品やサービスに対する代替財」なのだ。

このような状況でリンゴや映画やスキー靴の市場をどこかの企業が独占し、法外に高い価格を突きつけたら、どうなるか。消費者はこれらの商品やサービスに金を払うのをやめて、フェイスブックにアクセスして過ごす時間を増やすかもしれない。それでも十分に楽しいからだ。消費者がまだ実際に商品やサービスの購入をやめていなくても、インターネットの影響力は無視できない。フェイスブックなどが潜在的なライバルとして意識されるだけで、市場独占を志向する企業の行動が制約されるのだ。

テキストメッセージやソーシャルメディアが、あらゆる商品やサービスの代わりになるわけではない。心臓移植が必要な人や空腹の人は、携帯端末でインターネットにアクセスしてもニーズを満たせない。それでも、私たちの日々の活動の多くは、インターネット上の活動に取って代わられる可能性がある。

あまり指摘されていないが、この点は携帯端末で利用するオンラインサービスの大きな恩恵だ。それはほぼあらゆる消費活動の代替財になりうるため、目に見えない形で独占企業による価格のつり上げを抑制しているのだ。オンラインサービスへの依存を問題と考える人も多いが、それらのサービスは市場独占を打破する役割も果たしているのである。今日の企業はほぼ例外なく、どのくらい明確に意識しているかは別にしても、ソーシャルメディアやメッセージングサービスと競争している。企業にとっては、非常に手ごわい競争相手だ。

アメリカ経済で市場集中度が高まっていることを示すデータは多いが、その種のデータはもっと慎重に検討する必要がある。あるデータによると、製造業の個別業種のなかで上位4社の合計市場シェアが50％を上回っている業種は、２００７年には全体の約4割に上った。この数字は、１９９2年の時点では3割だった。これは、製造業で独占もしくは寡占が深刻化しつつあることを意味するのか。

アメリカの製造業の生産高は着実に増えているし、工業製品の小売価格は目を見張るほど安くなっている。製造業のコスト削減につながるオートメーションの進展に関するニュースは後を絶たず、輸入品との競争も激化している。

私が思うに、アメリカで最も市場独占にほど遠い産業が製造業だ。もし本当に製造業で独占が強まっているなら、オートメーションや中国からの輸入品により雇用が奪われているというニュースや研究はすべて誤りということになる。経済のあり方についてはさまざまな問題点が指摘されているが、すべての指摘が同時に成り立つわけではないのだ。これは大企業批判で見落とされがちな点だ。アメリカの製造業では、生産高が上昇し、（インフレ調整済みの）価格が下落し、一部の業種では労働者の賃金が落ち込んでいるというのが現実なのである。[3]

市場集中度の上昇は、政府による規制の強化と相関関係があるというデータもある。政府が規制を増やすと、概して大企業に有利な状況が生まれる。大企業のほうが規制に対処するための法務部門が充実している場合が多いからだ。規制により企業の固定費が増える結果、市場への新規参入が阻害されるのである。

ある研究によれば、1990〜2000年の時期にアメリカで規制が大幅に増えたあと、市場集中度は大きく上昇している。この研究が明らかにしたのはあくまでも相関関係にすぎず、因果関係が立証されたわけではないが、政府の規制が市場独占を強める大きな要因になっている可能性は否定できない。[4]

独占が深刻な産業はどこだ

小売業と製造業では独占の弊害が生まれておらず、むしろ好ましい状況が出現しているとすれば、独占が本当に問題を生んでいるのはどの産業なのか。

今日のアメリカには、いくつかのスーパースター企業が存在する。グーグル、フェイスブック、アマゾン、ウォルマート、アップル、エクソンモービル、AT&T、それに大手自動車メーカー、医療保険大手のユナイテッドヘルス、ドラッグストアチェーン大手のCVSなどがそうだ。

旧来の市場独占の理論によっては、これらの企業を正しく理解できない場合が多い。今日のスーパースター企業は、現状維持を志向せず、つねに市場の動向を注視し、イノベーションの手を緩めることなく、新旧の多様な商品を提供している。これらの企業は、ほかの企業から学び、ほかの企業の成果を土台にビジネスを成功させることが得意だ。専門的に言えば、無形の資本を非常に低コストで獲得できている。具体的には、情報テクノロジーを活用するスキルや健全な企業文化が強みになっているのだ。そのおかげで、高い価格で商品やサービスを販売しなくても大きな利益を得られているケースが多い。

しかも、新規参入を目指す企業がそうした専門知識や企業文化を模倣するのは難しい。高度な「学習する組織」であるスーパースター企業の成功の方程式はきわめて複雑なものであり、それを模倣するには、優秀な人材を見いだし、採用し、育成し、つなぎとめるためのスキルが必要となる。ほかの企業は、個々の商品をコピーすることはできても、こうしたスキルを手軽に学ぶことはできない。今日のスーパースター企業は、ビジネスの人間的な要素を究めているのである[5]。

いま必要なのは、スーパースター企業をもっと増やすことだ。現実には、利益を増やすためのイノベーションと人材育成に力を入れず、手をこまねいて状況が悪化するのに任せている企業があまりに多い。そのような企業は、企業として取るべき行動を怠っていると言わざるをえない。

医療

今日のアメリカで市場支配力が大きな問題を生んでいる分野としては、まず医療を挙げることができる。たとえば、主要な医療保険会社は、企業合併により5社から3社に減ってしまった。オバマ政権の医療保険制度改革で各州に医療保険取引所が開設されたはいいが、1社か2社の医療保険会社しか保険を販売していない地域も多い。全米規模で見ても、医療保険取引所では期待されていたほど競争がおこなわれていない。

もっと深刻なのは、病院の統合が大幅に進んだことかもしれない。長い目で見ると市場集中が強まっていて、医療費も高くなる傾向にある。一つの病院チェーンが地域の医療需要の大半に対処している地域も多い。弊害は医療費の上昇だけではない。病院に不満があっても（実際、多くの人は医療の質に不満がある）、ほかの病院に移ることが難しいのだ。[6]

私が思うに、こうした医療の状況は、今日のアメリカで市場集中がもたらしている最も深刻な問題だ。この点に関しては、独占の拡大を問題視する論者の主張が正しい。

しかし、このような市場集中は、企業の性質が必然的に生み出す結果というより、政府による厳しい規制の産物に思える。オバマ政権の医療保険制度改革が悪いのか、それとも改革への協力が不十分だった共和党が悪いのかは、専門家の間でも意見がわかれているが（両方に責任があるのかもしれない）、いずれにせよ、市場のメカニズムが作用した結果として市場集中が起きたわけではない。

医療保険会社の合併が進んだのは、一つには、規制が生む膨大なコストが原因だった。前述したように、規制への対処は大企業ほど容易なのだ。企業合併が相次いだもう一つの理由は、医療保険が激しい政治対立のテーマになり、政府へのロビー活動の重要性が増していることにある。ロビー活動でも「規模の経済」がものを言い、大きな会社のほうが有利になる。また、病院の統合が進んだ結果、医療保険会社の統合に拍車がかかったという面もある。保険会社が病院に支払う医療費に関する交渉で優位に立つためには、病院に負けずに企業規模を拡大させる必要があったのだ。

政府の規制と厳しい移民政策により、医師と医療アシスタントの数が不足していることも、医療費高騰の一因になっている。この問題を緩和するためには、高齢者が医療費の安い国で医療を受けた場合も政府の支援の対象になるようにし、それにより節約できた金額の半分を患者に給付する仕組みを導入してもいいかもしれない。

一方、病院の統合が進んでいる背景には、情報テクノロジーの時代に「規模の経済」を追求したいという動機のほかに、政府の規制と損害賠償リスクに対処するうえで好都合だという事情もある。規制と損害賠償リスクは、病院を新規開業するコストを増大させ、法務とコンプライアンス（法令遵守）を担当する部署が充実している大企業に有利な状況をつくり出しているのだ。規制を全廃しろと主張するつもりはないが、病院業界で市場集中が進んでいるのは、政治と法律を通じて有権者が選択した結果なのである。

病院の安全性が高いと感じられる状況をつくり出そうとすればするほど、医療機関の数が減る。しかし、長い目で見て、それにより医療の安全と成果が高まるかは疑わしい。一般論で言えば、商品やサービスの価格が下がり、質が向上するのは、競争のメカニズムが作用しているときだからだ。

注目すべきことに、医療産業のなかでも規制があまり厳しくない分野では、市場集中が弱まっている。医師が常駐しない簡易診療所、いわゆるリテールクリニックは、以前は珍しい存在だったが、いまは全米各地のショッピングモールなどでよく見かけるようになった。ドラッグストアやウォルマートの店舗内に出店している場合も多い。

リテールクリニックは、医療産業内でとりわけ成長著しい業種の一つだ。たいてい便利な場所にあり、料金も安い。このような簡易診療所が増えたことで、昔に比べてかなり気軽に医療サービスを受けられるようになった。医療上のケアを必要としているけれど、病院を予約することが難しかったり、病院を受診する経済的負担が重いと感じていたりする患者も、医療を受けやすくなった。放っておけばいずれ救急治療室の世話になりかねない人たちに、早期の治療を促す効果もある。

リテールクリニックの増加は、医療サービスの市場集中を弱める要素として作用している。この現象は、競争の直接の産物にほかならない。競争をさらに活性化したければ、前述したように、国外での医療もメディケア（高齢者医療保険制度）の対象にすればいい。そうすれば医療費が抑えられるし、患者の選択肢も増える。この政策に賛成するかはともかく、このような選択肢が考えられることは、医療サービスの市場集中が政策上の選択の結果であることの裏づけと言える。

医療以外では、どの分野で独占と価格支配が強まっているのか。アメリカでほかの先進国より価格が高く、市場集中が進んでいる分野としては、携帯通信サービスとケーブルテレビが挙げられる。

携帯通信サービス

携帯通信サービスに関しては、政府が市場への新規参入をもっと促すことが望ましい。現状ではベライゾンとAT&Tが二大勢力で、ほかにTモバイルとスプリントがサービスを提供している。これらの企業はあからさまな談合には手を染めていないとしても、しばしば足並みをそろえて比較的高い料金を設定し、消費者の負担により比較的高水準の利益率を確保している。

今後は競争が自然に拡大し、携帯電話の通信料金はもっと下がるだろう。しかし、2011年に司法省がAT&TとTモバイルの合併を阻止したときのように、独占禁止当局による監視をもっと強めてもいいのかもしれない。また、政府が保有する電波周波数帯域をもっと民間に売却すべきだ。それが実現すれば、携帯通信で活用できる周波数帯域が増えて料金が下がることが期待できる。

地域レベルでは、迷惑施設や不快施設が近隣に建設されることを嫌う「NIMBY（Not In My Back Yard＝うちの裏庭にはやめてくれ）」の心理を反映した規制を緩和し、携帯電話の基地局を建設しやすくすることも有効だろう。この方策には新規参入を促す効果がある。

携帯通信事業者の名誉のために言うと、問題の一因はアメリカの国土の広さにもある。国中を結ぶネットワークを整備するには、莫大なコストがかかり、それが料金に跳ね返っている面もあるのだ。それでも、アメリカの携帯通信料金はもっと安くできるし、安くなるべきだろう。

実は、このところ通信料金は大幅に下がっている。2016年4月から翌年4月までの1年間に、通信料金は12・9％安くなった。これは、価格競争が激化したことと、使い放題のデータ通信プランが普及したことの結果だ。この傾向が今後も続くかはわからないが、アメリカの経済環境を考えると通信料金が高くても仕方がないと決めつけるべきではない。今後も、通信事業者がもっとユーザーに有利なプランを打ち出す可能性は高い。もちろん、それは競争に勝つためだ[7]。

ケーブルテレビ

ケーブルテレビ（ケーブルテレビ回線は、インターネットのブロードバンド接続や固定電話の回線としても用いられる）に関しては、アメリカも多くの国と同様、通信回線を保有もしくは管理する事業者

（コモンキャリア）に対して、ほかの事業者にもおおむね平等な条件で回線を開放するよう義務づけるべきだ。これは「ローカル・ループ・アンバンドリング（LLU）」と呼ばれる仕組みの一種で、競争を促進して料金を引き下げ、サービスの質を高めることを目的にしている。

アメリカでこの種の制度が導入されていない理由の一つは、ロビー活動にある。ケーブルテレビ会社は、地方政府へのロビー活動により競争を制限することに成功しているのだ。これは、企業が政府に影響力を及ぼし、それが直接的に悪い結果をもたらしている例と言える。

しかし、ここでも比較の視点を忘れてはならない。確かにアメリカのケーブルテレビ会社のサービスは料金が高く、利用を避けている人が多いのも理解できる。けれども、私の子ども時代は、テレビと言えば三大ネットワークしかなく、番組の質も量もお粗末だった。ましてや、高速インターネットなど夢のまた夢だった。１９７０年代に質の高いケーブルテレビ放送や高速データ通信を利用したいと思えば、途方もない料金を支払う必要があった。

いまは違う。はるかに安い料金で、膨大な数のチャンネルにアクセスしたり、高速でインターネットに接続したりできるようになった。イノベーションが続々と起きているときに、現在の料金だけを見て、それが高すぎると批判するのは妥当でない。料金はまだ比較的高いかもしれないが、サービスの質と比較した場合の実質的な金額は、大きく下がっているからだ。ケーブルテレビ会社の独占を批判する前に、過去30年にわたって質と量の両面で目覚ましい進歩が起きたことを知っておいたほうがいい。

航空業界

市場集中が進んでいるように見える分野をもう一つ挙げるなら、それは航空業界だ。2005年には9社あった大手の民間旅客航空会社は、17年には4社に減ってしまった。

これだけ聞くと、ぞっとするほど独占が進んだように感じるかもしれない。しかし、話はそれほど単純でない。独占が起きていることを示す典型的な目印は、生産高が減少することだ。その点、アメリカ国内の民間旅客航空の総飛行距離は着実に増加している。航空料金も、インフレ調整済みの数字で見ればおおむね安くなった。その一因は、小規模な格安航空会社が市場の片隅に続々と登場し、大手航空会社も料金の引き下げを余儀なくされたことにある。

航空市場全体の市場集中度の数字にばかり注目していると、現実を見誤る。航空路線ごとに見ると、市場集中度が上昇しているようにはまったく見えない。もしアメリカの航空市場に問題があるとすれば、それは中小都市で多くの航空路線が廃止されていることだ。しかし、これは独占が原因ではない。その路線を維持することが航空会社にとって割に合わなくなったのだ[8]。

アメリカの航空市場における大きな問題の一つは、法律の規定により外国航空会社が国内便を運航できないことだ。その法律を廃止すれば、競争が活性化し、航空料金の相場が下がるだろう。

このように、独占やそれに近い状態が生まれているとしても、政府の規制がその原因であるケースが少なくない。外国航空会社の参入を認めれば、イノベーションによりコストが下がり、その結果として中小都市に就航する便が増える可能性もある。

住宅・教育サービス

本章では、独占の弊害が生じている分野として、病院、携帯通信、ケーブルテレビを挙げ、これらの分野で政策を改めれば状況を改善できることも指摘した。ほかには、どのような分野で独占が悪影響を生んでいるのだろう。

それを知るためには、典型的な世帯の家計について考えてみるのも一つの方法だ。娯楽、情報、大半の一般小売商品、家電製品といった支出項目に関しては、価格は明らかに下落し、商品やサービスの選択肢も増えている。では、どの支出項目に問題があるのか。そして、その問題は独占企業による市場支配とどのような関係があるのか。医療費に問題があることは間違いない。この点はすでに述べたとおりだ。

それ以外では、家賃などの住宅費にも問題がある。しかし、これは主として独占の問題ではない。売り手が1社もしくは数社しかないという状況ではないからだ。売りに出されている住宅や借り主を求めている賃貸住宅はいくらでもある。つまり、私たちは独占企業に法外な金額を支払わされてはいない。

私たちは、競争が存在する市場で法外な金額を支払わされているのである。その原因は、市場に大きな制約があることだ。法律により建築が制限されている地域は、住宅相場が大きく上昇する。それが経済と社会に及ぼす悪影響も大きい。

こうした問題を生む主たる原因は、地域の住宅所有者たちが前出のNIMBY的な発想により建築規制を望むことにある。大企業が悪いわけではない。アメリカの主要都市と郊外住宅地は、家賃の安い大型集合住宅をもっと建設しやすくすべきだ。サンフランシスコやオークランド、ボストン、ニューヨークといった都市には、新しい集合住宅を建てる余地がまだたっぷりある。

住宅費に次いで問題があるのは、高等教育費だ。ここ数十年間で、高等教育の学費は目を見張るほど上昇している。この状況も経済と社会に大きな悪影響を及ぼしているが、それを論じることは本書の守備範囲外だ。

いずれにせよ、これも独占の問題ではない。アメリカに大学はたくさん存在するし、大学間の競争は熾烈を極めている。なかには、アイビーリーグ（東部の名門私立大学8校）などの一流大学が共謀して門戸を狭めているのではないかと疑っている人もいるかもしれない。実際、トップレベルの学生しか奨学金の対象にしていないとの理由で、裁判で一流大学の独占禁止法違反が認定されたこともある。

このような問題はあるにしても、アメリカの一般世帯にとって大学の学費が高すぎるという状況に関して、一流大学に責任はない。大半の若者はそもそものような大学に進学しない、というより出願すらしない。ほとんどの世帯が学費の問題を感じるのは、中レベルの大学や大規模な州立大学だ。

しかし、州立大学ではたいてい、手厚い補助金が投入されていて、教育にかかるコストに比較すれば学費は低く抑えられている。学費が高いと思う人は、補助金の削減や教育コストの増大に文句を言うべきであり、独占を問題にするのは筋違いだ。ほとんどの州立大学は、教育の質を考えれば市場価格より安い料金で教育を提供している（州内に主要な州立大学が一つしかないという不満はあるかもしれない。だが、唯一の供給者がたとえば相場の半分の価格で商品やサービスを提供していれば、その状況は独占とは呼べない)。

コミュニティカレッジ(公立の2年制大学)の学費も、(少なくとも物価全般が上昇していることと学費の減免制度を利用できることを考慮に入れれば)ほぼ変わっていない。というより、補助金の類いをすべて計算に入れると、コミュニティカレッジの学費は1992年以降、実質ベースでは安くなっている。[9]

一方、幼稚園から高校までの教育には、独占の問題が存在すると言えるかもしれない。しかし、それは民間企業の責任ではない。いまの状況を生んだのは、政府のルールと政策上の選択だ。

ここまでの話をまとめると、企業の行動が原因で独占が生まれているケースは非常に少ない。もちろん、問題がないとは、私も思っていない。問題がある場合は是正すべきだ。経済の多くの領域で市場集中が強まりつつある状況にまったく問題がないとは、私も思っていない。しかし、ほとんどの分野ではかなりの競争がおこなわれていて、消費者は多くの選択肢を得ている。

端的に言えば、独占の問題を指摘する主張はたいてい誇張されている。消費者はほとんど実害を被っておらず、競争も活発なのだ。

第6章

テクノロジー企業は邪悪になったのか

Are the Big Tech Companies Evil ?

グーグルが創業時に掲げたモットー「邪悪になるな」は、多くのテクノロジーマニアから称賛されてきた。実際、グーグルは長い間、この社是に沿って行動してきたように見える。

いま30歳以下の人は知らないかもしれないが、グーグル以前のネット検索は、お目当ての情報が見つかれば儲けものというレベルだった。私たちはグーグル検索のおかげで、的確なレストランレビューを読んだり、正しい医療情報を見つけたり、恋人候補やビジネス相手について調べたり、没交渉になっている友達の近況をチェックしたりしやすくなった。関連するウェブページのリンクを紹介しながらブログを書けるようになったことも大きな進歩だ。

このように、グーグルは私たちの生活を大きく様変わりさせた。それはおおむね好ましい変化と言える。もちろん、専門医の診察や助言を仰がずに検索結果を鵜呑みにするなど、私たちが誤った使い方をするケースがないわけではない。それでも、数々の有益なサービスをすべて無料で提供しているグーグルは、長年にわたり称賛され続けてきた。

しかし、いつの間にか風向きが変わりはじめた。グーグルが高度な検索を無料で提供しなくなったわけではないが、同社のような巨大テクノロジー企業が「邪悪」だと考える人が増えているのだ。批判的な人たちに言わせれば、グーグルは莫大な投資をして質の高いデータを集めることで、ライバル企業に圧倒的な差をつけ、ネット広告市場で支配的な地位を築いているという。

批判論者によれば、グーグルの無料サービスを利用することにも大きな代償がついて回る。プライバシーが侵害され、国家権力による監視を受けやすい状態がつくり出されているというのだ（2015年に持株会社としてアルファベット社が設立されて、現在はグーグルやその他のグループ会社がその傘下に入る形になっているが、本書では便宜上、グループ全体のことを「グーグル」と呼んでいる）。

別の角度からの批判もある。著述家のニコラス・G・カーは、グーグルが私たちの記憶力を低下させていると主張している。いつでも手軽に情報を検索できる時代になり、ものごとを記憶する必要性を感じない人が増えているというのだ。カーは単刀直入に、グーグルが私たちを「バカ」にしてしまったと言いきっている。もっと新しいところでは、ドナルド・トランプの台頭、人種差別の復活、フェイクニュースの拡散、民主主義的議論の崩壊などを招いた責任がソーシャルメディアにあるという批判も聞こえる。

人々がテクノロジー企業に対していだくイメージは、「素晴らしいサービスを無料で使わせてくれる会社」ではなく、「私たちを商品にしている会社」に代わってしまった。

大企業へのラブレター

大企業に敵意が向けられるのは、いまに始まったことではない。重要なのは、批判がどの程度正しいのかということだ。本書の基本方針どおり「大企業へのラブレター」として、本章でもテクノロジー企業、とりわけ巨大テクノロジー企業を擁護したい。

テクノロジー企業のおかげで、人は情緒的にも知的にも以前より密接につながれるようになった。この点に関しては、ソーシャルメディアの貢献が大きい。また、世界に存在する情報の多くが手軽に手に入るようになったのも、テクノロジー企業があってのことだ。多くの場合、ほんの数分、いや数秒で情報にアクセスできる。進歩とともに問題も生まれているかもしれないが、これらが比類なき成果であることは間違いない。今日の世界で最大の進歩と言っても過言でないだろう。

携帯端末によるインターネット利用が簡単になり、情報の検索と共有がしやすくなった結果、私自身も以前は思ってもいなかったほど大勢の読者を獲得できるようになった。巨大テクノロジー企業は、私の職業人生に革命的な変化をもたらしたのである。

では、懸念すべき点はないのか。現在どのような問題が生じていて、将来どのような問題が持ち上がる可能性があるかは、本章の後半で詳しく論じる。その問題とは、プライバシーの侵害である。テクノロジー企業が私たちの個人情報を蓄えていること自体は、かならずしも問題だとは思わない。しかし、データの保管と活用のルールが不透明だし、ユーザーが不同意を選択することも難しい。それに、ユーザーの情報が安全に保管されている場合ばかりではない。たとえば、２０１３年にはヤフーが、17年には信用情報サービス大手のエキファックスが大規模なハッキングを受けた。フェイスブックからたびたび個人情報が流出していることも、よく報じられているとおりだ。

このような問題はあるが、テクノロジー企業がもたらす恩恵は弊害を大きく上回っている。巨大テクノロジー企業の利用をやめる人はほとんどいない。

以下ではまず、この業界で独占により競争がなくなったという批判について検討する。今日のテクノロジー業界には、グーグル、フェイスブック、イーベイ、ネットフリックス、アップル、スナップチャット、ツイッター、マイクロソフトなど、それぞれの分野で市場を支配しているように見える企業がたくさんある。この状況をどう解釈すべきなのか。これらの新しい独占企業は、価格操作にいそしんだ昔の独占企業と同様、悪しき存在なのか。いまのところ、そうは見えない。

テクノロジー業界の「独占企業」（と呼ぶのが適切かは別にして）は、消費者からまったく金を受け取っていないか、インターネット時代以前の企業に比べてきわめて少額しか受け取っていない。オンラインオークションのイーベイは手数料を徴収しているが、ユーザーは品物を台車に載せて中古品店やアンティークショップを回り、販売委託や買い取りの交渉をしていた頃より、はるかに小さいコストで大量の品物をオークションに出品できる。

マイクロソフトのソフトウェアも無料ではないが、ソフトウェアをいくつもコピーして使ったり、学校で割引購入したり、違法コピーをしたりしている人が多いことを考えると、マイクロソフトが法外な利益を得ているとは言い難い。文書作成ソフトの「ワード」は、正規の金額で販売されている数より、違法コピーなど、正規の料金が支払われずに利用されている数のほうが多いとされる。

アップルの場合、ハードウェアが高価格であることは間違いない。しかし、同社のiPhoneが登場するまでは、いくら払っても同様の製品は手に入らなかった。そしてiPhoneが売り出された数年後には、もっと安いスマートフォンが続々と発売され、いまではそのような機種が市場シェアのほとんどを制している。スマートフォンの価格は下落し続けており（主に中国からの輸入品の影響だ）、今後は品質も急速に向上する可能性が高い。

アップルは、安価なスマートフォンの登場に道を開いたと言える。同社はこの状況を望んではいなかったが、予期してはいた。価格を理由に巨大テクノロジー企業を批判するのは不正確だし、フェアでない。それらの企業が存在しなかった場合を想像すれば、そうした批判が的外れだとよくわかるだろう。

しかし、いま批判されているのは価格ではない。巨大テクノロジー企業がプラットフォームを支配しているため、イノベーションが阻害されているというのだ。たとえば、グーグルがネット検索市場を、フェイスブックがある種のソーシャルメディア市場を支配していれば、懸命に努力してまでサービスを改善しなくなるというわけだ。

成功して巨大化した企業は、官僚体質に蝕まれて活力を失う危険があると主張する論者もいる。市場のあり方を一変させて、自社の支配を揺るがす可能性のある新しいアイデアを恐れる可能性があるという。たとえば、もしソーシャルメディアで人工知能の利用が進めば、フェイスブックは、人工知能に精通した企業に市場での地位を奪われるかもしれず、ソーシャルメディアへの人工知能の導入を妨げようとするのではないか、というのだ。

独占的な大企業がライバル候補の新興企業を次々と買収する結果、競争が失われるのではないかと懸念する声も上がっている。実際、これまでにグーグルが買収した企業は、デジャ・ニュース、ユーチューブ、アンドロイド、モトローラ・モビリティ、ウェイズなど、190社を超す。フェイスブックも、インスタグラム、スプール、スレッドシー、ワッツアップなど多くの企業を買収し、かつてのライバルであるフレンドスター社から知的財産権も取得した。

理屈だけで考えると、この種の批判は説得力がありそうに聞こえる。しかし現実には、巨大テクノロジー企業は精力的にイノベーションを続けている。それに、グーグルのようなテクノロジー界の巨人に買収されることを目指して、新興企業がいっそう熱心にイノベーションに取り組むという面もある。また、苦戦している新興企業が買収により資本と専門技能を獲得すれば、軌道に乗りそこねたり、閉鎖に追い込まれたりすることが避けられるかもしれない。

本当に競争がなくなったのか

テクノロジー業界から競争が消えたと主張する論者は多いが、私はそれに異を唱えたい。最近も、アレックス・シェパードがニュー・リパブリック誌に、「グーグルやフェイスブックやアマゾンのような巨人たちには、ライバルが事実上存在しない」と書いている。

ニューヨーク・タイムズ紙にテクノロジー関連のコラムを執筆しているファハド・マンジューも、「スマートフォンとソーシャルメディアが世界を破滅させつつあるのかもしれない」と記した。この主張の前提には、私たちがスマートフォンとソーシャルメディアの影響から逃れることは難しいという認識がある。

本書ですべての批判を検討することはしないが、テクノロジー界の巨大独占企業としてよく名指しされる二つの企業、すなわちグーグルとフェイスブックについて論じたい。[1]

グーグル

まず、グーグルについて見てみよう。あるデータによると、世界のネット検索サービスのシェア上位は、グーグル、ビング、ヤフー、アスクドットコム、AOL、バイドゥ（百度）、ウルフラム・アルファ、ダックダックゴーとなっている。選択肢は豊富にある。このなかには、ユーザーの秘密が完全に守られるサービスも含まれている。ダックダックゴーは、ユーザーの履歴をいっさい保存せず、他社にも販売しない[2]。

最も支持されている検索サービスであるグーグルは、長年かけて膨大な量のデータを蓄えていて、その結果として自然独占の状態になっている――と考える人もいるかもしれない。確かに、もっともらしい主張ではある。

しかし、質の高いサービスを提供している企業が自然独占の状態になるとすれば、それは多くの市場で想定されている結果だ。グーグルが市場でトップに立ち続けているのは、（少なくとも大半のユーザーにとって）最良のサービス、もっと言えば最良の関連サービス群（電子メール、チャットサービス、文書作成ソフトなど）を提供できているからにほかならない。

また、大量のデータを握ることによるグーグルの自然独占は、長続きしない可能性が高い。検索サービスの競争の舞台は、やがて新しい未知の領域に移行していく。かつての携帯電話市場では、ノキアの牙城がアップルなどにより突き崩された。検索市場が新しい局面に移行したとき、グーグルが覇者であり続ける保証はない。いま成功を収めているがゆえに、新しい動向に目が向かない可能性もある。

将来は、VR（仮想現実）やAR（拡張現実）を通じた検索が登場するかもしれない。モノのインターネット（IoT）、オフラインの世界、人工知能、もっと遠い未来には、脳への埋め込み型装置や遺伝子情報を通じた検索が実現する可能性もあるかもしれない。

未来がどうなるかは、私には予測がつかない。少なくとも言えるのは、テクノロジーが新しい局面に進むにつれてサービスの質が向上し続けるということだ。そのとき、自然独占の状態にあると思われてきた企業は、自社の独占がそれほど当然のものではなかったと思い知らされるだろう。

インターネットは、まだ草創期のテクノロジーだ。この業界で10年、20年後に成功するために必要なものは、現在とはまったく違ったものになる可能性が高い。いまはグーグルが非常に高いレベルに達しているため、トップに立っているにすぎない。

ネット広告市場ではどうか。グーグルは検索サービスを無料で提供する一方、広告主からは料金を徴収している。広告はグーグルの収益の柱と言っていい。2017年には、広告事業で950億ドルを売り上げた。フェイスブックを別にすれば、ネット広告でグーグルに肩を並べる企業はない[3]。

しかし、私はこの分野での市場独占を心配していない。まず、グーグルは現在も、フェイスブック、テレビ、ラジオ、新聞や雑誌、ダイレクトメールなどの広告と競争関係にある。電子メールや口コミもグーグルのライバルになりうる。私自身は、ある商品をどこで買えばいいか知りたいとき、グーグル検索ではなく、友達に電子メールで相談することも多い。

それに、グーグルがネット広告市場で大きなシェアを握るようになったのは、料金が安く、広告を見せるユーザーの絞り込みが緻密だからだ。グーグルは今後も、自社が登場する前の相場より広告料金を高くすることはできない。そんなことをすれば、広告主はテレビやラジオなどの古い広告媒体に戻ったり、新しい広告媒体を試したりするだろう。

この点が市場独占力を抑制している結果、グーグル広告はもっぱら広告料相場を引き下げる要因になっている。グーグルは自社以前の広告相場より低価格のサービスを提供することにより、広告ビジネスを収益の中核に育て上げたのである。

フェイスブック

では、フェイスブックはどうか。同社は、ソーシャルメディアの市場である種の独占企業になっているのではないか。

私がこれまでに利用した、もしくは利用を検討したオンライン上のネットワーキングサービスとしては、フェイスブック以外に、リンクトイン、ツイッター、スナップチャット、電子メール、さまざまなチャットサービス、携帯電話の連絡先リスト、ピンタレスト、インスタグラム、ワッツアップがある（ただし、インスタグラムとワッツアップはフェイスブックの傘下に入っている。この点についてはあとで論じる）。フェイスブックはこれらすべてと競合関係にある。

それだけでなく、私は人的ネットワークをはぐくむ手段としてブログも活用している。それに、意外に感じるかもしれないが、パーティーなどの現実世界でも交流している。

ソーシャルメディアのなかで最も大きな市場シェアを握っているのは、フェイスブックだ。しかし、これだけ多くのサービスが市場に存在することからも明らかなように、なんらかの形でユーザーのニーズに応えるサービスを提供できれば、新しいソーシャルメディアを立ち上げることは不可能ではない。フェイスブックのユーザーは、その気になればいつでもほかのサービスに乗り換えられる（フェイスブック上の画像や昔の投稿は、新しいサービスに移行できないかもしれないが）。

多くのユーザーは複数のソーシャルメディアを使いわけ、どのサービスが有益で便利かを見比べている。将来、市場でフェイスブックの地位が低下するかもしれないというのは、決して突飛な空想ではない。ユーザーは、いま限定的な用途でリンクトインを利用しているように、昔の写真を見るときはフェイスブックにアクセスしつつ、主力のソーシャルメディアとしてはほかのサービスを利用する可能性もある。ソーシャルメディアの市場には激しい競争が存在し、さまざまな企業がしのぎを削っているのである。

インスタグラムとワッツアップ

ここで少し、写真共有サービスのインスタグラム（Instagram）とメッセージサービスのワッツアップ（WhatsApp）について考えてみたい。この二つのサービスは、現在フェイスブックの傘下に入っているが、いずれもフェイスブック本体と競い合い、本体のサービスの質を向上させる要因になっている面がある。フェイスブックは、これらのサービスを本体の付属品のような扱いにはしていない。

その一つの理由は、インスタグラムとワッツアップのユーザーがおおむね現状のサービスを評価していて、そのことにフェイスブックも気づいていることだ。これらのサービスをフェイスブック的なものに変えすぎれば、変更前のインスタグラムとワッツアップを模倣・改良した新興勢力の参入を招きかねない。フェイスブックとしては、新しいソーシャルメディアの台頭はなんとしても防ぎたい。そこで、買収したサービスをフェイスブック本体とは別個のサービスとして存続させている。その結果、インスタグラムとワッツアップは、フェイスブック本体と間接的に競合するサービスであり続けている。

私の場合、遠方の友人たちと多人数で同時にチャットしたいときは、ワッツアップを利用する。そのおかげで、フェイスブック本体にアクセスしたときに表示される広告（や邪魔な情報）を増やさずに済んでいる。

将来、インスタグラムとワッツアップのサービスが改悪されない保証はない。しかし、もしフェイスブックがそんなことをすれば、これらの分野への新規参入を促すことになる。それにより、ワッツアップより優れたサービスが登場するなら、私は大歓迎だ。それがどの企業の傘下かは気にならない。

フェイスブックが圧倒的に巨大な存在であることは事実だが、ユーザーの実利面で重要なのは、ちょっとした気の利いたサービスを求めているときに、質の高い（できれば無料の）サービスの選択肢が豊富かどうかだ。現在、この点でユーザーにとって好ましい状況が生まれていることは間違いない。これは市場に競争が存在する証拠とみなせる。

テクノロジー企業はイノベーションをやめたのか

世界で最も質の高い検索サービスを無料で提供する以外に、グーグルは私たちに何をしてくれているのか。まず、私はGメールを利用している。世界で有数の質と利用者数を誇る電子メールサービスで、料金はいっさいかからない。誰でもアカウントを設定し、すぐに使いはじめられる。30年前の人が聞けば、目を丸くするに違いない。

グーグルは自動運転車の開発も主導してきた。同社が自動運転車の有力メーカーになるとは思わないが、人工知能、スキャナー、地図作成、走行プログラムなど、重要なテクノロジーの研究開発で大きな役割を担ってきた。実際に自動運転車を走行させるなど、運転手不在の自動車が社会に受け入れられる環境づくりにも腐心している。

どれくらい先に自動運転の乗用車やバスやトラックが一般道を走るようになるかという点では意見がわかれているが、関心はすでに、それが可能かどうかではなく、それがいつ実現するかに移っている。20年前、いや10年前に、これを予見できた人はいなかっただろう。このような目覚ましい進歩を生み出すためにグーグルが果たしてきた役割は大きい。

自動運転車が普及するようになれば、インターネットの登場以降で最も大きな技術的進歩と言えるだろう。自動運転のテクノロジーには、自動車事故による死者を大幅に減らし、渋滞を緩和し、高齢者や障がい者や子どもの移動を容易にする効果が期待されている。

狭い意味でのグーグル本体というよりアルファベットのプロジェクトだが、気球によるインターネット接続サービスの提供を目指す試みもある。空高く気球を飛ばし、それを基地局にしてインターネットに接続するのだ。この計画は「プロジェクト・ルーン」と名づけられている。

２０１７年には、大型ハリケーン「マリア」で通信網が大打撃を被ったプエルトリコでインターネット接続サービスを提供するために、この技術が用いられた。将来は、アフリカの不便な土地で活用される可能性もある。ユーザーへの価値提案がまだはっきりしないことは否めないが、弱者の生活を改善するための野心的な取り組みであることは間違いない。ただし、技術面はともかく、コストとビジネスとしての持続可能性は未知数だ。同様に、外から見る限り、グーグルのロボット工学に関する取り組みも現時点で利益を生んでいないように見える。

もっとも、失敗した挑戦のなかにも有意義な成果につながりそうなものがある。たとえば、眼鏡型端末のグーグル・グラス。この端末を眼鏡のように着用することにより、インターネットに接続し、情報を見られるというものだ。鳴り物入りのプロジェクトはひとまず失敗に終わったが、その経験がウェアラブル型端末全般の開発にとって有益な教訓をもたらした。これは、グーグルや他社の製品開発の足がかりになるだろう。

グーグルとユーチューブ

グーグルは動画投稿サイトのユーチューブ（YouTube）を買収したあと、サービスの質を大幅に向上させた。かつての買収は非常にリスクが高い決断だと思われていて、まだほとんど売り上げがない会社に16億5000万ドルも支払うのは正気でないとも言われた。しかも、その頃のユーチューブは、コメント欄が荒れていたうえ、著作権侵害の温床になっているように見えた。

しかし、グーグルは自社の高度なソフトウェアを活用して、著作権侵害の恐れがある動画を見つけて削除することを徹底した。ユーチューブ内の検索機能も充実させた。最も大きな意味をもったのは、テクノロジーに手厚い投資をしたことかもしれない。いまインターネット上で動画が広く利用されているのは、それらのテクノロジーのおかげだ。

当初、インターネット上の動画は、再生速度が遅く、中断も多かった。しかも、バッファリングと呼ばれるプロセスが不可欠だったため、データを取り込むまで動画の再生開始を待たされたり、再生中に動画がたびたび停止したりした。しかし、グーグルは動画の伝送経路を短縮するテクノロジーに投資し、インターネット上の動画視聴体験をはるかに円滑なものにした。このテクノロジーは、インターネットのさまざまな領域に恩恵をもたらした。

いまユーチューブは、学術関連の動画やオンライン教育の分野でも先頭を走っている。これは、グーグルの傘下に入る前とは比較にならない進歩だ。

私がアレックス・タバロックとオンライン経済学教育サイト「MRUniversity」を始めたとき、動画コンテンツをどこに置いたか。お察しのとおりユーチューブだ。グーグルはその代価として、私たちからいくら徴収したか。1ドルも徴収していない。ユーザーもいっさい料金を支払う必要がない。それだけでなく、動画にアクセスしても、誰の広告も（グーグルの広告も、私たちの広告も、そのほかの広告も）表示されない。要するに、検閲がない国に住んでいれば、世界中の誰もがあらゆる種類の講義動画を無料で見られるのだ。

長い間、グーグルは携帯電話とは無縁に見えていたが、2005年にアンドロイド社を買収し、携帯端末向けのOSをオープンソースのソフトウェアとして送り出した。このOSは、いま世界のスマートフォンで最も広く用いられている。

ほかの企業もアンドロイドOSの修正版（改良版と言えるかはともかく）を開発しているため、グーグルがその最大の受益者だとは言えないかもしれない。それでも、これにより、世界の何億人もの人たちがより高性能で安価なスマートフォンを利用できるようになったのである。

アンドロイドOSに限らず、グーグルは自社のソフトウェアのほとんどをオープンソースの形で公開し、他社がそれを改良できるようにしている。そうした改良作業を支援することをビジネスにしている企業もたくさんある。

まだ創業20年程度の企業がこれほどの成果を挙げているのに、この会社を激しく非難する人が大勢いることには驚かされる。以前、私がブログに、独占禁止当局はグーグルを追い回すべきではないと書くと、ある読者が不満のコメントを寄せた。そこにはこう書かれていた。「グーグルはカレンダー機能にイノベーションを起こそうとしないし、『やるべきことリスト』の機能も使い物にならない。ところが、この二つのサービスはGメールに組み込まれているおかげで守られている」。その程度のことで激しい不満をいだいているのか。

フェイスブック

グーグルは、イノベーションを強力に実践していると言っていいだろう。では、フェイスブックはどうか。

フェイスブックは誕生以来、サービスの質と種類を向上させ続けてきた。2006年、ヤフーがフェイスブックに買収を持ちかけたことがあった。ヤフーが提示した金額は10億ドル。フェイスブックの創業者であるマーク・ザッカーバーグにとって申し分のない金額だと、多くの評論家は思った。しかし知ってのとおり、ザッカーバーグは提案を蹴った。そして、その後もさらに投資を続け、10億ドルどころか、その何十倍もの価値をもつ会社に育て上げた。

ザッカーバーグは、今日のアメリカで誰よりも資本を有効に活用してきたCEOと言えるかもしれない。フェイスブックの企業価値の増加は、ほとんどがサービスの向上により実現したものだ。それらはいずれも、イノベーションと呼ぶに値する。

たとえば、2006年に採用された「ニュースフィード」は、いまではフェイスブックの中核的機能の一つになっている。フェイスブックはターゲット広告の開発でも先行していて、いまでは広告市場でグーグルとともに二大勢力を形成している（両社のシェアが他社を大きく引き離している）。

広告ビジネスにおけるフェイスブックの大きな強みは、特定のテーマに関心があるユーザーに絞り込んで広告を届けられることだ。経済学に関心がある人向けの製品やサービスを売ろうとする企業は当然、そのような層に絞って広告を見せたい。昔はそのようなことを実践するのが難しかったが、フェイスブックではそれを安価で容易におこなえる。経済学に興味があるユーザーのニュースフィードに広告を表示できるのだ。この仕組みは、企業が商品の情報をどのように消費者に届けるかを根本から変えた。

フェイスブックは、携帯端末向けのネット広告市場も確立した。同社が株式上場したときは、まだモバイル広告を扱っていなかったし、モバイル広告ビジネスが成功するか懐疑的な業界関係者が多かった。しかし、今日ではモバイル広告が同社の売り上げで最も大きな割合を占めている。

フェイスブックは、メディア企業が読者にストーリーを届ける方法にも革命を起こした。同社はわずか数年の間に、世界で最も大きく、最も影響力のあるメディア企業にのし上がった。この変化のすべてを肯定するつもりはないが、同社が大きなイノベーションを起こしたことは間違いない。

また、フェイスブックは人工知能を活用したサービスの導入を進めてきた。この取り組みがどのくらい成功するかはわからない。しかし、同社が人工知能をめぐる激しい競争を活性化させていることは確かだ。

正直なところ、私はグーグルほどフェイスブックを愛用していない。素晴らしい会社だと思うし、CEOのザッカーバーグは当代きっての偉大な経営者だとも思う。しかし、不満が二つある。一つは、ほとんど私の個人的・主観的な問題だが、ページが見づらく、使いにくく感じる。ページのレイアウトがたびたび変更されることにも戸惑わされる（私に言わせれば、この点ではイノベーションを実行しすぎだ）。とはいえ、ほとんどのユーザーは問題なく利用できているのだろう。

もう一つの不満は、人々が読むニュースの質を高めていないという点だ。近年、フェイスブックでニュースを読んだり、それを友達に紹介したりする人が増えている。その結果、ニュースのつくり手は、「読者が望むニュースを提供しよう」という心理に陥りやすくなった。具体的には、党派的だったり、セレブやかわいい動物を取り上げていたり、軽薄だったり、これらが混ざり合っていたりするニュースを発信しようという動機が強まっている。報道機関はこの潮流に乗り遅れまいとあたふたしているのが現状だ。

ある人によれば、フェイスブックで「あかちゃんアヒルがはじめて水を見たとき、どんな反応を示すのか。その信じられない行動とは」と題されたストーリーが流れてきたことがあったという。実際にはプールの水を飲みはじめるだけなのだが、リンクをクリックして動画を見るまで想像がつかない人がほとんどだろう。

端的に言うと、フェイスブックではどうしても時間を浪費しやすい。それに対し、グーグルはもっと特定の目的を果たすために役立つサービスをそろえている。情報を検索したり、映画のチケットの買い方を調べたり、グーグル・マップで目的地への行き方を確認したりといった具合だ。グーグルを利用しておこなう作業は、始まりと終わりがはっきりしている。その点でグーグルは文化に及ぼす悪影響よりも社会の役に立っている面のほうが大きいと、私は考えている。

フェイスブック上のニュース情報に関しては、アメリカの選挙に影響を及ぼすためにロシアが流したニセ情報問題が注目されることが多い。しかし、私はこれをそれほど大きな問題だと思っていない。それらのコンテンツを拡散させるために支払われた金額は、微々たるものに見える。その総額は、フェイスブックの1日当たりの広告収入の0・1%程度にすぎないだろう。

共和党のドナルド・トランプが民主党のヒラリー・クリントンを破った2016年のアメリカ大

統領選のあと、いわゆるフェイクニュースをめぐる報道が続いているが、そうした報道の多くは正確さを欠いているように思える。フェイスブックでまったくの誤情報をクリックしたり、「いいね！」を押したりした人がいかに大勢いたかというオンラインニュースの派手な見出しは、あなたも見たことがあるだろう。しかし、ユーザーがフェイスブック上で取る行動のうち、そのようなクリックや「いいね！」が占める割合は、多く見積もっても0・0006％にすぎないという。

わずかでも誤情報が拡散されるのは好ましいことではないが、そのような問題は、テレビやタブロイド紙、電子メールの転送、食卓での会話、個人間で交わされる噂話でも起きている。そもそも、ロシアのフェイスブック上での活動が選挙結果に影響を及ぼしたという確たる証拠はない。[4]

それに、まともなはずの主流メディアも、2016年の大統領選挙戦中にヒラリー・クリントンの電子メールスキャンダルを大々的に報道した。実際は大したスキャンダルなど存在しなかったのに、である。そうした報道は、フェイスブック上のどんな出来事よりもクリントンにとって大きな打撃になったように見える。報じられた個々の事実関係は間違っていなかったのかもしれないが、全般的な印象はクリントンに対して過度に否定的なものになっていた。

正しいニュースがメディアで過度に報じられること（や報じられる頻度が過度に少ないこと）は、露骨な嘘や誤情報が報じられることより大きな問題を生む場合も非常に多い。コロンビア・ジャーナリズム・レビュー誌の推計によると、2016年の大統領選の終盤6日間にニューヨーク・タイムズ紙がクリントンの電子メール問題について一面に掲載した記事の数は、終盤の69日間にあらゆる政策テーマに関して一面に掲載した記事の数より多かった。[5]

2016年の大統領選で「フェイクニュース」がどのような影響をもったか、はっきりしたことがわかる日は来ないだろう。しかし、知っておくべきは、選挙に関するニュースの最大の情報源がソーシャルメディアだと答えている人は全体の14%にすぎないということだ。選挙に関する意見の供給源がフェイスブックの独占状態だとはとうてい言えない。投票先を決める際には、家族の影響も受けるし、私的な会話、ケーブルテレビのニュース番組、ラジオのトークショー、電子メール、書籍などの影響も受ける。

2016年の選挙全般を見ると、民主党は大統領選だけでなく、州知事選や州議会選でも振るわなかった。これらの選挙では、フェイスブック上の誤情報やロシアの資金で流されたプロパガンダが大きな影響をもったとは思えない。しかも、ある研究によると、アメリカで最も政治的二極化が甚だしい年齢層は高齢者だという。ソーシャルメディアでニュースを得ることが最も少なく、ケーブルテレビのニュース番組を最もよく見る層だ[6]。

さまざまな面でメディアの偏向と分極化が起きていることは間違いない。しかし、その主たる問題は、ロシアの資金によりフェイスブック上に誤情報がばらまかれたことではないのだ。

いまはフェイスブックが多くの批判を浴びているが、出版社もこれまで、マルクスや毛沢東、ヒトラー、スターリンなどの著作を出版してきた。いずれも膨大な数の人命を奪った人物である。彼らの著作が欧米の社会にほとんど影響を及ぼさなかったなどとは、とうてい言えない。数世代にわたる欧米の知識人層が感化されたり、そうした思想を信奉したりした。しかし、これらの著作はいまも堂々と市場で売られている。

私は彼らの思想をまったく支持しないが、著作が手に入りやすい状況は好ましいと思っている。私が批判するのはそれらの思想であって、ペンギン・ランダムハウスなどの大手出版社やそのオーナーを批判しようとは思わない。ところが、フェイスブックに批判が集中しているのは、日々の生活のなかで目につきやすい存在だからだろう。

思想や情報を自由に発信できる環境では、悪い思想もたくさん流通する。表現の自由を認める以上、それは避けられないことだ。このようなジレンマは昔からあった。なかには、フェイスブックがある種の独占状態にあるとか、アルゴリズムを使ってコンテンツを表示しているといった理由で、今日の状況のほうが深刻だと主張する人たちもいる。しかし、素朴な印象としては、印刷メディア（とラジオ）がファシズムやマルクス主義、共産主義の思想を広めたことに比べて、フェイスブックの弊害はきわめて小さい。

本書の記述の公正を期すために述べておくと、私はフェイスブックに料金を支払って「宣伝」をしたことがある。みずからが運営する無料の経済学教育サイト「MRUniversity」の広告を掲載したのだ。狙いは、経済学に関心があるユーザーや大学教育と関係のあるユーザーを取り込むことだった。

広告料金を支払ったことに不満はない。視聴件数がいくらか増えたことは確かだからだ。しかし、ユーザーを思うままに操作できたかと言われれば、そんなことはまったく不可能だった。いまはもうフェイスブックに広告を掲載していない。私のようなケースは、一般に言われているよりはるかに多い。

フェイスブックに対しては、いわゆる「フィルターバブル」をめぐる批判もよく聞かれる。フェイスブックなどのソーシャルメディアが登場して、保守派は保守派の主張しか聞かず、進歩派は進歩派の主張しか聞かない世界が生まれているというのだ。この状況は、「エコーチェンバー（反響室）現象」という言葉で表現されることも多い。

しかし、この批判には裏づけがない。指摘が当たっているように見えるケースもあるが、データを見る限り、少なくとも現時点で懸念は無用だ。オンラインニュースの購読状況に関して言えば、イデオロギー上の分断はそれほど深刻なものではない。保守派は左派寄りのニュース媒体にかなりアクセスしているし、左派も保守系メディアの記事をそれなりに読んでいる。

いま手に入るなかで最も質の高いデータを見ると、平均的な保守派がインターネット上で触れているニュースのうち、保守系メディアのものは約60％。極端に偏っているとは言い難い。リベラル派が読んでいるニュースも、53％は保守系のものだ。この同じ調査によると、イデオロギーによる分断は、オンライン上よりも、家族や友人、同僚との対面でのコミュニケーションのほうが激しい。[7]

ただし、私はフェイスブックに関して明確な懸念をいだいている点がある。フェイスブックが原因で、私たちはオンライン上での交流にやや熱心になりすぎているように見える。その結果、配偶者や子どもとの会話など、ほかの重要なことに割けたはずの時間が奪われていないか。

オンライン上での交流がしやすくなったのは、ユーザーが望んだ結果であることは確かだ。しかし、フェイスブックが人々の関心を奪うことに長けているため、ほかの活動に関心が向かなくなる可能性がある。私が思うに、それは好ましい面ばかりではない。[8]

この点は、比較的オープンなオンラインメディア全般に共通する問題とも関係してくる。フェイスブックも一種のメディアなので、ユーザーのさまざまな嗜好を伝達する。友人に意地悪なコメントを送ったり、人種差別的な感情を吐き出したり、有害もしくは無益な政治的主張への支持を呼びかけたりする道具になる場合もある。目覚ましい成功を収めているメディアは、好ましい情報だけでなく、多くの有害な情報も伝達しているのがつねだ。フェイスブックも例外ではない。

私が思うに、そうした状況についてはユーザー自身の責任が最も大きい。もちろん、フェイスブックでのアクセス数を気にしすぎるメディアにも責任の一端はある。人々の卑しい感情やありふれた感情をこれほど大量に伝達している媒体に、まったく問題がないわけではない。

しかし、この問題を解決しようと思えば、フェイスブックがユーザーの行動にもっと介入し、監視を強めなくてはならない。そんなことをすると、問題が解決されることのメリットより、弊害のほうが大きいかもしれない。

最近、大きな議論になっているのは、フェイスブックとユーチューブが賛否のわかれるニュースや情報を排除しすぎているのではないかという問題だ。この点は、左派よりも右派が問題にしている。右派や保守派、共和党寄りの思想家や専門家は、テクノロジー企業の社員に左派が多く、なんらかの形で右派的な意見や情報を不利に扱っているのではないかと疑っている。

本書が読者の手に届く頃には状況が変わっているかもしれないが、この問題について私の考えをいくつか述べておこう。まず、巨大テクノロジー企業はおおむね、検閲をおこないたいとは思っていない。コストがかかるし、明確な線引きをすることの難しさはこれらの企業が誰よりもよく知っている。

不適切と思われるコンテンツの削除を求めたのは、世論と一部の政治家だ（テクノロジー企業の社員のなかにも、そのような主張をした人たちがいたことは事実だが）。確かに難しい問題ではあるが、テクノロジー企業に不満をぶつけるのは筋違いなのかもしれない。

検閲批判に対してもう一つ指摘したいのは、フェイスブックやユーチューブでは膨大な量のコンテンツが流通しているため、コンテンツを削除する際の判断を誤るケースがどうしても出てくるということだ。判断ミスの事例をやり玉に挙げる人もいるが、これまでのところ、テクノロジー企業の判断はおおむね適切なように見える。一握りの悪質なファシストや人種差別主義者が一部のソーシャルメディアから排除されたのを別にすれば、大半の人は自分の意見を自由に投稿できている。

最後にもう一点。現在の状況に評価をくだすときは、過去との比較を忘れてはならない。フェイスブックやユーチューブがあなたを不当に利用停止にしたとしよう。それが好ましい状況だと言うつもりはない。しかし、まだソーシャルメディアが存在しなかった頃、あなたの状況はこれよりよかったのか。当時は、テレビの三大ネットワークに出演したり、有力ラジオ局でリスナーに語りかけたり、有力紙に寄稿したりするチャンスはほぼゼロだった。一方、今日では、一部の少数派がテクノロジー企業から厳しい扱いを受けてはいるものの、少数派が意見を発信できる場は昔とは比較にならないくらい多い。

検閲にはつねに慎重であるべきだ。世論の圧力により、テクノロジー企業がコンテンツの削除やユーザーの利用停止を実行しすぎることへの懸念は、私も感じている。しかし、これは簡単に結論の出せる問題ではない。人が虐殺される動画や幼児ポルノを削除することをテクノロジー企業に認める以上、個別の判断はある程度まで企業の裁量に委ねざるをえない。

では、ユーチューブやフェイスブックを2つか3つの会社に分割すれば、問題が緩和されるのか。私はそう思わない。新しく誕生する会社も同じような世論の圧力にさらされて、同様の措置を講じるだけだろう。

結局、私たちはインターネットの世界のどこかに、自分の主張が関心をもたれる場を見つけ、そのルールに従うしかないのだ。それでも、そう遠くない昔には考えられなかったくらい、今日は自分の意見を自由に発表できる時代になっている。

アップル

ほかの巨大テクノロジー企業を取り巻く状況はどうか。最近のアップルは、イノベーション精神を失ったと批判されることが多い。しかし、それは事実に反する。アップルは、過去にパーソナルコンピュータ、スマートフォン、高機能のタブレット型端末という三つの大きなイノベーションを成し遂げただけでは満足せず、イノベーションへの取り組みを精力的に続けている。

腕時計型端末のアップルウォッチがどのくらい成功するかはまだわからない。しかし、高機能で実用的なウェアラブル型インターネット接続端末を進化させていく過程で大きな一歩であることは確かだ。アップルウォッチを購入した大勢のユーザーたちは、メッセージをやり取りしたり、日々の行動を記録したりするうえで便利な道具だと感じているように見える。

電子決済サービスのアップルペイは、フィンテック（金融と情報テクノロジーの融合）の有力サービスの一つに数えられる。すでに多くの人がこのサービスを利用し、端末の画面にタッチするだけで商品やサービスの支払いを済ませている。アップルペイは、決済サービスの覇者になれなかったとしても、今後さらに優れたテクノロジーが登場する土台になるはずだ。

アマゾン

アマゾンは、最初はオンライン書店として出発したが、いまはさまざまな小売分野に手を広げている。この会社が成し遂げたイノベーションの一つは、新本と並べて中古本を販売し、中古本でも構わない消費者がそれまでより安く本を買えるようにしたことだ。それに加えて、世界の歴史上最も充実した配送体制も築いたと言えるかもしれない。最近は、ドローン（小型無人飛行機）による配送も計画中だ。成功するかどうかは――そして当局が承認するかは――さておき、これも非常に野心的なイノベーションである。

アマゾンはクラウドコンピューティングの分野でも市場の成長を牽引し、イノベーションに積極的なほかの企業がビジネスを急成長させやすい環境をつくり出した。また、同社の「アレクサ」は、家庭用人工知能アシスタントの草分けだ。アレクサを搭載した機器に口頭で指示すれば、（このソフトウェアにできることであれば）その作業をやってくれる。その機能は、今後さらに向上するだろう。ほかには、電子書籍リーダーの「キンドル」もアマゾンのイノベーションである。

自社製のスマートフォンこそうまくいかなかったが、アマゾンのこれまでの歩みを見れば、グーグル、フェイスブック、アップルと同様、よりよい商品を送り出して人々の暮らしを改善しようと努力してきたと言えるだろう。

いまアマゾンは、リアル書店というビジネスが現在も経済的に成り立つことを実証しようとしている。これも一つのイノベーションとみなせるかもしれない。ただし、この新しいリアル書店の仕入れと陳列のやり方は、旧来の書店とはだいぶ異なる。オンライン書籍販売を通じて得られたデータを重んじているのだ。このビジネスが実を結ぶかどうかはまだわからない。

巨大テクノロジー企業が成し遂げたイノベーションは、きわめて多岐にわたる。これらの企業は、優秀な人材を集めてやる気をもたせ、その人たちの活動を調整して大きな成果を生み出すことに長けているように見える。そうした能力が核にあるからこそ、新たなビジネス領域に進出して成功し続けられるのだろう。

テクノロジーは人間を「バカ」にする?

テクノロジー企業に対しては、前出のニコラス・G・カーのような批判もある。カーはインターネットの「底の浅さ」を指摘し、グーグルのせいで人間が「バカ」になりつつあると主張している。カーが問題にしているのは、テクノロジー企業というより、社会とテクノロジーのあり方だ。その意味で本書のテーマからやや逸脱しているようにも思えるが、関係はある。昨今は、企業が何かで批判を受けると、それを簡単には払拭できないからだ。

カーのような論者によれば、テクノロジー企業が築いた新しい世界では、人間の集中力と記憶力が弱まり、世界への理解が薄っぺらになったという。それは本当なのか。インターネットが人々の生活で大きな役割を果たすようになって、まだ10～15年くらい。新しい世界に評価をくだすのはまだ早いが、いくつかの点を指摘しておこう。

まず、最近、小説やテレビドラマなどでは、どちらかと言うとボリュームのある作品やシリーズものが人気になることが多い。ファンタジー文学の「ハリー・ポッター」シリーズは、新作が発売されるたびにベストセラーになる。テレビドラマでも、『ゲーム・オブ・スローンズ』のシリーズが支持されている（原作のファンタジー小説「氷と炎の歌」シリーズも人気が高い）。

最近の視聴者は、シリーズもののテレビドラマを何話分もまとめて見る傾向が目立つ。そのために費やす時間と集中力は相当なものだ。書籍の平均ページ数も減るどころか増えている。売れ行き好調書や話題書を分析した調査によると、1999年には平均320ページだったのが、2014年には平均400ページになっているという。

ツイッターやフェイスブックへの短い投稿も確かに増えている。しかし、社会全体で長大な作品が避けられているとまでは言いきれない。長大な作品が避けられている場合があるとしても、それはつまらない大作が相手にされなくなっただけなのではないか。

インターネットを批判する人たちの大半は、残念ながら、長大な楽劇『ニュルンベルクのマイスタージンガー』の新しい公演を目当てに世界のどこまでも出かけていったり、18世紀中国の古典『紅楼夢《こうろうむ》』の全5巻の英訳版を読破したりはしないのだろう。しかし、インターネットは人々を大作から遠ざけるだけでなく、大作への関心をかき立てる力もある。この種の作品を好む人が少数派であることは否定できないが、インターネットがきわめて得意なことの一つは、ユーザーが自分の趣味に合う作品、とくに埋もれた作品と巡り合う機会をつくることなのだ。[9]

情報の量と多様性は高まっている

もう一点指摘したい。テクノロジー企業がと言えるかは微妙だが、インターネットが私たちの考え方を様変わりさせ、私たちがどのようなことに関心を払うか（あるいは関心を払わないか）を大きく変えたことは確かだ。しかし、長い目で見てその変化がどのような影響をもたらすかはまだわからないと、私は考えている。これまでのところ、弊害もあるが、好ましい影響も生まれている。

私たちはインターネットのおかげで、新しい考え方や新しい文化、新しい音楽と出合えるようになった。ブログや動画投稿サイトなど、オンライン上のさまざまな場で質量ともに充実した知的対話も楽しめる。これらの現象が悲惨な結果を招くと決めつけるのはまだ早い。歴史を振り返ると、情報の量と多様性が高まることは、概して人類に恩恵をもたらしてきた。

いまインターネットに対して唱えられているような批判は、これまで形を変えてオペラや小説、ペーパーバックの書籍、テレビ、ロックンロールに対しても唱えられてきた。18～19世紀、小説は、健康の悪化、親への反抗、階級の垣根の崩壊、女性の自立といった「害悪」の原因と言われていた。「小説を読むことが精神に及ぼす影響は、過度な飲酒癖が肉体に及ぼす影響と同じだ」と述べた批評家もいた。古いメディアが小説という新しいメディアとの競争を歓迎せず、両者の間でイデオロギー闘争が起こったのである。

この類いの批判は歴史を通じて繰り返されてきたが、世界の人々の、とくにアメリカ人の生活は基本的によくなってきた。メディアはより有益になり、提供する情報と娯楽も次第に充実してきた。もしかすると、今回に限っては、文化と人々の知性に壊滅的な打撃が及ぶのかもしれない。しかし、少なくとも現時点では、そのような見方を裏づける材料は見当たらない。なるほど、私たちは電子機器に頼るようになって、昔に比べてアメリカの州都の名前を記憶しなくなり、友人の電話番号を暗記できなくなった。でも、それがそんなに由々しきことだろうか。[10]

私たちはインターネットの弊害を云々するよりも、やや恐ろしい未来図について考えるべきなのかもしれない。それは、インターネットの時代がやがて終わり、もっと強力なテクノロジーに取って代わられる未来だ。たとえば、仮想現実（VR）のテクノロジーを通じて情報と娯楽を得る時代が来るかもしれない。そのとき世界がどのような場になるか、確かなことは誰も予想できない。

インターネットの時代に特有の思考様式や表現形式があるのなら、インターネットが滅びる前にそれをもっと発展させることは、私たちの世代に課された文化的責任に思える。それは、「インターネット流」をどう評価するかとは関係なく、有意義な行動だ。たとえば、私はかならずしもバロック音楽を好まないが、17～18世紀の人たちが古典派音楽に移行する前にバロック音楽を究めて、今日に残してくれたことは歓迎している。このように考えると、（それが具体的に何を意味するかはともかく）私たちはもっと「インターネット的な思考様式」にどっぷり浸るべきなのかもしれない。

最近は、シリコンバレーが些末なことにばかり血道を上げているという批判もよく聞く。たとえば、Wi-Fiに接続できるジュース搾り機の「ジューセロ」。この400ドルの製品は、「シリコンバレーの思い上がりを象徴するばかげた商品」だと酷評された（その後、これを開発した企業は経営破綻した）。

私の好きなブロガーの一人であるスコット・アレキサンダーは、この類いのシリコンバレー批判に反論している（もちろん、私がそのブログを読めるのもインターネットあってのことだ）。アレキサンダーの主張は以下のとおりだ。

> 私は、シリコンバレーの伝説的なインキュベーター〔起業を支援する企業〕であるYコンビネーターが最近送り出した52社の新興企業を調べてみた。
>
> そのうちの13社は、利他的もしくは国際的な視点に立ったビジネスを目指している。ニーマ社は、銀行に口座を開けない貧困層が金融サービスを利用するためのアプリを開発している。カンペ社は、医療機関を受診できないアフリカの人たちのためにオンライン医療サービスを開始した。クレディ社は、インドでソーシャル・レンディングのサービスを展開していて、クリア・ジェネティクス社は、子どもに遺伝上のリスクが生じる可能性のある親を対象に、自動会話プログラムで遺伝子カウンセリングをおこなっている。ドスト・エデュケーション社は、インドでわずか月額1ドルで読み書きを教えている。
>
> 胸躍る最先端のテクノロジーを開発しているように見える企業も12社あった。CBAS社は、

「人体に接続すればすぐに機能するバイオニック義肢」を開発している。ソルジェン社は、植物の糖質から過酸化水素を製造する技術をもっている。AON3D社は工業用の3Dプリンタ―をつくり、インディー社は新しい遺伝子工学システムを開発し、アレム・ヘルス社は放射線診断に人工知能を活用している。この12社のなかには、お察しのとおり、ドローン配送関連の新興企業も含まれている。

アレキサンダーも認めているように、Yコンビネーターが支援したうちの9社は「くだらない」と言われても仕方がないビジネスだった。今後、52社すべてが成功する保証もない。それでも、全体としてそんなにひどい状況と言えるだろうか。それに、「くだらない」ものに見える取り組みがのちに画期的なイノベーションだと言われるようにならないとも限らない。[11]

そもそも、インターネット批判論者たちがどのくらい本気で批判しているかも疑わしい。私は以前、テレビ番組で、グーグルが私たちを「バカ」にしたのかというテーマでニコラス・G・カーと討論したことがある。そのとき私が最初にぶつけた問いは、あなたは討論に備えて私が何者かをグーグルで調べなかったのか、というものだった。カーの反応を見て、勝負はあったと私は感じた。それに、カーの著書はインテリ層向けだが、オンライン書店での売り上げがかなり多いのではないか。批評家たちは、インターネットが「自分以外の人たち」をバカにしてしまったと言いたいらしい。

ほとんどの人は、それこそ毎日のようにインターネットで情報を得ている。それは、インターネットが非常に便利で有益だからだろう。

失われるプライバシー

巨大テクノロジー企業には、称賛すべき点が非常に多い。驚異的なイノベーションを生み出しただけでなく、マイノリティに対してより寛容な社会を築くことを主導し、「テクノロジーおたく」もカッコいい存在に変えた。

また、テクノロジー産業は、カリフォルニア州北部を世界で指折りの活力旺盛な土地に（家賃や物価が上昇したことは残念だが）変貌させた。シリコンバレーはこの20年ほどで、世界の歴史をつくる土地の一つになった。今後も、この地域の発展は続くだろう。

もう一つ、巨大テクノロジー企業の好ましい点は、少なくとも初期には政界へのロビー活動にあまり関心を示さなかったことだ。当初、大半のテクノロジー企業はワシントンにオフィスがなかったり、小規模なオフィスしかなかったりした。政界への陳情はほとんどおこなわず、基本的には政府の口出しを嫌い、ライバル企業への法的規制を求めることもしなかった。

政治や行政への無関心が裏目に出たケースもあった。たとえば、1998年にはマイクロソフトが独占禁止法違反を理由に司法省などから訴訟を起こされた。

今日では、テクノロジー企業の姿勢はだいぶ変わっている。シリコンバレーのCEOたちは、オバマ政権の時代にホワイトハウスにたびたび足を運んだし、トランプ政権発足後はこの型破りな政権とうまくつき合っていこうと努めてきた。

大統領に厚遇されてうれしいという面もあるだろうが、手痛い経験を通じて、ビジネスを円滑に運営するために政界とのコネが不可欠だと思い知った面が大きい。それでも、最初の頃は優れた商品を送り出すことで会社を繁栄させようと考えていたのだとすれば、そのことは称賛に値するのではないか。

では、巨大テクノロジー企業に関して懸念すべき点は何なのか。それは、プライバシーの喪失だ。私はこれを深刻な問題と感じている。少なくとも、将来は大きな問題になりかねないと思う。

テクノロジー企業は、私たちの人生や生活に関する情報を片端から保存し、時にはほかの企業にも譲渡している。このなかには、いわゆるビッグデータなど、発展著しい統計テクノロジーによって推測された情報も含まれる。

私は多くの批判論者と異なり、現時点では、プライバシー侵害が容認できないレベルに達しているとか、破滅的な事態を招いているとは思っていない。ソーシャルメディアに登録したり、オンラインショッピングをしたりする人は、自分に関するデータが収集されて保存されることを知っている（そのデータがどのように流通し、利用されるかを完全に認識しているとは限らないが）。ほとんどの人はメリットとデメリットを考えたうえで、これらのサービスを利用することを選んでいるのだ。

しかも、ユーザーの多くはフェイスブックにすっかり夢中になっている。不承不承で利用しているようには見えない。マイカーを買えないから仕方なくバスに乗るのとは、わけが違う。

問題がまったくないと言うつもりはない。私が指摘したいのは、プライバシーの問題を指摘する人たちがしばしば問題を誇張しているということだ。フェイスブックがそんなに恐ろしいものなら、どうしてフェイスブックの代わりにメーリングリストを使って友人と連絡を取り合う人が続出しないのか。もちろん、そうしている人もいるだろう。だが、それが可能なのは、前述したように、一見したよりもソーシャルメディアの市場に競争があるからにほかならない。

私は、現在よりも未来のことが心配だ。今後10～20年の間に、プライバシーの問題はいまよりはるかに深刻になるだろう。もしかすると、私たちはすでに危険な一歩を踏み出していて、このまま歯止めなく状況が悪化していくのかもしれない。

しかも、民間企業が握っている（あるいは今後握ることになる）個人情報の多くは、最終的には政府の手に渡りかねない。政府が情報提供を命じたり、情報共有を強制したり、監視システムを強化したり、ハッキングをおこなったりする可能性があるからだ。あなたがテクノロジー企業を信じてデータを提供したとしても、その企業の内部にデータがとどまる保証はないのだ。

具体的には、プライバシーをめぐる状況はどのように悪化するのか。

第一に、顔認証技術が普及し、精度も向上しはじめている。最近は70～80％の精度を達成したという報告もある。ただし、この数字にはあまり大きな意味がない。あらゆる状況でこれほど高い精度を達成できるとは限らないからだ。それでも数年後には、想定外の要素が少ない通常の店舗内などでは、大半の顧客の顔認証が実現する可能性が高い。

屋外や公共スペースでの顔認証は、環境や人の動きが一定せず、空間の多様性も大きいため、店舗内より難しい。しかし、この分野でも大きな進歩が起きはじめている。顔認証技術は、中国の多くの場所で採用されているほか、アラブ首長国連邦（UAE）のドバイ国際空港などでも導入されている。

このようなシステムは、犯罪を防ぐだけでなく、反体制派を監視する手段にもなっているのではないかと疑わずにはいられない。上海では、信号無視をした歩行者を顔認証技術で特定し、罰金を科して、バス停に顔写真も掲示しはじめたという（当然、政府が管理するデータベースの個人データとも照合される）。

この話を聞いて、あなたは素晴らしいことだと思うだろうか。遠くない将来、公共スペースを訪れるときは、自分の行動が記録されると覚悟しなくてはならなくなる。そのデータを検索することで、あなたがいつどこにいたかはかなり正確に把握されてしまう。

いま必要なのは、顔認証についてもっと議論することだ。個人データのどのような扱い方を基本設定とし、一人ひとりがその扱いを拒否する自由をどのように認めるかも、徹底的に検討しなくてはならない。人々がみずからの顔の画像データに対してもつ権利を強化することも考えたほうがいい。個人の歩き方の特徴に関するデータについても、同じことが言える。[12]

大盗聴時代がやって来る？

将来の懸念材料としては、私的な会話の録音も見過ごせない。新しいテクノロジーが登場して、プライベートな会話を遠隔で録音することが昔より容易になった。その音声データをオンライン上に公開することも難しくない。

録音機器の性能がさらに向上すれば、完全に密閉された空間でないかぎり秘密を完全には守れない時代がやってくるかもしれない。公園で散歩しながら会話するときも油断できなくなる。電子メールに書く内容を慎重に考えることは当たり前になったが、プライベートな会話で何を話すかにも細心の注意を払う必要が出てきかねない。なにしろ、離れた場所にある装置で録音されたり、ことによると昆虫に見せかけた超小型ドローンで録音されたりする可能性もある。

アメリカの多くの州が本人の同意なき録音を法律で禁じていることは、朗報と言える。しかし、こっそり録音された会話が何者かによりインターネットで公開されたり、ツイッターで拡散されたりすれば、キャリアが台無しになりかねない。今後、このような出来事が増えていくだろう。それに対処するために、法律を厳格化し、国全体で統一する必要がある。私たち一人ひとりも、発言に気をつけたほうがいい。そもそも、礼儀正しい言葉遣いはもっと重んじられていいはずだ。その重要性がいっそう高まると思えばいい。

日常生活への「モノのインターネット（ＩｏＴ）」の導入が進めば、家庭内ですらプライバシーが守られるとは限らなくなる。ガレージの扉やステレオやテレビに口頭で指示するだけで思いどおりに動かせるのは、確かに素晴らしい。しかし、これが機能するためには、機器がつねに家族の言葉を聞いていなくてはならない。家族の言い争いや、親が子どもを叱る言葉や、同僚の悪口や、ベッドの中で立てる物音も（オーガズムに達したときに上げる声も）聞かれてしまう。

「家電類は私の言葉を盗み聞きなんてしていない。呼びかけの言葉を言ったときだけ、聞くようにできている」と思う人もいるだろう。しかし、呼びかけられたときに反応するためには、つねになんらかの形でその場の音を聞いている必要がある。それに、収集された音声データは、その後どのように扱われるのか。プライバシーが確実に守られ、家庭内での会話が第三者に知られたりはしないと言いきれるだろうか。

私たちの身の回りは、家電だけでなく、自動車も含めてこの種の機能を備えた機器で溢れるようになる。そのすべてが安全だと言えるだろうか（あなたは自分の私的な情報がどれくらい国家安全保障局の手に渡っている可能性があるか把握しているだろうか）。自宅のアレクサがハッキングされて、家族の会話を聞き取る機能が密かに「オン」にされる恐れがないと、確信をもてるだろうか。その答えは、私もわからない。商品が発売されてしばらく時間が経ち、十分な検証にさらされるまでは、誰も知りようがないのだ。

いまのところ、私はこの種の機器を使いたいとは思わない。しかし将来は、このような機器を利用しなければ、家電を使ったり、家庭生活を送ったりできない時代になるかもしれない。そうした日が来たときは、自分の発言にいっそう気をつけなければならない。自宅内でも警戒を緩めないつもりだ。というより、自宅内でこそ慎重であるべきなのかもしれない。自宅での会話は、誰の発言かが特定されやすいからだ。

これはSFの世界の話ではない。すでに、捜査機関がアマゾンに対して、アレクサを搭載したスマートスピーカー「エコー」の音声データの提出を求めるケースが出てきている。たとえば、2015年にアーカンソー州ベントンビル在住の男性が浴槽で溺れ死んだ事件では、警察が現場の状況を知るために、アレクサの音声データを得たいと考えた。もっとも、警察はデータの提出を求めるまでもなく、ハッキングによってデータを入手する能力をもっている可能性もある。本書執筆時点でいくつもの裁判が係争中であり、こうした問題がどのように決着するかは明らかでない。

もちろん、あなたは殺人を犯したりはしないだろう。それでも、いっさい法律を破っていなくても、税金に関する夫婦の会話を税務署員に聞かれたくはないはずだ。

捜査機関がデータの提出を求めないまでも、ハッキング可能なものはすべてハッキングされると思っておいたほうがいい。スマートスピーカーが聞き取る音声も例外ではない。たとえば、ハッカーが機器を「オン」にして、音声を記録させる可能性もある。

思わぬことで音声が記録されてしまう可能性も完全には排除できない。「アレクサ」という名前の友人に話しかけたり、ミクロ経済学者にとっておなじみの数学用語「辞書式順序《ア・レキシコグラフィック・オーダリング》」を口にしたとき、それが人工知能アシスタントを作動させないとも限らない。

ビッグデータへの関心が高まった結果、プライバシーの喪失に拍車がかかることも考えられる。とくに、いわゆる確率論的なプライバシー喪失が起きる可能性が高い。

たとえば、あるソフトウェアがあなたの購買傾向を把握していて、そのソフトウェアが顔認証プログラムと連携した場合、ある店でマットレスを購入した人物が60%の確率であなただと判断されるかもしれない。このとき、別のソフトウェアにより、あなたが最近引っ越したばかりだという情報がもたらされれば、マットレスの購入者があなたである確率は83%に高まる可能性がある。こうした推論に基づいて、あなたはインターネットで寝具の広告を見せられることになる。

この場合、あなたがマットレスを買ったとは誰も断定できない。それでも、相当な精度の推論を導き出せる。同様のことは、あるタブレット型端末とスマートフォンとパソコンを同一人物が使っていると突き止めるためにもおこなわれている。この試みはかなり成功しているらしい。あなたがどの端末でインターネットを利用しても同じ広告が表示されるのは、そのためだ。

私たちのオンライン上での活動が増え、企業などがビッグデータに対していだく関心が強まり、しかも人々の行動を追跡するテクノロジーがいっそう進化したとき、こうした確率論的推測がどのような状況を生み出すかを予測することは難しくない。私が恐れているのは、私たちの人格的欠点や弱みがすべて（確率論とはいえ）公《おおやけ》になってしまうことだ。

あなたがやや多めにウィスキーを購入していたり、「医療用大麻」に強い関心を示しすぎていたりした場合、どのような結果を招くか。私のように退屈な人生を送っている人間は、その情報が公になっても大したダメージはなさそうだ。しかし、これから新しいキャリアを踏み出そうとしている人は、そうはいかないだろう。

ハッカーは電子医療データを狙う

もう一つの不安材料は、電子医療記録だ。医療改革を推し進める人のなかには電子医療記録の利点を強調する人が多いが、私は悪用の不安を感じずにいられない。全国規模の電子医療記録システムが整備されて、病歴など、全国民の健康上のデータがすべてそこに集約される未来を想像してほしい。何者かが（あるいは敵対的な外国勢力が）データベースに侵入してデータを盗み出し、誰かが閲覧できるようにしたり、全世界に公開したりしたら、どうなるか。プライバシーの重大な侵害と言わざるをえない。

なんらかの「心の病」（これは私の好きな言葉ではないが、私がどのようなものを念頭に置いているかはご理解いただけるだろう）やそのほかの病気を患ったり、不適切な行動を取ったり、不運な出来事に見舞われたりしたことがある人は、生涯にわたり烙印を押され続ける。病歴に基づく統計的差別が生まれ、人生の「セカンドチャンス」が大幅に縮小してしまう。

そうなれば、病院を受診することをためらう人が増えるだろう。子どもを医療機関にかからせない、少なくとも精神疾患ではそれを避ける親も出てくるかもしれない。医療機関でなんらかの病気だと診断されれば、子どもの将来の就職に響く恐れがあるからだ。

しかも、医療の現場では病気でない人が誤って病気と診断されるケースがしばしばある。精神疾患の分野では、とくにその傾向が甚だしい。精神疾患は正確な診断がひときわ難しいのだ。そもそも、病気を定義することも簡単でない。

医療データのプライバシーをめぐる状況は、多くの人が思っているより悪化している。たとえば、2015年の1年間で起きた医療関連の情報漏洩は720件を超す。このうち、とくに大規模な7件で盗み出された個人データは、合わせて2億人分近くに上っている。

盗まれた情報は、詐欺やなりすましなどのために悪用される危険がある。2015年2月には、医療保険大手アンセムがハッキングを受け、約8000万件の個人情報が盗まれたことが明らかになった。ハッカーの狙いは、主に虚偽の税務申告をして還付金を受け取ったり、他人名義でクレジットカードを申し込んだりすることだったらしい。

これまで明らかになっている範囲では、社会保障番号など、金融関連の情報がハッキングの標的になる場合がほとんどだ。患者の医療上のプライバシーが狙われたケースは多くない。しかし、将来は、私たちの医療上のプライバシーが丸裸にされたり、それに近いことが起きたりする可能性が十分にある。

たとえば、あなたが過去に精神疾患の治療を受けたことがあるとする。その病歴が記されたデータベースがハッキングを受け、あなたのもとに電子メールで脅迫状が届く。ビットコインで1万ドル相当を支払わなければ、この情報を公開するぞ、と。おそらく、そのような事件は現実に起きている。メディアで報じられていないだけだ。[13]

あまり知られていないが、ハッカーたちはすでに病院の電子医療記録を標的にしている。具体的には、病院のデータベースに侵入してデータを盗み出し、病院の手が届かない場所にそのデータを保管する。そして、自分たちが本当に秘密情報を入手していることを病院に納得させ、「身代金」を請求するのだ。

個人の医療記録を闇市場で販売すれば、クレジットカード情報より10倍も高く売れる。たいてい、病院は言われるままに金を支払い、被害をあまり公にしない。病院経営のことを考えれば、情報セキュリティの甘さをわざわざ宣伝したい病院はないからだ。

とはいえ、このように穏便に決着する場合ばかりではないだろう。ハッカーが病院だけでなく患者を脅迫する時代が来るかもしれない（すでにそうした事件が密かに起きていても不思議はない）。あるいは、金を請求せず、いきなり情報をばらまくハッカーが登場する可能性もある。ハッカーがハッキングされて、データがさらに別の勢力の手に渡る場合もあるだろう。

病院は、金を払っても結局は情報が公開されるのではないかと疑ったり、要求額が高すぎると思ったりすれば、要求を突っぱねるケースもあるかもしれない。ハッカーが同じデータを材料に何度も金を要求し、しまいに交渉が決裂してデータが公開されてしまうケースもあるだろう。人間の誘拐事件で被害者が無傷で解放される場合ばかりではないのと同じように、情報の誘拐事件も穏便に解決される保証はない[14]。

しかし、この問題も広い視野で考えることが重要だ。ほとんどの場合、最も悪いのは犯罪者であってテクノロジー企業ではない。それに、テクノロジーが進歩すれば、サイバーセキュリティが強化されることも期待できる。とはいえ、新しいテクノロジーが登場するたびに、新しいタイプの犯罪が出現することは間違いない。イノベーションを実現した企業に道義的責任はないにしても、この点に関する懸念は強まるばかりだ。

テクノロジー企業は過小評価されている

このほかには、遺伝子検査にまつわる問題が起きる可能性もある。民間遺伝子検査サービスでは、口の内側をこすってＤＮＡサンプルを採取し、ＤＮＡ検査会社（23andMe社が最も有名だ）に送ると、検査結果が送り返されてくる。具体的には、特定の病気にどの程度かかりやすいかという情報（この情報を提供することには一定の法的規制が設けられている）、その人の民族的ルーツに関する情報、血縁関係があるかもしれない人物についての情報などが知らされる。

現状でプライバシーの問題がまったく起こりえないとは言わないが、この程度であれば手に負えないほどではない。それに、いまのところ遺伝子検査会社から漏洩した個人情報が一般に公開される事件は起きていない。

しかし、遺伝子検査がもっと高度化したらどうなるか。あなたの遺伝子情報を解析すれば、あなたがどの程度まじめな人物か、ＩＱがどのくらい高いか、どのような性質の持ち主か、どのくらい鬱病になりやすいかなど、未来の雇用主や交際相手が知りたいことを推測できるようになるかもしれない。ほとんどの場合は確率論的な情報にすぎないが、それでも価値の高い、裏を返せば当人にとっては厄介な情報だ。

このような時代が本当に訪れると決まったわけではないが、もしそうなれば、プライバシー侵害の危険はいっそう高まる。人々が遺伝子情報の提供を求められる場面は増えるだろう。たとえば、就職の採用面接で遺伝子情報の提供を求められたとき、それを拒んだらどうなるか。その会社はあなたの採用を見送るかもしれない。あるいは、面接で勧められたコーヒーを飲んだら、カップからDNAサンプルを採取されるかもしれない。ましてや、誰かと交際していれば、自分の遺伝子情報を完全に守り抜くことは不可能に近い。いったん遺伝子情報が「流出」すれば、それが拡散されることを覚悟しなくてはならない。

好ましい（もしくは好ましいとみなされる）遺伝子情報の持ち主は、みずから進んで公開データベースに情報を登録するようになるだろう。その結果、情報を公開しない人は、遺伝子情報が「劣っている」とみなされる可能性が高い（自分の犯罪歴や逮捕歴を公開する人としない人がいた場合、公開しない人は、好ましくない前歴の持ち主だと推測されてしまう。それと同じ理屈だ）。データがハッキングされて、内部告発サイトのウィキリークスのような場所に公開されることも考えられる。データが盗まれてしまえば、「身代金」を支払ったとしても秘密を永遠に守り続けることは難しそうだ。

SF作家のデイヴィッド・ブリンが1998年に発表した著書『透明な社会』（*The Transparent Society*）は大きな話題になった。ブリンによれば、プライバシーが失われつつあることは事実だが、それは好ましいことなのかもしれない。汚職が減り、人々の本当の人間性がオープンになり、個人の評判や能力をチェックしやすくなる利点があるというのだ。この現象は「プライバシーの喪失」であると同時に、「透明性の拡大」とみなすこともできると、ブリンは主張する。

この本の出版当時、私はこうした主張に説得力を感じた。しかし、いまは考え方が変わった。まず、公開性と透明性を高めることで真実が引き出されるケースは、一般に思われているより少ないらしい。その証拠に、ほとんどの情報がインターネット上に存在する時代になったにもかかわらず、一部の政治家は昔よりたくさん嘘をつくようになった。しかも、インターネットの世界には、そのような政治家の主張を支持する個人や機関がたくさん存在する。

透明性が高まれば汚職が減るという効果も、言われているほど大きくはないようだ。ドナルド・トランプを思い浮かべればいい。立場を利用して私的な利益を追求した疑いが明るみに出ても、事実無根だと強弁したり、嘘をついたりして切り抜けてきた。あらゆる情報が出回る世界では、異なる「真実」を述べる複数の情報源がつねに併存する。そのなかで最も信頼性の高い情報源を見いだすことは、非常に難しい。

ただし、明るい材料もある。プライバシーを守るテクノロジーが、プライバシーを奪うテクノロジーを凌駕する可能性も十分にある。テクノロジー企業を含む民間企業はすでに、プライバシー保護を強化するために多くの努力を払っている。

たとえば、オンライン上でやり取りするメッセージを暗号化することは昔より簡単になった。アメリカ政府の安全保障機関が反対しなければ、もっと早くそれが実現していただろう。テロリストや犯罪者に悪用される可能性を考えて、暗号化技術の普及を好ましいことと考えない人もいるかもしれない。しかし、テクノロジー企業がプライバシーを守っている場合もあることはわかるだろう。企業が提供しているプライバシー保護の手段としては、このほかにプリペイド式携帯電話や使い捨て電子メールアドレスなどもある。

プライバシー保護を強化するためには、昔ながらの方法も有効だ。車内の様子が見られないように自動車のウィンドウにフィルムを貼ったり、周囲に建物がない土地に家を建てたりすることは、前からおこなわれてきた。

知り合いと出くわす可能性が小さいショッピングモールや映画館やレストランを探して、そこで誰にも知られずに買い物をしたり、商売をしたりすることも、昔より簡単になった。エスニック料理にはさまざまな魅力があるが、今日のエスニック料理店は、目立たずに食事ができるという魅力もあるように思える。とくに、味つけがスパイシーでマニアックな店ほど、プライバシーが守られやすい（ただし、そのエスニック料理を食べる民族の人はこの作戦を使えない）。

アメリカの大都会および郊外住宅地と小規模な地方都市とを比較した場合、個人のプライバシーが守られているのはどちらだろう。人口密度の高い都会の住人のほうがインターネットをよく利用しているが、プライバシーは守られているように見える。

その大きな理由は、都会には人が大勢いること、そして、レストランやスーパーマーケットにせよ、政治集会の場やそれ以外の場にせよ、選択肢が豊富なことだ。都会や郊外住宅地でプライバシーを守りやすいのは、主として企業と経済活動が集中しているからなのだ。

もっと極端な比較をしてみよう。今日のアメリカの都市部と、インターネットが通じていないインドの農村部を比較すると、プライバシーが守られているのはどちらか。この問いの答えは、言うまでもないだろう。企業と経済活動は、総合的に考えると個人のプライバシーを高めているのだ。この状況が永遠に続くとは限らないが、現時点で企業と経済活動はプライバシーを損なうよりも守る役割を果たしている。

要するに、大企業が個人のプライバシーに対する最大の敵だと決めつけるべきではない。ほとんどの人は、グーグルやソーシャルメディアよりも、友人や同僚のゴシップによってプライバシーを脅かされる危険が大きい。インターネットによるプライバシー侵害とインターネット以外によるプライバシー侵害の程度を正確に比較する方法は見当たらないが、ゴシップはインターネット以前から存在し、とりわけ深刻なプライバシー侵害はいまでもリアルの世界で起きている場合が多い。

それに、根も葉もない悪口がソーシャルメディアに書き込まれたケースと異なり、ひそひそと交わされる陰口には対抗しようがない。職場で上司に同僚の悪口を吹き込み、サボっているとか、遅刻ばかりしているとか、過度の飲酒癖があるとか、社内の誰かと肉体関係があるなどと言う——この種のゴシップや嘘は、ソーシャルメディアなどのインターネット上のプライバシー侵害よりも厄介な場合がある。

公立の中学と高校は、プライバシー侵害による悲劇がとくに多い場所の一つだ。それはたいてい、ゴシップによって起きる。家族のスキャンダルや、友人同士の仲たがい、恋の駆け引き、スポーツの能力、狭量な嫉妬による揶揄など、中学生や高校生が関心をもつ個人のプライバシーがゴシップの対象になる。親も学校のゴシップを気にするときがある。噂話がいじめにつながったり、子どもの学業成績に悪影響を与えたりする場合があるからだ（そうしたケースは少なくないように見える）。

ゴシップの弊害は、インターネットが登場するずっと前から、というより、まだ電気すらなかった頃から存在した。アメリカの中学や高校のおぞましい現実は、普通の人間がときに残忍なまでに他人のプライバシーを暴き立てる習性をもっていることを浮き彫りにしている。そうした行為は、しばしば口コミや電話などの原始的な方法でおこなわれる。テクノロジーがそれをエスカレートさせている面もあるかもしれないが、テクノロジーのおかげで人々がいじめからの逃げ場を得られる場合もある。

最後に、もう一つ指摘しておきたい。あなたがこの本を読む頃には、テクノロジー企業をめぐる新しい問題が持ち上がっているだろう。それはハッキングの問題かもしれないし、独占禁止法や政治スキャンダル、個人データの乱用に関連した問題かもしれない。あるいは、もっとほかの問題かもしれない。おそらくあなたは、新聞やケーブルテレビのトーク番組など、主流メディアを通じてその問題を知ることになる。

そうしたメディアの多くは、財務面で苦境に立たされている。その大きな原因は、オンラインサービスの発展により視聴者や読者が流出したことや、ネット広告に広告収入を奪われたことだ。主流メディアの最大の競争相手は、フェイスブックとグーグルと言っても過言でない。

そのようなメディア企業がテクノロジー企業について報じる場合、どこまで客観的な報道を期待できるのか。メディア企業は自社の最大の競争相手について報じるに当たり、いつも記者たちに要求しているような利益相反防止のルールをみずからに課しているだろうか。

私は、テクノロジー企業の過小評価に拍車がかかっているという基本認識を変えるつもりはない。

第7章

ウォール街は何の役に立っているのか

What Is Wall Street Good for, Anyway ?

金融業の功罪

２００８年の金融危機とそれに続く大不況以降、金融業界は政治家や言論人から批判を浴び続けてきた。新聞の紙面では、「エリザベス・ウォーレン上院議員、大手金融機関への強硬姿勢を崩さず」（ウォール・ストリート・ジャーナル紙）のような見出しを見ることが多い。

本章では、もっと広い視野で金融業界の功罪を考えることを提案したい。お察しのとおり、私はアメリカの金融業界が批判されすぎていて、過小評価されていると感じている。この主張を裏づけるために、まず金融の歴史を振り返ってみよう。

西洋文明の興隆は、金融の興隆と足並みをそろえて進んだ。たとえば５０００年前、中東に世界最古の高度な都市国家を築いたシュメール文明は、簿記と会計、融資、金融の仕組みを大きく発展させていた。これに限らず、偉大な文明の出発点は金融の発展だった場合が多い。それがヨーロッパと中東の発展を形づくった。古代ギリシャの都市国家も、融資と蓄財を可能にする高度な金融システムを擁していた。

ルネサンス期にギリシャ・ローマ文化の復興運動が起こり、資産家が芸術家を庇護したのも、高度な金融システムの賜物だった。ルネサンス期は、融資、資本の集積、手形など、金融システムが発展し、ヨーロッパ各地が強く結びついた時代だった。中世の素朴な貸金業が大規模で制度化された金融業に変貌し、それが経済成長の原動力になったのだ。この時期、会計手法も進歩し、帳簿作成技術をはじめ、近代国家の土台を成す要素の多くが整った。

その後、金融と政府の借り入れが活発になったことで、イギリスは融資大国として強大な力を蓄えるようになり、大陸ヨーロッパ諸国による侵略や攻撃から自国を守ることができた。その結果として、イギリスで産業革命が実現した。金融の発展は、文明の発展に、そして西洋社会の興隆に欠かせない要素だったのである。

金融の興隆は、概して経済に好ましい影響を及ぼし、ほとんどの市民にも好ましい結果をもたらした。金融の発展が経済成長をもたらしたのか、それとも逆に経済成長が金融の発展を促したのかは議論の余地があるが、おそらく両方の面があるのだろう。

経済成長を持続させるためには、金融を通じて新しい富が資本として分配されることが不可欠に思える。金融の力によって、社会の富が有効な投資に回る。この機能が果たされなければ、経済成長は軌道に乗らない。

アメリカも例外ではなかった。アメリカの建国、開拓地への入植、国際都市ニューヨークの台頭は、ことごとく金融の賜物だった。こうした発展を好ましいことと考えるなら、金融の役割も評価すべきだ。このような考え方は、歴史上おおむね支持されてきた。

もちろん、異論がなかったわけではない。過激なジェファーソン流民主主義者は、金融に対して漠然とした疑念をいだいていて、アメリカの工業化全般にも消極的だった。19世紀のアメリカでは、反金融業界の主張がよく聞かれた。その批判は、昨今の金融業界批判に通じるものがある。寄生虫のように国民を食い物にする金融業者は、汚職や不正にまみれていて、政界の庇護を受けて法的な特権を獲得し、市民の富を吸い上げていると批判されていた。

しかし、少なからず問題点もあったにせよ、アメリカの金融セクターは、道路や運河、港湾、のちには鉄道と電力網を全米に張り巡らせるうえで大きな役割を果たした。これらの社会・経済基盤は、アメリカを一つの国として一体化させ、世界で有数の豊かで自由な国に成長させた。それに対し、反金融派が描く理想の世界像は、たいてい農業中心で、エネルギーをあまり消費せず、社会の流動性が小さくて人々がそれほど地理的に移動しない世界だ。

アメリカの歴史でもう一つ見落とせないのは、19世紀半ばの南北戦争と金融の関係だ。北部のほうが充実した金融システムを築いていなければ、南北戦争で北軍が勝利し、奴隷解放が実現することはなかっただろう〔1〕。

左派も右派も金融が大嫌い

歴史上、金融セクターがしばしば暴走してきたことは事実だ。金融が経済を過熱させてバブルを生み出したケースや、規制に不備が見られたケースも多かった。ルネサンスの興隆やアメリカの発展が実現する過程でも、金融のあり方にまったく問題がなかったわけではない。

それでも、金融の発展は基本的に、経済の発展を、さらには芸術や思想の進歩、国民国家の形成など、文明の輝かしい発展を後押ししてきた。この点は、イェール大学のウィリアム・N・ゲッツマン教授が、著書『マネーはすべてを変える』（*Money Changes Everything: How Finance Made Civilization Possible*）で指摘しているとおりだ。もし金融のイノベーションが前進していなければ、西洋世界は現在よりはるかに発展が遅れていて、創造性に欠け、端的に言えば幸せな場所ではなかったに違いない。数百年後の子孫たちも、歴史を振り返れば同様の結論に達するだろう。

ところが、2008年の金融危機後、人々の認識が変わりはじめた。金融業界を激しく批判する論者が増えている。2016年のアメリカ大統領選で大方の予想を裏切る大健闘を見せたバーニー・サンダース民主党上院議員は、金融業界に対して猛烈な批判を展開した。この点では、同じく民主党のエリザベス・ウォーレン上院議員も同様だ。多くの知識人、インターネット上の論客、さらには勤労者階級の人々が金融機関に対して——自分たちのイメージのなかの金融機関に対して、と言うべきかもしれないが——強い嫌悪感を示している。

これは、左派だけに見られる現象ではない。2016年に共和党が掲げた政策綱領でも、商業銀行と投資銀行を分離したグラス・スティーガル法の復活が謳われていた。大手金融機関を解体することが目的だ。ジョージ・W・ブッシュ共和党政権で「不良資産救済プログラム（TARP）」を取り仕切ったニール・カシュカリ元財務次官補も、金融機関の解体を主張してはばからない。

トーマス・コーニグやアーノルド・クリングなど、一部の保守派やリバタリアン（自由至上主義者）は、独占禁止法をもっと厳しく適用し、小規模な金融機関がいくつも分立する状態をつくり出すべきなのかもしれないと述べている。もし金融機関が「大きすぎてつぶせない」なら、そもそも金融機関が大きすぎることが問題だ、というわけだ。

実際、金融業界が顧客を食い物にした例は多い。2007年、ウォール街の五大企業が幹部に支払った報酬の総額は390億ドルに上った。しかし同じ年、株主の資産は800億ドル以上目減りした。住宅ローン大手カントリーワイドのCEOだったアンジェロ・モジロは2007年、ストック・オプション（自社株購入権）を行使して、1億2100万ドルを手にした。この年、同社は7億4000万ドルの赤字を計上している。モジロは、金融危機に先立つ住宅バブルの時期に無責任な融資をおこなったことでも批判を浴びた。

ペイデイローン（次の給料を担保とする小口の短期ローン）を扱う消費者金融業者は、法外な金利を設定しているように見えるし、多くの証券ブローカーは、（好ましい投資先ではないとわかっていても）手数料やリベート目当てに株式を推奨してきた。金融危機を生み出したこと以外にも、金融業界の不適切な行動は後を絶たない[2]。

金融業界が優秀な人材をかき集めているという批判もある。確かに、金融危機以前、卒業を前にしたハーバード大学の学生は、多くが金融の仕事に就くことを望んだ。金融危機直前の2007年には、同大学の新卒者の47％が金融業界の職に就いている。2013年にはその割合が15％まで下がり、大きな割合ではあるが、以前ほど途方もない数字ではなくなった。

それでも、金融が若者にとって魅力的な分野であることは確かだ。金融の世界では、頭がよければ、長い年数を費やして経験を積まなくても、短期間で出世し、大きな影響力を振るえる。若者の強みがものを言う分野なのだ。頭の回転の速さ、長時間にわたり頭脳をはたらかせるスタミナ、そして新しい金融商品やトレーディング手法を学ぶスピードなどが大きな意味をもつ。[3]

近年は、テクノロジー業界の地位が高まり、給料やボーナスも充実してきた。優秀な若者が昔ほど金融の仕事に関心を示さなくなった背景には、そのような事情もある。金融は、かつてのようにカッコよい世界ではなくなったのだ。「大きくなったら悪徳銀行家になりたい」という子どもがどこにいるだろう。

こうした変化は、バランスを欠いた状態が是正されつつあることのあらわれと言える。しかし、金融批判派はまだ満足できないらしい。ウォール街で働きたいと強く願う若者がいなくならないのは、社会への貢献度に釣り合わない巨額の給料を受け取れる可能性があるからだというのだ。

金融の本質の一つは、大ざっぱに言うと、低利回りの資産を高利回りの資産に転換することだ。これは、かならずしも悪いことではない。誰だって高い利回りを得られればうれしい。金融ビジネスで莫大な財を築く人がいるのも理解できる。しかし、金融にさまざまな落とし穴があることも事実だ。金融がマーケットを過熱させてバブルをつくり出したり、詐欺が横行したりするときもある。利益を追求するあまり、過度な借り入れや資金供給の抑制、軽はずみな行動を助長する恐れもある。

それでも本章では、金融業界の恩恵が弊害より大きいことを示したい。その恩恵は非常に大きく、弊害とされているものも一般に言われているほど大きくない。本書で繰り返し述べてきたように、大企業は過小評価されている。それがとくに極立っているのが、金融業界だ。金融の恩恵を知れば、そうした認識も変わるだろう。

ベンチャーキャピタルはイノベーションの牽引役

アメリカのベンチャーキャピタルの仕組みは、世界の羨望の的になっている。あなたが新しいビジネスのアイデアをもっていても、株式上場により資金調達をおこなうのに必要な信用がまだない場合は、ベンチャーキャピタルから投資を受けるという道がある。「ベンチャーキャピタル」という言葉は微妙に異なるさまざまな意味で用いられているが、基本的には、新興企業の事業計画と人材の質について念入りに評価をくだし、潜在的な成長力が大きいとみなせた企業に初期段階で投資すること、と考えればいい。

アメリカ経済は、このプロセスを機能させることに長けている。2015年のデータによれば、アメリカのベンチャーキャピタルの投資額は580~770億ドルと見積もられている。この年に成立した取引は8100件近く。超大型取引（投資額1億ドル以上）は74件に上る。[4]

ベンチャーキャピタルは、銀行が融資しないようなリスクの大きいアイデアに次々と投資してきた。聡明な起業家が新しいウェブサービスのアイデアを思いついたとしよう。このアイデアは2%の確率で大成功を収めるが、失敗に終わって会社がつぶれる確率が98%ある。銀行は、資金の回収を最優先に考え、この種のビジネスに関心を示さないため、成功した場合の恩恵に浴せない。また、新興企業が質の高い担保を提供できないことも、銀行に二の足を踏ませる要因になっている。

一方、ベンチャーキャピタルは、成功の確率が乏しいことを承知のうえで投資をおこない、成功した場合に恩恵を手にする。ベンチャーキャピタルは、何十社、時には何百社にも投資する。その大半が失敗しても、ごく一握りが成功するだけで十分な利益を得られると考えているのだ。

ベンチャーキャピタルが新興企業に提供するのは、資金だけではない。専門知識や経験を提供する体制も整えている。助言や指導、メンタリングや監督もおこなう。

シリコンバレーのベンチャーキャピタルが最も力を入れるのは、新興企業の人材の質を見極めること、そして、投資先企業が優れた人材を採用し、適切な取締役をそろえ、有用な人的ネットワークをはぐくむのを支援することだ。有能なベンチャーキャピタリストは人を見る目が肥えていて、人と人とを結びつけ、ほかの人たちの活動を後押しすることに長けている。投資を通じて創造的活動に人材を結集させ、大きな成果を生み出させているのだ。この点で、ベンチャーキャピタルは、人々の能力を最大限発揮させる役割を果たしていると言える。

金融ビジネスは、資金をやり取りするだけではない。その証拠に、金融ビジネスは特定の地域に集中する傾向がある。昔ながらの銀行融資や投資はニューヨークやロンドン、ベンチャーキャピタルによる投資はシリコンバレーやイスラエルのテルアビブ、映画製作の資金調達はハリウッドという具合に地理的集積が生まれるのは、金融が個人の信頼関係を土台にしている部分が大きいからだ。

投資家は、取引相手と直接会い、評価をくだし、監視し、助言を送りたい。そのためには、人的ネットワークに属する人たちがある程度地理的に近い場所にいる必要があるのだ。大規模な金融センターは、多様な人材が結びつきやすい場所に花開く。ニューヨーク、ロンドン、シリコンバレーは、金融以外の分野でも人材の集積地としての機能を果たしている。アートやエンターテインメント、料理などの分野で、そしてシリコンバレーの場合はプログラミングやマネジメント、未来予測などの分野でも、そうしたことが起きている。

ベンチャーキャピタルは、世界中できわめて希少な存在だ。ベンチャーキャピタルを支える人的ネットワークはきわめて繊細なもので、ほかの土地で再現することが難しい。強い信頼関係で結ばれていて、互いに支え合えるような人的ネットワークは、どこでも築けるものではないのだ。

一般に、ベンチャーキャピタルと言うと、シリコンバレーとテクノロジー業界のイメージが強い。実際、大手テクノロジー企業はほぼすべて、最初はベンチャーキャピタルの支援を受けて出発した。しかし、ベンチャーキャピタルはテクノロジー業界だけを対象にしているわけではない。いわゆる情報テクノロジー企業への投資を専門としているものは、全体の20%程度にすぎない。ほとんどが3種類以上の業種の企業に投資している。特定の業種を専門にしないゼネラリストを称するベンチャーキャピタルが39%に上る[5]。

製薬業界も、ベンチャーキャピタルが大きな役割を果たしてきた分野だ。この傾向は、今後も続くだろう。ベンチャーキャピタルの約13%は、広い意味でのヘルスケア分野を専門にしている。この分野には、情報テクノロジーも関係してくる場合が多い。

テクノロジー全般に言えることだが、製薬やバイオテクノロジー関連のイノベーションを目指す取り組みは、失敗に終わる確率が非常に高い。そのため、銀行のような従来型の金融機関はどうしても融資に腰が引ける。しかし、成功した場合に得られる利益は計り知れない。社会全体に及ぶ恩恵もきわめて大きい。

銀行から融資を受けにくい企業は、株式への出資を募る場合もある。ところが、バイオテクノロジー関連のプロジェクトは、規模が小さく、未成熟で、内容を説明しにくいため、株式上場が難しい。その結果、この分野のイノベーションは、ベンチャーキャピタルによって支えられている場合が多い。もし癌治療に成功する人が増えたり、多くの人が120歳まで生きるようになったりすれば、私たちが感謝すべき対象はベンチャーキャピタルなのかもしれない[6]。

ベンチャーキャピタルは、太陽光発電、電気自動車部品、新しいバッテリー技術などへの関心も強めている。これらの分野でも、新しいアイデアはたいてい資金面のリスクが大きい。もしアメリカ経済がいつか再生可能エネルギーに転換することがあれば、それはベンチャーキャピタルの功績という面が大きい。

米国ベンチャーキャピタル協会によれば、ベンチャーキャピタルに支援された企業は、アメリカのGDPの21%、民間部門の雇用の11%を占めている。こうした業界団体が発表するデータにどのくらい客観性があるかはともかく、ベンチャーキャピタルが投資額を大きく上回る好影響を社会に及ぼしているという点では、ほとんどの専門家の見方が一致している。

初期にベンチャーキャピタルから支援を受けた企業のなかには、マイクロソフト、アップル、グーグル、シスコシステムズ、イーベイ、アマゾン、アムジェン、アドビシステムズ、スターバックス、シマンテック、ウーバーなどが含まれる。ある推計によれば、アメリカで毎年創業される約50万社の新興企業のうち、ベンチャーキャピタルの投資を受けている企業は約1000社にすぎない。

しかし、株式上場する企業の60％以上がベンチャーキャピタルの支援を受けている。ベンチャーキャピタルの支援を受けた新興企業は、アメリカの上場企業の株式時価総額の約20％、研究開発支出の約44％を占めているとの推計もある。[7]

成功の確率は低いかもしれないが、ベンチャーキャピタルは未来の勝者を見いだして資金を提供することに成功してきたと言える。しかも、ベンチャーキャピタルはたとえ破綻しても、政府による救済や資金援助を求めることはほとんどない。

ベンチャーキャピタルや関連の投資により経済のあり方が大きく変わった土地は、シリコンバレーだけではない。ボストン、ブルックリン（もしニューヨーク市の一部でなかったら、この地区はアメリカで第4位の大都市だ）、テキサス州オースティンにも同じことが言える。

どうしてオースティンに質の高いレストランが多く、散策するのが楽しいオシャレなショッピング街があり、高学歴層の割合が急上昇しているのかと思っている人も多いかもしれない。この変化を生み出した大きな要因がベンチャーキャピタルなのだ。

ブルックリンでも、ベンチャーキャピタルの後押しにより再開発が進み、犯罪が減った。ボストンには、ベンチャーキャピタルの支援を受けた企業、とくにバイオテクノロジー企業の存在感が大きい地区が多い。また、ボストンにベンチャーキャピタルが多いおかげで、地元のマサチューセッツ工科大学（MIT）、そして（MITほどではないにせよ）ハーバード大学が人材の集積地として君臨できている。

ほかの主要経済国では、最近までベンチャーキャピタルの活動があまり活発ではなかった。ここにきてようやく、ベルリン、ソウル、シンガポールなどでベンチャーキャピタルが誕生しはじめたところだ。

それに対し、アメリカでは1980年代から、ベンチャーキャピタルが活発に活動してきた。1946年から存在していたベンチャーキャピタルもある。半導体関連の企業は、1950年代後半には早くも、今日で言うところのベンチャーキャピタルの恩恵を受けていた（フェアチャイルド・セミコンダクター社の創業時のエピソードはあまりに有名だ）。このように早くからベンチャーキャピタル市場が生まれていたことは、ほかの国ではなくアメリカにシリコンバレーが出現した大きな理由の一つだ。

テクノロジー企業向けのベンチャーキャピタル市場が世界で2番目に大きい国はイスラエルだ。人口わずか870万人程度のイスラエルが世界2位という事実は、それ以外の国でベンチャーキャピタル市場の整備がいかに遅れているかを浮き彫りにしている。人々の信頼関係を築き、ビジネス上の人的ネットワークをはぐくむことは、それくらい難しいのだ。また、イスラエルのベンチャーキャピタル市場がアメリカから多くのアイデアやヒント、そして人材を得ていることも見逃せない[8]。

ベンチャーキャピタルは、「よい金融」と呼ばれることがある。裏を返せば、金融全般は「悪い金融」もしくは「無駄の多い金融」だというわけだ。しかし、ベンチャーキャピタルは、経済のほかの要素と無関係に活動しているわけではない。

ベンチャーキャピタルは、銀行による保証と信用状、効率的なアセットマネジメント、新規株式公開（IPO）の仕組み、流動証券の市場などのシステムに組み込まれている。アメリカの金融システム全般が機能しているからこそ、ベンチャーキャピタルが大きな成功を収められるのだ。

金融全般、なかでもベンチャーキャピタルの一つの存在理由は、一般に何が経済的に成功するかを事前に予測できるとは限らないという点にある。ベンチャーキャピタルが登場した頃は、あまりに突飛なビジネスで、投資資金を失うだけだと思われていた。ベンチャーキャピタルがシリコンバレーのテクノロジー業界とバイオテクノロジー産業でイノベーションを牽引すると予測したのは、一握りのベンチャーキャピタリストだけだった。

そうした先見の明のあるベンチャーキャピタリストたちは、莫大な儲けを再び新興企業への投資に回した。この人たちは、獲得した富をすべて安全な国債で運用したり、銀行に預けたりするようなタイプではない。ベンチャーキャピタルの世界では、成功者が莫大な富を手にし、次にどの企業が投資を受けるかを決めるのだ。

ＩＰＯの文化もベンチャーキャピタルとの結びつきが強い。もちろん、ＩＰＯをおこなう企業のすべてがベンチャーキャピタルの支援を受けているわけではないし、すべての新興企業がＩＰＯを目指すわけでもない。最近は株式を上場させないことのメリットが高まっているように見える。実際、ＩＰＯの件数は減り続けている。それでも、創業者が現金を手にしたいときは、ＩＰＯが一つの選択肢になる。ＩＰＯを実施せずにいる企業でも、創業者が「もし現金が必要になればＩＰＯを実施すればいい」と思えることの意味は大きい。

アメリカの資本市場では、ＩＰＯとベンチャーキャピタルにより、起業家・投資家のピーター・ティールが言うところの「ゼロからイチを生み出す」ことが後押しされていると言っていいだろう。

一方、成功できなかった企業は退場に追い込まれる。近年は、古いテクノロジーに資金が集まりにくくなり、老人ホーム、バイオテクノロジー、外食、高級観光旅行などの成長分野に資金が流れている。ベンチャーキャピタルは、アメリカの資本主義システムのなかで銀行融資や債券市場とともに、資金が流れる企業を選別する役割を果たしているのだ。

些細なことに思えるかもしれないが、多くの国の金融システムはこの機能をうまく果たせていない。日本や多くの西ヨーロッパ諸国は、何年もの間、あるいは何十年もの間、「ゾンビ銀行」や「ゾンビ企業」を生き延びさせてきた。そのせいで、新しいビジネスに資金が十分に流れていない。

これらの国がこのような政策を採用してきたのは、経済の混乱を抑えるためだ。しかし、それと引き換えに、長い目で見た経済の活力が失われている。債務を返済できない可能性がある老舗企業や老舗銀行が世に長くとどまると、昔の方針が変更されず、古い意思決定者が居座り続ける可能性が高まる。その結果、市場での創造的破壊と企業の新陳代謝が減速してしまう。テクノロジー企業もこの運命からは逃れられない。

産業の新旧交代という点では、アメリカはほかの国に比べて変化にうまく対応してきたと言える。それは、ダイナミズムのある企業資金調達システムの産物でもあるのだ。

株式相場が豊かな生活を可能にした

投資がつくり出す利益を増やすための一つの方法は、より多くの、そしてより幅広い層の人が株式投資の恩恵に浴せるようにすることだ。

19世紀半ば以降、アメリカの株式市場は、目を見張るような利益を生み出してきた。利回りは投資期間によって異なるが、多くの一般的な指標によれば年平均7％（インフレ調整済み）に達している。これは、資産の価値が10年間で約2倍に増えることを意味する。このペースが将来も続くかどうかはわからないが、以下では、少なくとも明らかなこと、つまり過去の成績を基準に考えていきたい〔9〕。

もちろん、7％というのは平均にすぎない。これより高い利回りを達成できる年もある半面、これを下回る利回りしか達成できない年もある。それに、すべての世帯が適切な分散投資をしているわけではない。頻繁に売買しすぎて手数料がかさみ、せっかくの利益を減らしてしまう人もいる。資産運用の助言をするファイナンシャル・アドバイザーによる詐欺行為の被害にあうケースもある。

最近のある調査によると、実際に業務に携っているファイナンシャル・アドバイザーの7％は、不適切な行動で有罪判決を受けたり、和解に応じたりした経験がある。和解金の中央値はわずか4万ドル。事件を起こしたファイナンシャル・アドバイザーが解雇されるケースは半分程度にすぎない。しかも、解雇された人の半分は業界内で再就職している〔10〕。

このような問題はあるものの、アメリカの株式市場の歴史でどの30年間を切り取っても、利回りは債券をはるかに上回る。1929年の大暴落直後に、持ち株のパフォーマンスが株式市場全体の値動きを反映するように分散投資した場合、30年後の利回りは、アメリカ国債に投資していた場合より年率で6％以上高かった〔11〕。その30年間、国債の利回りは年率1％程度にとどまった。年率1％

の投資で資産を2倍に増やすには、70年かかる。

端的に言えば、アメリカは市民に株式投資を促している国だ。2015年のデータによると、アメリカ人の55%が株式に投資している。この点で、アメリカ人は自国の金融システムから大きな恩恵を得ていると言える。一般市民が保有する株式の価値は、何千億ドルもの規模に達する。株式をほとんど、あるいはまったく保有していない人の場合も、退職金や年金は株式で運用されている場合が多い。ほかの国々で株式投資が盛んになりはじめたのも、アメリカの金融システムの功績と見ていいだろう。[12]

アメリカ人は、投資による利益をすべて貯め込んでいるわけではない。アメリカは、昔から世帯の貯蓄率が低いことで知られてきた。ほとんどの時期、貯蓄率は5%未満にとどまり、時には4%を割り込んでいた。これはアメリカにとって由々しき問題かもしれないが、貯蓄に熱心でないということは、アメリカ人の金融機関との関わりがきわめて薄いことを意味している。いずれにせよ、株式投資で高い利回りを得ているおかげで、アメリカ人は多くの消費ができている。

アメリカ人が株式投資に積極的な理由の一つは、金融市場に流動性の高い金融商品が豊富に存在することにある。アメリカの株式市場は比較的公正で流動性も高い。株式を売買したいと思えばほぼすぐに取引できるし、取引の内容は正確に記録される。投資家は換金性の面でそれほど妥協しなくても、利回りの高い金融資産を購入できる。投資家が資産を換金するのを助けることは、金融が担うべき重要な役割の一つだ。

証券会社に口座を開いたり、マネー・マーケット・ファンド（MMF）を購入したりするのも簡単だし、手数料も比較的安い。株式を保有していても、いつでも総合口座やMMFにお金を移せる。これらの点では、アメリカのシステムはうまく機能している。ほぼあらゆるリスクレベルの投資商品もそろっている。マイホームやマイカーなど、比較的売却しにくい資産を所有している人は、それを担保に金を借りることもできる。そのような融資を手がける業者は多く、借金をすることはかなり容易だ。

このように、銀行や証券会社、資産運用会社などの金融機関は、人々が株式投資をまっとうな選択肢と感じられる状況をつくり出し、それにより莫大な資金を株式市場に流入させてきた。

消費への影響という面では、アメリカの金融システムは資産を現金に換えやすくしすぎているのかもしれない。前述したように、アメリカの世帯貯蓄率はほかの豊かな国々に比べてかなり低い。しかも、今日の水準は昔のアメリカと比べても低水準にある。とくに気がかりなのは、最近、個人が退職金を担保に借金するケースが増えていることだ。

どちらかと言えば、アメリカの金融業界は、人々のニーズに、なかでもたくさん借金したいというニーズに応えすぎている。そのことを理由に金融業界を批判するのは、肥満の責任をレストランのウエーターに押しつけるに等しいのかもしれない。しかし、この指摘は、いま主張されている企業批判のなかではひときわ重大で正確な批判だ。実際、アメリカ企業は全般的に、人々に貯蓄させるより、金を使わせることを得意にしている。

アメリカの金融市場は、金融業界のマーケティングに大きく影響されてきた。その影響は主として好ましいものと言っていい。たとえば、投資信託。投資信託の起源には諸説あり、古くは17世紀に、見方によってはもっと昔にも同様の仕組みが存在した。しかし、投資信託が広く普及したのは、1980年代のアメリカだ。この時期に投資信託が普及して、一般投資家が比較的小さなコストでさまざまな企業の株式に分散投資できるようになった。

それ以降、アメリカの金融業界は投資信託を巧みに宣伝してきた。これまでおおむね利益を生んできたこともあり、アメリカ人は投資信託の購入に抵抗を感じなくなった。その意味では、広告業界がアメリカ人の資産形成を促したとも言える。資産運用会社のマーケティングは批判されることも多いが、それが一般世帯の株式投資を増やした面もあるのだろう。

1980年から2007年にかけて、投資信託などの有価証券が世帯資産に占める割合は45%から66%に上昇した。株式を保有する世帯の割合は、1989年には32%だったのが、2007年には51%、2015年には55%と増加している。これを促したのも金融業界だ[13]。

株式投資のコストが下がったことも見逃せない。1980年から2007年の間に、株式投資信託の手数料率は平均2%から1%に下がった。この変化をもたらした最大の要因は、投資家がノーロード(購入時手数料無料)の投資信託を好むようになったことだ。手数料の高い投資信託の運用成績が良好とは限らないことに、投資家が少しずつだが気づきはじめたのだ。投資家の間にそのような認識がさらに広まり、ファンド間の競争も激化して、投資信託の手数料は今後いっそう下がるだろう[14]。

アメリカの金融システムに対して指摘されている主な問題点は、アメリカの文化そのものと密接に関係している。たとえば、リスクへの積極性や、新しい商品やアイデアへの前向きさといった国民性のことだ。金融危機の発端になった2007年頃のサブプライムローン問題は、すべて金融機関によって生み出されたわけではない。問題の源泉は、短期間での蓄財を礼賛するアメリカ文化全般の風潮にあった。これは、金融や不動産の分野だけに見られる傾向ではない。

とはいえ、アメリカのオープンで楽観的な文化が好ましい結果をもたらしている面があることも事実だ。アメリカ人が株式投資により高い利回りを得ているのは、そうした文化的特徴のおかげでもあるのだ。

アメリカで株式投資が高い利回りを生んできたのは、資本市場の功績というより、企業業績の賜物なのではないかと思う人もいるだろう。実際には、この両方の要素が関係している。

アメリカの株価がおおむね好調なのは、企業収益が比較的良好だからだ。しかし、株式相場が上昇するためには、融資市場や株式市場、そしてベンチャーキャピタルなどその他の金融市場へ資金が流れ込むことも不可欠だ。投資信託やヘッジファンドの運用担当者がリスクを伴う選択を避けず、人々の貯蓄を株式や新興企業への投資に回す機会を得られなくてはならない。そして、年金基金の運用担当者が莫大な資金を株式に投資するためには、資本市場の公正性と透明性を信じられる必要がある。

アメリカ人が株式投資で高い利回りを得ていることは、経済全体の儲けが増えたことを意味するのか、それとも経済のなかで富が移動したにすぎないのか。もしかすると、人々がある種の投資で7%の利回りを得るのと引き換えに、たとえば企業内の自社株保有者の利益が減っていないとも限らない。しかし、たとえそうだとしても、金融システムの力を通じて、株式による利益が内部者から投資家全般に再分配されているとすれば、ほとんどの人はそれを好ましいことと考えるだろう。

ダークマター仮説

今日、アメリカ人は外国企業の株式も大量に保有している。1980年、アメリカ在住者の資産構成で外国株式が占める割合は2％にすぎなかったが、この割合は2007年には27・2％に跳ね上がった。その一因は、新興国などが経済成長を遂げたことに加えて、アメリカの証券会社や資産運用会社が投資家に外国株式を積極的に売り込んだことにあった。こうした外国投資は、アメリカ人に大きな利益をもたらしている可能性が高い[15]。

アメリカの企業も国外に多くの投資をおこない、かなり高い利回りで利益を得ている。そうした利益は、宇宙空間に存在するけれど目に見えない物質の呼称にちなんで「ダークマター（暗黒物質）」とも呼ばれる。この種の利益は簡単に把握できず、その規模についても定説がないからだ。

経済学における「ダークマター仮説」が最初に脚光を浴びたのは、2005～06年頃。当時、アメリカの貿易赤字は途方もない金額に膨れ上がっていたが、多くの人の予測に反し、ドルが崩壊する兆しはまったく見られなかった。ドルはほとんど下落すらしなかった。

この状況を受けて、一部のエコノミスト、とくにリカルド・アウスマンとフェデリコ・ストゥルセネヘルは新しい仮説を提唱した。それによれば、観測不可能な輸出品目――たいていは対外投資と組み合わせて輸出される――を考慮に入れると、アメリカの実質的な貿易赤字はデータよりはるかに少ない可能性があるとのことだった。

具体的に言うと、マクドナルドがヨーロッパに進出するとき、アメリカは進出先の国にブランドやノウハウや経営知識も一緒に輸出している。しかし、このタイプの輸出による利益は、狭い意味での輸出と異なり、将来になってはじめて得られる。この利益を含めると、アメリカの対外純資産は帳簿上の数字より多いと、「ダークマター」仮説は主張する。そのとおりなら、アメリカが資本市場のおかげで大きな利益を得ていることの一つの裏づけと言える。

韓国のある有力経済学者が、私にこう嘆いたことがある。「韓国は輸出を増やすために、アメリカよりも頑張っている。でも、そうやって儲けた金は、アメリカ国債を買ってアメリカに返している。それと異なり、アメリカは外国企業に投資することで韓国以上に稼いでいる」。この言葉も、アメリカが儲けている「ダークマター」の規模がいかに大きいかを物語っている。このような儲けを得られるのは、アメリカ人が高利回りの(そしてリスクの大きい)株式投資に前向き、というより前のめりだからだ。

前述したように、「ダークマター」の規模について定説はない。アウスマンとストゥルセネヘルは、1年当たりの金額がGDPの5・6%、累積の金額がGDPの40%に達する可能性を指摘している(2006年の推計)。これが正しければ、外国投資家がアメリカに保有する資本資産とアメリカ人が国外に保有する資本資産の比較では、前者が後者を2兆5000億ドル上回っているという推計(2005年)は誤りで、実際には後者が前者を7240億ドル上回ることになる。これはあまりに大きな違いだ。[16]

アウスマンとストゥルセネヘルの論文が発表されて以降、「ダークマター」がこれほど大規模に上るという見解に懐疑的な主張が続いた。そして金融危機を機に、「ダークマター」仮説はすっかり人気を失った。この時期、アメリカの外国投資の価値が大幅に目減りし、しかも金融危機による混乱でこの種の投資の価値を数値評価することがいっそう難しくなったためだ。

しかし最近、これらの投資が以前の価値をほぼ取り戻したことで、以前は懐疑的だった人たちも、アメリカの対外投資が外国投資家の対米投資より高い利回りをあげていると認めるようになった。また、アメリカ企業のマネジメントの質がきわめて高いことを示すデータも多い。この点は第3章で述べたとおりだ。[17]

では、それによりアメリカはどのくらいの利益を得ているのか。経済学者のピエール＝オリヴィエ・グランシャスの推計によると、1973年以降、アメリカの投資家が国外で購入した資産は、外国投資家がアメリカに保有している資産よりも2・0〜3・8％利回りが高い。グランシャスによれば、このように高い利回りが得られるおかげで、アメリカは毎年GDPの約2％に相当する貿易赤字を計上しながらも、対外純資産が減っていないのだ。

つまり、アメリカは毎年GDPの2％相当の利益を労せずに得ている。これは、金額に換算すると年間3340億ドルに上る。アメリカの金融セクターは莫大な利益を生み出しているのである。

アメリカは、世界で最大の、そして世界で最も成功しているヘッジファンドと言えるかもしれない。確かに、ある程度のリスクはある。しかし、それがアメリカの富を大きく増やしてきたのだ。[18]

租税回避地として大人気のアメリカ

租税・金融規制回避地と言うと、現在の実態がどうかはともかく、スイスやリヒテンシュタイン、モナコやアンドラを思い浮かべる人が多いだろう。アジアと接点のある人なら、シンガポールや香港、あるいは中国のプライベートバンキングを連想する人もいるかもしれない。

しかし最近は、アメリカが世界有数の租税・金融規制回避地になっていることが指摘されはじめている。「アメリカは新しいスイスだ」と、スイスの法律事務所でパートナー（共同経営者）を務めるデーヴィッド・ウィルソンは言いきっている。ことの性質上、明確な数値データは手に入りにくいが、アメリカは、世界最大のオフショア金融センター〔金融取引の規制や課税を大幅に緩和し、非居住者向けに大規模な金融サービスを提供している国や地域〕と言っても過言でないのかもしれない。[19]

表立って議論されることがほとんどないまま、アメリカではある種の資産の保有に高度の秘匿性が認められるようになっている。州レベルの法制度では、連邦レベル以上に、資産保有の秘密保持が強化されている場合もある。資産の秘密を守りたい人は、銀行に金を預けるより、信託やペーパーカンパニー、財団などを活用することが多い。

サウスダコタ州は人口88万の小さな州だが、信託の形で保有されている資産は2260億ドルを上回る（この金額は、2006年には328億ドルだった）。同州では、いくつかの条件を満たせば信託の秘匿性を守ることができる。その条件とは、州内の信託会社に資産の管理・運用を任せること、アメリカ人の取締役が信託会社の管理・運営方針を決めることなどだ。

お察しのとおり、サウスダコタ州政府は、こうした制度を宣伝して信託を呼び込もうとしている。そのような投資が流れ込めば、州の経済に好ましい影響が及ぶと期待しているからだ。ネバダ、デラウェア、アラスカなどの州も同様の仕組みを設けている。

そうした信託の多くは紙の上の存在にすぎず、州政府にわずかな手数料を支払う以外は、州経済に大きな貢献をしているとは言い難い。しかも、秘匿性が守られているため、信託財産がどこに投資されているか正確に把握できない。

それでも、当たり前の話だが、投資家がベネズエラやアルゼンチンから資金を引き揚げて、サウスダコタ州やデラウェア州に移せば、その資金はアメリカ国外よりも国内に投資される可能性が高い。資金をアメリカに移す行為は、アメリカへの信認の意思表示とみなせる。もし資金がシンガポールに移されていれば、その金はアジアに投資されていたかもしれない。今日でも、人や金の結びつきは物理的な距離と切り離せない関係にあるからだ。

アメリカが租税・金融規制回避地としての存在感を強めている結果、アメリカへの投資が増え、雇用も創出されている可能性が高い。その規模を正確に把握できないだけだ。

ボストン・コンサルティング・グループの推計によると、アメリカの銀行に外国人が預けているドルは、合計約8000億ドルに達するという[20]。これは、ドルが世界で特別な地位を占めていることや、アメリカの金融市場の流動性が高く、金融機関の安全性と秘匿性も比較的高いことなどが理由だ。この資金のおよそ半分は、中南米から流入していると考えられている。これもアメリカの金融が機能していることのあらわれだ。アメリカは、いわば資金の亡命先になっているのだ。

その恩恵がいかほどのものなのかと、疑問に思う人もいるかもしれない。しばしば批判されるのは、税に関する不正と利己的行動がまかり通り、租税回避地が存在するために、政府の税収が減っているという点だ。そのせいで、行政サービスの質にも悪影響が及んでいると言われる。

しかし、現実はもっと複雑だ。世界には、人権が十分に守られておらず、汚職にまみれている国も多い。そのような国で政権による略奪からみずからの資産を守るのは、基本的に非難されるようなことではない。反体制派の資産や財務を調べ上げ、政治的報復の手段として罪をでっち上げるのは、悪質な政権の常套手段だ。そのようなケースではほとんどの場合、公正な裁判も開かれない。

もちろん、反体制派が違法行為に手を染めている場合もあるだろう。しかし一般論として、このような政権側のやり口を邪魔したり、阻止したりすることに、アメリカが罪悪感をいだく必要はない。それに、信託に移される金の多くは、すでに課税されて納税も済んでいる。

信託財産の所有者たちは、政権により資産を没収されることを恐れている。中国やロシアやベネズエラから国外に資産を移しているのはたいてい、悪党ではなく、善良な人たちだ。2017年、サウジアラビアの実権を握る皇太子が大勢の資産家をリヤドの高級ホテル、リッツ・カールトンに監禁し、資産を国庫に納めるよう要求したことがあった。その求めに応じるまでは、監禁を解かないと脅したのである。この件でどちらの立場を支持するかはともかく、サウジアラビア人が秘匿性の高いオフショア金融市場をよく利用しているのは納得がいく。

アメリカが租税・金融規制回避地になっていることは、アメリカにとって好ましいことなのは間違いないが、もしかするとほかの国々にとっても好ましいことなのかもしれない。この点でも、アメリカの金融システムは私たちに（具体的な規模は明らかでないが）大きな恩恵をもたらしていると言える。

金融業は肥大化していない

以上で挙げたような恩恵には、大きな代償がついて回るに違いないと考える人もいるかもしれない。しかし、そんなことはない。よく言われている話とは異なり、アメリカの金融セクターはコントロール不能なほど肥大化してなどいない。

金融セクターが扱っている資金が国民資産全体に占める割合は、長らく2％程度で推移している。これを見る限り、金融セクターが（少なくとも価値を簡単に数値評価できるような）国民資産に占める割合は変わっていないのだ。

確かに、21世紀に入った頃、アメリカの金融セクターがＧＤＰに占める割合は８％を突破していた。これは史上最高の水準だ。その後、アメリカは金融危機に見舞われる。１９６０年代、この数字は４％くらいだった。これだけ見ると、金融セクターがコントロール不能なまでに膨張し続けてきたように感じる人もいるだろう。[21] しかし、金融セクターの規模を対ＧＤＰ比で考えるのは適切でない。

金融は資産管理のためにおこなわれる。つまり、その年に稼ぐ所得だけでなく、それまでに蓄えた資産全体が対象になる。その点、前述したとおり、数値評価可能な資産のうち金融セクターが扱っている資金の割合は、歴史を通じてほとんど変わっていない（ここで言う「数値評価可能な資産」とは、債券や株式、MMFなど、市場価格がはっきりしている資産のこと。人間のスキルや経験、身の回りの細々した品物など、金額で評価しにくいものは含まれない）。

国民資産の対国民所得比は、時期によって変動する。それに伴い、金融セクターの規模の対国民所得比も変わる。ある国で何十年も平和が続けば、国民資産の対国民所得比は上昇する可能性が高い。建造物や企業が長期にわたり存続して、好ましい制度が築かれ、その価値が次第に高まっていくからだ。このような社会では、金融セクターが取り扱う資産の対GDP比も高まる。

それは好ましい現象と言える。ほかの条件がすべて同じだとすれば、GDPに占める金融セクターの割合が高まるのは、その社会でいくつかの基本的な要素が好ましい状況にあることのあらわれと推測できる。金融セクターの規模が大きければ好ましい状況が生まれるわけではないが、それはものごとが順調なことのあらわれなのだ。

GDPに占める金融の割合が大きい、あるいはその割合が上昇していることを批判する論者は、誤った比較をしていると言わざるをえない。確かに、サブプライムローンの証券化などにより、金融セクターの一部がなんらかの理由で肥大化しているケースはあるかもしれない。しかし、金融セクターの規模が対GDP比で拡大するのは、その国の経済が成長し、安定していることの証である場合が多い。

金融仲介のコストが下がらないことに不満をもつ人もいるだろう。そのような不満をいだくのは無理もない。なぜ、金融業界でもっと大きなイノベーションが実現しないのか。アメリカからアフリカに電話をかける料金は大幅に下がったのに、どうして金融業界では同様の進歩が起きないのか。
この問題についてはあとで論じるが、ここでは差し当たり、アメリカの金融業界がコントロール不能な怪物などではないことを押さえておきたい。手数料率はほとんど変わっておらず、社会の富の増加と足並みをそろえて成長してきたにすぎない。アメリカの金融ビジネスの歴史は、おおむねこのような退屈な話なのだ。[22]
いくつかのデータによれば、金融業界で働く人たちが受け取っている報酬は、教育レベルや背負っているリスクと釣り合わないくらい高いという。1990年の時点では、金融業界で働く人たちの所得は、(教育レベルの差を考慮に入れれば)ほかの業界で働く人たちと変わらなかった。ところが、2006年までに、それはほかの業界の1・5倍に上昇した。経営幹部に限って言えば、約3・5倍に達している。
この所得格差の約半分は、実際にはリスクの大きさにより説明できる。20%は会社の規模の違いによるものとみなせる。それ以外は、教育レベルには反映されない個人的資質の違い(たとえば野心や意欲の強さ)や非生産的な既得権などが原因だ。ただし、これらの要素がそれぞれどのくらいの割合で寄与しているかは知りようがない。[23]
収益の大きい企業が「規模の経済」の恩恵に浴しやすいことの影響もありそうだ。そうした企業は優秀な人材を大勢集めることで、いわゆるネットワーク効果をつくり出し、いっそう収益を伸ばせる場合が多い。収益が増えれば、企業は収益の一部を社員の昇給に回せる。とりわけ、経営幹部の報酬は大きく膨れ上がる。

また、新しいテクノロジーが巨大企業にとりわけ大きな恩恵をもたらす傾向は、金融の世界でも見られる。一部の大手金融企業は、最新の定量分析技術を活用してトレーディングや投資を売り込むことにより、莫大な利益を得ている。

「規模の経済」の原理は、金融が社会にもたらすコストを抑える効果もある。トップレベルのヘッジファンドマネジャーが年間10億ドル稼ぐとしよう。理屈のうえでは、金融以外の世界で働いている人たちは、10億ドルのコストをかけてヘッジファンドマネジャーを目指しても不思議でない。工学専攻の学生は、その勉強をやめて金融業界に転身してもいいはずだ。

もしそんなことが起これば、金融以外の分野から人的資源が流出し、社会に損害が生じる恐れがある。多くの優秀な人たちが消費者のために有益な商品を生み出さず、独占的に利益を得るために働くようになるからだ。

しかし現実には、金融業界にばかり人材が集まることは考えにくい。「規模の経済」の原理が作用するため、地域の零細金融機関が金融大手のゴールドマン・サックスと肩を並べたり、世界の多くの都市がロンドンやニューヨークのような国際金融拠点にのし上がったりすることは難しいからだ。金融分野のトップ層が巨額の報酬を得ていることは事実だが、金融業界でそのような待遇を受けられる人がある程度以上増える可能性は小さいのだ。

しかも、最も質の高い直接的なデータによれば、そもそも金融が科学や工学から優秀な人材を奪っているわけでもなさそうだ。経済学者のピアン・シューは、1994～2012年にMITを卒業した人たちの進路に関する体系的なデータベースを作成している。

それによれば、ヘッジファンドやトレーディングの世界に進んだ人たちは、確かに学業の面で高い能力の持ち主だった。しかし、この人たちは、大学時代に学業最優先で勉強に打ち込むより、課外活動で対人関係スキルをはぐくむことに熱心だったように見える。つまり、金融分野に進む学生は、のちにたくさんの特許を取得するような学生とは根本的にタイプが異なるようだ（特許の取得は科学者としての成功の指標と言えるだろう）。

また、この研究では、金融業界の雇用が大幅に減少した金融危機の時期についても調べている。それによると、その時期に科学や工学への人材の流入が際立って増えてはいないという。

シューはこう結論づけている。「これらのデータを見る限り、金融業界がMITの最も優秀な科学者やエンジニアを奪っているとは言えない」。これは、一つの大学に関する一つの研究にすぎない。これをもって、経済全体で同じことが言えると決めつけることは避けるべきだろう。

それでも、この研究が明らかにした状況は、「金融業界が人材を吸い上げる結果、ほかの分野でイノベーションを担う人材が奪われている」という悲惨な状況とはほど遠い。どちらかと言えば、最近はむしろテクノロジー業界が金融業界から人材を奪っているように見える。[24]

金融業界が成長できた理由

金融業界で働く人たちの報酬をめぐり、人々に大きな衝撃を与えたデータの一つは、２００７年のヘッジファンドマネジャーの報酬に関するものだ。この年、上位5人のヘッジファンドマネジャーが得た報酬は、S&P500（アメリカの代表的な株価指数）の構成企業500社のCEOの報酬総額を上回っていた[25]。

この数字を目の当たりにして、由々しき事態だと感じた人が多かった（ただし、このデータはやや厳密性を欠く可能性もある）。どうして、ものづくりに携わっている人たちの報酬が、お金を右から左に動かしているだけの人間より少ないのか。そんなことが許されるのか。そう思う人もいるだろう。しかし、少し視野を広げて考えると、これはさほど奇妙な状況ではない。

競馬では、レースに莫大な金を賭けた人が競走馬や騎手よりはるかに多くの儲けを得ることがある。一つのレースで競走馬と騎手がエンターテインメントという形で生み出す社会的価値より、そのレースで賭けに成功した人たちの儲けのほうが多いことは珍しくない。それは、その人たちが成功を保証されていない賭けを――時にはかなり確率の悪い賭けを――しているためだ。

これは、賭けをする人たちより競走馬の価値が小さいことを意味しない。もし競走馬がいなければ、そもそもレースが成り立たないことは明白だ。しかし、かならずしも、レースに賭けて儲ける人たちが儲けすぎているわけでもない。それは、単純な数学的理屈に基づく当たり前の結果なのだ。同じように、ヘッジファンドマネジャーと企業のCEOたちの報酬に大きな格差があるからといって、社会が大きな問題を抱えているとは限らない。道徳的に見て高額報酬にふさわしいヘッジファンドマネジャーばかりではないと、あなたが考えるとしても、それは別の問題だ。

また、ヘッジファンドの活動は、競馬に賭ける行為と同じように、単に富を移動させているにすぎない。実質的な資源が直接消費されて、ほかの産業で使えなくなるわけではないのだ。

アメリカの金融セクターの規模を正しく理解したければ、この業界で最も大きく成長している部門に注目すべきだろう。１９８０年から２００７年にかけて金融セクターが遂げた成長の約3分の1は、資産管理の手数料収入が増加したことによって実現した。

手数料収入が増えた一因は、資産価格が上昇した結果、運用資産の規模そのものが膨らんだことにある。それに加えて、ヘッジファンドやベンチャーキャピタルなどの専門的な資産管理に委ねられる資金の割合が増えたという事情もある。このようなファンドの類いは手数料が比較的高いため、金融セクターがＧＤＰに占める割合も上昇する。そのような手数料を支払うのは、主として富裕層の顧客だ。[26]

一方、資産管理の手数料が大幅に下落している分野もある。とくに、フィデリティやバンガードなどの投資信託会社が低コストの投資信託を扱いはじめたことの影響が大きい。ある推計によると、１９７０年代半ば以降、平均的な手数料率のアクティブファンド〔ファンドマネジャーが銘柄および投資割合を決定する投資信託〕の代わりにバンガードの投資信託を購入することで節約された手数料の総額は約１７５０億ドルに上る。投資家はバンガードを利用することにより、大ざっぱな推計によれば売買コストも約１４００億ドル節約できた。

しかも、これにより、ほかの投資信託会社も手数料を引き下げざるをえなくなった。この点も考慮すれば、バンガードがもたらした経済的恩恵は1兆ドルに上る可能性もある。同社の功績を高く評価するか、それ以前の業界のあり方に問題があったと考えるかはともかく（おそらくその両方なのだろう）、大まかな推計値とはいえ、金融の手数料が大きく下落したことは間違いない。もっとも、手数料はまだ高い。2004年の時点で、投資信託の手数料は、推計で総額238億ドルに達していた。それ以降、インデックスファンド（ファンドマネジャーが銘柄や投資割合を独自の判断で決めるのではなく、特定の株価指数に連動するように設計された投資信託）など、手数料が比較的安いファンドが増えてはいるが、手数料が高すぎる状況はまったく解消されていない。[27]

　金融セクターの手数料収入が増加した背景には、人々の引退のあり方が根本的に変わり、投資信託の購入に回る資金が大幅に増えたという事情がある。

　古き良き時代には（実際は、人々が思っているほど素晴らしい時代だったとは限らないのだが）、ほとんどの人が引退後の生活費を企業の確定給付年金に頼ることができた。そのため、当時の人々はいまほど貯蓄に熱心でなく、投資信託会社などの金融仲介業者をあまり利用していなかった。個人の代わりに、勤務先の会社が引退後の生活費を蓄えてくれたのだ。

　確定給付年金は、金融セクターに手数料収入をもたらす場合ばかりではなかった。その一つの理由としては、企業が未来の退職者への年金支払い義務を果たすために、自社の未来の収益を当てにしていたことが挙げられる。要するに、「引退後への経済的な備え」という金融サービスは、金融セクターではなく、企業の内部で提供されるケースが少なくなかったのだ。もちろん、つねに企業が確実に年金を支払えるわけではなかった。そこで、次第に個人の蓄えが重んじられるようになった。

　年金運用の責任が企業から個人に移った結果として、金融セクターの成長がもたらされた面もある。引退後の資金を運用するようになった個人は、勤務先の企業が将来にわたり年金の支払い能力を保ち続けると信じるのではなく、自分で投資信託に投資することを好むようになった。手数料は安いかもしれないが、これによってはじめて、金融セクターの資産運用の手数料収入が国民所得の統計に反映されるようになったのだ。

融資も成長分野の一つではある。融資ビジネスは、1980年から2007年の間に金融セクターが記録した成長の約4分の1を占めている。しかし、これは保険分野に匹敵する成長だが、証券分野の成長には及ばない。

融資ビジネスの成長は、住宅ローンの利息と抵当権設定手数料の増加によって実現した面がある。その点で、金融危機と直接関わりがあることは否定できない。それでも、融資の過剰な拡大が、この時期に金融セクター全体が大きく成長した主たる要因だったとはとうてい言えない。[28]

フィンテックがもたらすイノベーション

人々が金融業界に関していだくシンプルな疑問の一つは、「最近の金融業界は私たちに何をもたらしたか」というものだ。ATMの登場以後、金融業界が普通の人の暮らしを改善した重要なイノベーションに、何があっただろう。

ここで話題にしたいのは、前出の「ダークマター」のような抽象的なことがらではない。もっと実体のあるもの、私たちが快適な生活を送るために日々利用できる道具や仕組みについて論じたい。

1980年代にATMが普及して以降、アメリカの金融業界は、一般顧客にとって有益なイノベーションをほとんど生み出せていないように見える。この状況は、不満足以外の何物でもない。しかし、停滞はしばらく前に打ち破られた。1998年にサービスを開始したオンライン決済サービスのペイパルは、人々が見ず知らずの人と品物を売り買いすることを容易にした。ペイパルが存在しなければ、イーベイのオンラインオークションを利用することはもっと難しかっただろう。クレジットカード情報を教えたくない相手に送金することも難しかったはずだ。

もう一つの便利なイノベーションは、ほとんどの支払いをオンラインで済ませる仕組みの登場だ。そうしたことは、1990年代半ばの時点ではまだ不可能だった。このイノベーションにより、私たちは莫大な時間を節約できるようになった。収支の記録を残しやすくなったという利点もある。振り込み用紙の控えを整理して保管しておかなくても、お金の出入りを管理できる。

支払いだけでなく、税務申告もオンラインでおこなえる。その結果、税の還付も早まった。また、オンライン申告を利用すれば、先延ばし癖の持ち主は、延滞税などのペナルティを科されずに期限ぎりぎりまで粘れる。

もっと新しいイノベーションとしては、ビットコインがある。10年前には予想もできなかった技術を土台に、まったく新しいタイプの資産が生まれたのだ。ビットコインは、リスクヘッジの手段、法定通貨以外の価値貯蔵の手段としての地位を金と争う存在になっている。しかも、（合法的な）マリファナを購入する際に通貨として用いることもできる。連邦政府の規制により、その種の取引で一般の金融システムを利用することはできない。

ビットコインの基礎を成すブロックチェーン技術の強みは、「誰が何を所有しているか」についての合意などのデータを記録、保存、検証できる点にある。ビットコインやその他の暗号資産（仮想通貨）、さらにはブロックチェーン技術全般が社会にどの程度大きな変化をもたらすかは、現時点ではまだわからない。ビットコイン相場が崩壊する可能性だってある。

しかし、失敗はイノベーションの過程で避けられない。イノベーションを目指す人は、たくさんの新しいアプローチを試みる。そのなかには、失敗して放棄されるものもあれば、うまく軌道に乗るものもあるし、時間が経ってから価値が見えてくるものもある。

ビットコインなど一部の暗号資産は、これまでのところ懐疑派の疑念をはねのけてきた。本書が読者の手に届く頃には大きくつまずいている可能性もあるが、もしそうだとしても、いま力強いイノベーションの動きが起きていることは確かだ。

既存のクレジットカードの使い勝手に不満を感じている人もいるかもしれないが、イノベーションにより、利便性は向上しつつある。最近は、スマートフォン決済サービスのアップルペイに対応する業者が増えている。このサービスを利用すれば、簡単な画面操作だけで支払いを完了できる（腕時計型端末のアップルウォッチをもっていればもっと手軽だ）。ユーザーの網膜のパターンを読み取って個人認証をおこなう技術への対応も望まれる。もしかすると、早ければ数年先にはそれが実現するかもしれない。現状では中国の決済システムのほうが迅速で便利だが、アメリカもいずれ追いつくだろう。

近年は、オンラインを介した融資の仕組みも普及しはじめている。ただし、好ましい面ばかりではない。詐欺行為が少なからずまかり通っている可能性が高い。オンライン融資はまだ生まれて間もない分野で、投資リスクの高い投機的債券のように玉石混交というのが実情だろう。まだよちよち歩きを始めた段階にすぎず、市場が本格的に花開くのはだいぶ先になりそうだ。それでも、いずれは金融の重要な手段として定着するに違いない。事実、中国ではすでにそうなっている。

いま起きている金融イノベーションのなかでとくに重要なもののいくつかは、目に見えにくい。たとえば、サンフランシスコに本社を置くオンライン決済サービス企業のストライプ社。アイルランドの起業家兄弟であるパトリック・コリソンとジョン・コリソンが設立した会社だ。

ストライプは、業者がオンライン決済に対応するのを支援するほか、業者向けのデータ管理サービスも提供している。このサービスは、多くの小規模事業者が直面している問題を解決できるものだ。その問題とは、どうすれば顧客のクレジットカード情報を安全に保管できるのか、という問題である。自社でデータを保管すれば、ハッキングや不運な事故によるデータ流出の危険とつねに隣り合わせだ。その点、ストライプが間に入ることにより、データセキュリティのスキルが乏しい企業もセキュリティコストを抑えられる。

長い目で見れば、顧客にも利点がある。セキュリティコストが抑えられたことで商品やサービスの価格が下がり、サービスの質の向上も期待できる。セキュリティとプライバシーの保護が強まることも利点の一つだ。

しかし、このサービスは大半の一般顧客の目に触れない。そこがATMとの違いだ。ストライプ社には、ほかにも「アトラス」というサービスがある。これは、顧客が費用と事務処理負担を抑えながら、デラウェア州にアメリカ企業として法人登記することを支援するサービスだ。これを利用して、アメリカ国外在住の多くの起業家がアメリカの法制度の恩恵を受けている。このように、金融サービスがビジネスを促進する役割を果たす場合もあるのだ。

こうした金融と情報テクノロジーの融合、いわゆる「フィンテック」を目の当たりにして、20年後の金融業界が技術面で停滞に陥っていると予想する人は多くないだろう。金融業界に批判的な人たちも、この点には同感なのではないか。

アメリカの金融業界では、消費者に多くの恩恵が生まれる「前夜」と言ってもいい。それくらい、この15年ほどの間に、有益なイノベーションに向けた重要な動きがいくつも起きている。

「パックス・アメリカーナ」の立役者

もしかすると、世界の金融の中心であることがアメリカにもたらしている最大の恩恵は、「世界の警察官」の役割を果たし、世界に君臨する覇権国の地位を（ある程度は）維持してこられたことかもしれない。アメリカの外交政策を論じることは本書の目的ではない。それに、アメリカは数々の外交上の大失態も犯してきた。ベトナム戦争やイラク戦争はその典型だ。

それでも、アメリカが国際社会で大きな役割を果たしてきた状況は、全体としては圧倒的に好ましい影響をもたらしてきたと、私は思っている。大半のアメリカ人は——そして、おそらく西洋社会のほとんどの自由主義者も——同じ考えだろう。

アメリカがそのような地位に君臨してきたことにより、西ヨーロッパが共産主義から守られ、いわゆる「鉄のカーテン」が消滅して東西冷戦が終焉した。アジアでは韓国、日本、台湾の安全も守られたし、核兵器の製造や取得を目指す国が続出することも抑えられたと言えるだろう。今日の世界は、たとえば1975年と比べてはるかに自由で裕福だ。アメリカが傲慢で、しばしば過ちを犯してきたことは否定できないが、世界がこのような好ましい変化を遂げる過程では、アメリカの役割が不可欠だった。

現代国際関係史のおさらいは、これくらいにしよう。

ここから先が本題だ（以下の議論は、金融が高利回りの投資を可能にするという本章の基本的な主張にも合致している）。ある国が国際舞台で大きな役割を担い続けるためには、有力な国際金融センターである必要がある。

20世紀に存在した共産主義大国のソビエト連邦は、数十年にわたり国際政治で強大な影響力を振るったが、やがて金が底を突いた。新しいテクノロジーを導入できなくなり、さまざま支払いにも苦労するようになったのだ。このような苦境に陥った要因はいくつもあったが、一つの大きな要因は資本市場が未発達だったことだ。そのせいで、エリート層や政府肝いりの事業ですら、他国通貨と自由に交換できる通貨がなかなか入手できず、それが大きな足枷になっていた。

それに対し、イギリスはもっと規模の小さい国だが、19世紀半ばから第一次世界大戦期にかけて、そしてそれ以降の多くの時期も、世界の覇権国であり続けた（ただし、イギリスが取った植民地主義的行動のすべてを肯定するつもりはない。というより、そうした行動は、おおむね好ましいものだったとすら言えないだろう）。

その時期、イギリスが経済と金融でも世界のトップに立ち、ロンドンが世界の金融の都だったことは、偶然ではない。イギリスは、戦争や海外での活動のために資金が必要になれば、課税レベルが全般的に低くて、政府が財政面の制約にさらされていても、すぐに資金を調達できた。しかし、資本市場での地位が低下し、1970年代に国際通貨基金（IMF）の融資を受けざるをえなくなると、イギリスは大国の座から滑り落ち、世界に冠たる帝国とは呼べなくなった。

アメリカは世界の金融センターであり、国際的な準備通貨であるドルをもっているため、対外的に（それなりに）信憑性のある約束ができる。必要なときには、莫大な財政赤字を計上することも可能だ。20世紀終盤にロナルド・レーガン大統領が、ソビエト連邦に軍拡競争を仕掛けて、言ってみれば「破産に追い込んだ」ときも、（それがいいことか悪いことかは別にして）主に借金により軍拡資金を調達していた。

アメリカはニューヨークなどの金融の中心地を擁しているため、ほかの国に比べて経済的に自立しており、その結果、国際的に自立できている。アメリカの金融システムは、外国政府の行動に翻弄されることがほとんどない。ほかの国と相互依存関係にある場合も、その相手は主に同盟国（カナダ、イギリス、ドイツなど）だ。この強みは、アメリカ政府も明確に認識している。

近年、ロシアとの対立でアメリカがよく用いる脅しは、ロシアを国際的な銀行ネットワーク、なかでもSWIFT（国際銀行間通信協会）の国際送金システムから締め出す、というものだ。もしロシアが北大西洋条約機構（NATO）の加盟国であるバルト三国に侵攻するようなことがあれば、おそらくアメリカと同盟国はこの脅しを実行に移すだろう。その場合、ロシアは非常に苦しい状況に追い込まれる。整備された独自の国際的な金融システムをもっていないからだ。

この種の脅しをかけるとき、アメリカは同盟国の支持をある程度当てにできる。同盟国が支持するのは、アメリカが国際経済と国際金融の中心だからだ。SWIFTの中核メンバーである世界の有力金融機関はたいていアメリカを重要な顧客と位置づけていたり、時にはアメリカ連邦政府に直接監督されていたりする。

最近は、中国がアメリカ国債のかなりの割合を購入しているため、アメリカは中国の意向に逆らえない、という話を聞くことがある。しかし、この指摘は正しくない。アメリカ政府は、誰がどのくらい国債を購入・保有しているかという詳細な情報を公表していないが、一般的な推計によれば、現在の中国のアメリカ国債保有高は日本より少ない。

この10年ほど、中国はアメリカ国債以外への投資の分散を本格的に進めてきたが、その後もアメリカの金利は比較的低水準のまま変わっていない。中国からの投資が減少しても、世界で最も流動性が高いアメリカの市場に投資したい投資家がほかにまだ大勢いることがその一因だ。

つまり、中国はこの面でアメリカに対して強みをもっていない。もしアメリカが中国に対して制裁を加えたいと考えた場合、アメリカ国債の市場における中国の存在の大きさは、行動を思いとどまらせる要因にはならないのだ。[29]

繰り返しになるが、アメリカが自由に行動しやすい状況は、つねに好ましい結果をもたらしてきたわけではない。しかし、アメリカがそのような立場を失えば、世界の状況は全般的にもっと悪くなる。認めがたい事実かもしれないが、ほとんどの国はそれを内心では理解している。「アメリカ・ファースト（アメリカ第一主義）」を掲げるドナルド・トランプに世界の国々が怒りを募らせている理由もここにある（もっとも、トランプの主張は口先だけの場合もあるのだが）。

トランプはともかく、アメリカの政策立案者たちは、私がここで述べたようなことを昔から理解していた。第二次世界大戦の終わりが見えてきたとき、アメリカとイギリスは戦後の国際秩序について真剣に考えはじめた。世界の（少なくとも一部の）国々を抑圧から守る役割を担っていくのはアメリカであり、アメリカにその役割を担わせるためには、アメリカとその金融セクターを中心とする国際経済秩序を築く必要があると、この時点ですでに認識されていた。

この考え方のもと、1944年のブレトンウッズ会議（連合国通貨金融会議）で戦後国際経済の新しい枠組みが決められた。ドルが基軸通貨になり、国際通貨基金（IMF）と世界銀行がおおむね自由な貿易・通貨秩序を支えるものとされたのだ。のちに、関税貿易一般協定（GATT）も創設された。今日の世界貿易機関（WTO）の前身である。

1970年代前半にブレトンウッズ体制の為替固定相場制が崩壊したあとも、ドルは世界の基軸通貨であり続け、ニューヨークはいまも世界最大の金融センターの地位を保っている。ニューヨークと肩を並べる都市があるとすればロンドンだけだが、イギリスはアメリカと連携して、自由な貿易秩序の維持に腐心してきた（ただし、2016年にイギリスの国民投票でEU離脱が選択され、同じ年にアメリカ大統領選でトランプが当選したことにより、この体制にほころびが見えはじめている）。

これらの経済体制は、アメリカが世界の警察官の役割を担い、自国の文化的な影響力を強化するうえでも重要な役割を果たしてきた。意外に思えるかもしれないが、アメリカが空爆などの脅しだけで外交上の目的を達成できたケースはあまりない（それを試みたこともあるのだが）。アメリカが世界の国々の支持を得て、人類にとって好ましい変革を成し遂げられるのは、アメリカが理念の担い手であり、経済的機会をつくり出す存在であり、世界の貿易・金融秩序の守護者であることの賜物なのだ。

こうした外交上の強みを金額に換算することは難しいが、その強みのおかげでアメリカは世界のあり方を決める存在でいられる。この状況は世界にも好ましい影響を与えているように、私には思える。

これはあくまでも私の主観的な評価であり、この評価が正しいと、ここで立証することはできない。それでも、アメリカの金融セクターが存在しなければ今日の世界が存在しなかったとすれば、アメリカの金融セクターには、世界中のあらゆるものの価値を合わせたより何倍も多くの価値があると言えるだろう。

アメリカ人が自国の金融セクターのおかげで得ているものは、国際的な影響力だけではない。アメリカは世界最高のベンチャーキャピタル市場も擁しているし、テクノロジーに関しても世界の中心に位置している。アメリカ人は、世界で最も大規模で最も成功しているヘッジファンドの国で生きることにより、莫大な経済的恩恵も得ている。そして、資本の再分配が素早く適切におこなわれている結果、概して活力ある経済のなかで生きられている。

近い将来、金融とテクノロジーの融合がさらに多くの恩恵をもたらす可能性もある。「フィンテック」の登場により、投資の利回りが再び上昇しつつあるのだ。

金融セクターがもたらす恩恵には、すべてなんらかの代償がついて回る。それでも、金融セクターがアメリカ経済に、そして世界全体に対して果たしてきた貢献は過小評価されていると言わざるをえない。

銀行の規模は本当に大きすぎるのか

最後に、以上で挙げた恩恵のいくつかを生み出すために——とくに、ニューヨークが世界の金融の都になるために——一部の金融機関が巨大化する必要があったことを指摘しておきたい。国際的な競争を生き延びるためには、それが不可欠だったのだ。

もっとも、アメリカの金融機関が巨大化しているといっても、消費者が悪質な独占企業に食い物にされているわけではない。たとえば、個人向け預金の口座数で全米トップのバンク・オブ・アメリカが市場で占めているシェアは11％に満たない。預金額ではJPモルガン・チェース銀行がトップだが、シェアは約14％にとどまる。いずれも独占企業と呼ぶにはほど遠い数字だ。

市場集中度を測る指標はこれだけではないが、いずれにせよアメリカに非常に多くの銀行が存在していることは間違いない。全米規模で事業を展開している銀行もあれば、狭い地域内で営業している銀行もある。私が暮らしているワシントン／バージニア州北部地域では、BB&T、キャピタル・ワン、サントラスト、PNC、バンク・オブ・アメリカ、ウェルズ・ファーゴ、シティバンク、

HSBCといった銀行の支店をよく見かける。[30]

最近よく言われる「銀行の規模が大きすぎる」という考え方は、歴史を通じて数奇な運命をたどってきた。1920年代にも、アメリカの銀行の規模が大きすぎると一般に考えられていた時期があった。そのような認識を背景に、1927年にマクファデン法が制定され、複数の州で店舗を展開することに制約が課されるなど、新しい規制が導入された。これにより、アメリカの銀行の規模はかなり小さくなった。

しかし、1929年に始まった大恐慌で、小規模な銀行の多くが破綻した。十分に多角化ができておらず、資本を集めることに苦労し、突然の損失に対処できなかったのだ。同じ時期にカナダも深刻な不況に見舞われたが、アメリカよりも銀行の市場集中度が高かったため、銀行の破綻はまったくなかった。

その結果、1929年から1990年代にかけて、アメリカでは銀行の規模が小さすぎ、市場集中度が低すぎるという主張が目立つようになった（州をまたぐ店舗展開の規制は、第二次世界大戦後の早い時期に緩和された）。1980年代には、アメリカもドイツや日本のように銀行の大規模化を目指すべきだとよく言われた。ドイツや日本では、GDPの規模に比べて、主要銀行の規模が大きい。

やがて、「銀行の規模が小さすぎる」という見方が過度に強調されるようになった。それは大恐慌という一つの歴史上の出来事に対する過剰反応が生んだ結果だったが、いましきりに言われている「銀行の規模が大きすぎる」という主張も似た面がある。これも金融危機という一つの出来事への過剰反応と言わざるをえない。大恐慌の経験から明らかなように、実際には、小規模な銀行をたくさん増やしても悲惨な結果を避けられるわけではない。むしろ、システム全体に影響しかねないリスクが現実化したときには、壊滅的な打撃を受けやすくなる。

もし今日のアメリカで巨大銀行の解体を推し進めれば、バブル崩壊などの大規模なマクロ経済上のリスクが現実になったとき、たくさんの小さな銀行が打撃を被る。この状況は、少数の大きな銀行に打撃が及ぶ場合よりも対処しやすいとは限らない。

それどころか、対処がより難しくなる可能性がある。金融当局が注意を払わなくてはならない金融機関の絶対数が増えるからだ。具体的には、合意を取りつけなくてはならない案件の数や、電話しなくてはならない銀行経営者の数、支援して状況を注視しなくてはならない企業合併の数、目を光らせなくてはならない状況の数も増える。頭痛の種が増えることこそあっても、減ることはないだろう。

零細銀行が無数に並び立つ世界をつくっても、金融システムが破綻するリスクは小さくならない。この点は1930年代の経験からも明らかだ。悪者探しをするにしても、巨大銀行をやり玉に挙げるのはやめたほうがいい。

第8章

政府は大企業にコントロールされている？

Crony Capitalism: How Much Does Big Business Control the American Government ?

大企業が政府を操っているという誤解

ここまで読んできたあなたは、こう思っているかもしれない。前章までの議論はわかったが、企業と政府の癒着についてはどう考えればいいのか。ワシントンの政治は、大企業に牛耳られているのではないか。

確かに、政府が企業に特権を与えているケースは少なくない。ほとんどの場合、それは悪い政策だ。しかも、そのような状況は長く続いていて、今後も変わりそうにない。この点は、ルイジ・ジンガレスが2012年の著書『人びとのための資本主義——市場と自由を取り戻す』(邦訳・NTT出版)で雄弁に述べているとおりだ。

私もほぼあらゆる形態の「縁故資本主義」に反対の立場だが、この問題に関して基本的な状況が正しく認識されているかは疑わしいと思っている。企業が政治に対して影響力をもっていることを否定するつもりはない。しかし、大企業がワシントンを操っているというのは根拠のない俗説だ。

詳しく調べてみると、アメリカの政治的決定の大半は大企業の意向に沿っていない。個別分野の立法に企業の影響力が働くケースがしばしばあることは事実だが、政府予算に関わる主要な決定のほとんどは有権者の意向に従っている。その証拠に、連邦政府予算のかなりの割合を福祉予算が占めている。

アメリカ企業が法律上のリスクを最小限に抑えるために割く時間とエネルギーは増える一方だ。企業は政府の複雑な規制を把握し、連邦政府や州政府、地方自治体の不利な決定により大きな経済的損失を被ることを避けるために苦心している。

20世紀の思想家・小説家であるアイン・ランドの著作のように、大企業を「迫害された少数派」と位置づける主張は真実にほど遠いが、反企業感情が拡大するなかで、企業の政治的影響力の大きさは誇張されている。実際には、政治がカネによって動かされているわけでも、すべてが企業の思いどおりになっているわけでもない。

共和党は大企業に支配されていると、昔からよく言われてきた。しかし、2016年9月後半の時点で、フォーチュン誌100社のCEOは一人も、共和党の大統領候補としてアメリカ大統領選に臨むことが決まったドナルド・トランプに献金していなかった。それに対し、2012年の大統領選で共和党の大統領候補だったミット・ロムニーは、9月の時点でフォーチュン誌100社の約3分の1の企業のCEOから献金を受けていた。では、なぜトランプは共和党の候補者指名を獲得できたのか。理由ははっきりしている。十分な数の有権者が支持したからだ。

ワシントン・ポスト紙の経済学コラムニストだったスティーヴン・パールスタイン（現在は私と同じジョージ・メイソン大学の教授も務める）は、いつも大企業を厳しく批判している人物だが、20

16年秋に書いたコラムではこう指摘している。「今年のアメリカ大統領選の皮肉な点は、政府に対する企業の影響力がかつてなく低下しているときに、企業に対するポピュリスト的な反感が最高潮に達しているように見えることだ」

ゼネラル・エレクトリック（GE）のCEOだったジェフリー・イメルトも、2016年の株主向け書簡で「企業と政府の関係がこれほど厳しかった時期を私は知らない」と記している。オバマ政権時のホワイトハウスで大統領首席補佐官を務めたウィリアム・デイリーも、「率直に言うと、大企業の弊害はもはやあまり大きくないと思う」と述べている。[1]

これはさすがに言いすぎだと、私は思う。パールスタインのような論者もおそらく気づいているように、大企業と政治の関係は、近づいたり離れたりを繰り返してきた。実際、こうした指摘のあとで大統領に就任したトランプは、大企業、とくに巨大多国籍企業に有利な税制改正をおこない、経済界はそれを熱烈に支持した。

私がこの文章を書いている時点で、アメリカ政府の政策がある面で企業の利害に強く沿ったものになっていることは否定できない。そのような時期も当然ある。あなたが本書を読むとき、企業の影響力が強まっているなら、以下の議論は一般的な傾向について論じたものだと考えてほしい。

いまのアメリカでは、大企業の意向どおりに政治が動いているとは言い難い。産業界のリーダーたちの多くは、財政規律、自由貿易と強力な貿易協定、予測可能性のある政治、多国間主義の外交、移民受け入れの拡大、そして政府内でのある程度のポリティカル・コレクトネスを求めている。しかし、トランプ政権下では、いずれも尊重されていると言うにはほど遠い。

これらの点でも大企業の意向が政治に反映されやすい時期とされにくい時期があるのだろう。それでも、現時点でこのような主張が政府に受け入れられていないことは、大企業が政治を動かしていない証拠と言える。

アメリカ政府がインフラ整備への関心を再び強めていることは、企業の関心事が重視されている一例ではある。しかし、トランプ政権の下でそうした計画がどの程度実行に移されるかは定かでない。それは、企業のロビー活動の力よりも、トランプ大統領自身の関心の度合いに左右されそうだ。また、仮に大規模なインフラ整備計画の実施が決まったとしても、いま議論されている計画が結実するのは何十年も先になる。

企業寄りと言われることが多いトランプだが、実際にはときどき思い出したように企業寄りの姿勢を打ち出しているにすぎない。彼の主張や姿勢、手法は、概して反企業的性格が強い。企業のリーダーたちは政治の予測可能性を望むが、トランプはその正反対の政治をおこなっている。

トランプは2016年の大統領選で勝利した直後から、生産拠点の国外移転などを理由に、キャリア（エアコン）、フォード（自動車）、ボーイング（航空・宇宙）といった企業をツイッターで攻撃した。エアフォース・ワン（大統領専用機）の価格が高すぎるとボーイングに噛みついたり、アマゾンと同社創業者のジェフ・ベゾスをツイッターで再三批判したりもしてきた。

それだけではない。さまざまな国に対して立て続けに貿易戦争を仕掛け、自国が結んでいる貿易協定を激しく批判している。医療保険制度改革の細部を無視したり、重要な同盟国との関係を揺るがすような発言を繰り返したりもしている。そして、メディアを――メディア企業も大企業だ――

「人々の敵」と決めつけている。

企業は、概して移民の受け入れに積極的な立場を取っている。商品やサービスを購入する消費者が増えるし、労働力の供給も増えるからだ。しかし、トランプは、(合法の移住者も含めて)移民に厳しい姿勢で臨むことを政権初期の最大の特徴としてきた。

トランプが政治とビジネスの間に適切な境界線を引こうとする気配も一向にない。極度の縁故資本主義を実践し、大統領の地位を利用してみずからのビジネス(ホテルとリゾート施設)を宣伝し、売り上げを増やそうとしてきた。それでトランプの懐は潤うかもしれないが、大半のビジネス関係者は、大統領が公私混同し、もしかすると憲法の「報酬条項」(公職にある者が外国政府から金銭などを受け取ることを禁止した規定)に違反していた可能性があることに、神経を尖らせている。

トランプに関しては続々と新しいニュースが生まれている。あなたが本書を読む頃には、さらにさまざまなことが起きているだろう。私がこの文章を書き終えた翌週に何か起きたとしても不思議でない。そのように次々と新しい出来事が起きる状況は、政治の予測可能性と安定性を望むビジネス界全般の願いに反している(それを願うことはいたって正当なことなのだが)。

トランプがいくつかの重要な側面でみずからと親密な企業を優遇しているのは事実であり、彼が、ビジネスの仕組みを理解していないのではないかという疑いをいだく人も少なくない。大統領になるまでのすべての人生をビジネスの世界に費やしてきたはずなのだが。

縁故資本主義の歴史

今日のアメリカで縁故資本主義がはびこっていることは否定できない。たとえば、米国輸出入銀行は、融資保証と低利融資によりアメリカの輸出企業を援助している。その恩恵を最も受けているアメリカ企業は、なんといってもボーイングだ（一方、相手国側でとくに大きな恩恵に浴しているのは、メキシコの国営石油企業ペメックスなど、国営大企業の場合が多い）。そのほかにも、中小企業庁が小さな新興企業を支援しているし、米軍の防衛装備の買い替えも企業に利益をもたらしている。

砂糖業界と乳製品業界のロビー活動は、いまも巨額の補助金を獲得し、価格保護制度を存続させている。そのツケを払わされるのは、主に一般消費者だ。そのなかには低所得者も含まれる。それ以外にも、米軍が購入する兵器の価格が高すぎたり、家庭向けケーブルテレビ事業への参入障壁が存在したり、州政府や地方自治体の公共事業で業者との癒着があったり、縁故資本主義の実例はいたるところにある。

こうしたことがまかり通れば、企業は消費者を獲得するために競争するのではなく、政治への影響力を競い合うようになりかねない。企業が政治に働きかけて、輸入品に対する関税、価格保護制度、補助金、競争制限措置などを導入させようとする例は非常に多いが、これもすべて自社の利益のためだ。

このようなロビー活動が成功すると、資本主義は、権力者に取り入り、国家権力を味方につけることを目指すようになってしまう。コストを削減したり、価格を下げたり、品質を向上させたり、顧客のニーズに応えたりすることは、二の次になる。

最近、縁故資本主義がひときわ目に余る。なにしろ、現職大統領が縁故資本主義の達人なのだ。これまでビジネスの世界で生きてきたトランプは、2016年の大統領選で共和党の候補者指名レースを戦っていたとき、自分がいかに政治家を買収して優遇措置や特別待遇を引き出してきたかを公言した。トランプの主たる事業である不動産ビジネスとカジノビジネスでは、連邦政府や地方政府の許可が必要とされる場合が多く、汚職や政治的口利きが横行する危険があることは明白だ。トランプと彼の所有する企業が「海外腐敗行為防止法」に違反した疑惑も後を絶たない。事業を世界に広げるために、外国政府に賄賂を渡した疑いがあるとされている。[2]

それでも、データを見る限り、大企業がアメリカの政治を牛耳っているとまでは言えない。たとえば、アメリカ企業が連邦政府へのロビー活動に費やしている金額は年間約30億ドル。莫大な金額に思えるかもしれないが、企業の年間広告予算の約2000億ドルに比べると微々たるものだ。30億ドルというのは、ゼネラル・モーターズ(GM)の広告予算とほぼ同程度。プロクター&ギャンブル(P&G)の広告予算はもっと多く、49億ドルに上る。

ある企業幹部(元官僚でもある)はこう述べている。「企業の人間は、いまこう考えている。ワシントンを訪ねて時間を無駄にするのと、中国を訪ねて、実際にものごとを動かせる人間と話すのと、どっちが有益だろう、と」[3]

もしロビー活動で政府の政策を自在に動かせるのなら、なぜ企業は年間30~40億ドル程度しかロビー活動に費やさないのか。もっとたくさん金をつぎ込めば、もっと政府予算の使い道を動かせるのではないのか。現実には、企業がロビー活動を通じて政府に及ぼせる影響力は、一般に思われているほど大きくないのだ。

2010年に連邦最高裁判所が選挙の際のCM放映に関してくだしたシチズンズ・ユナイテッド判決は、政治の世界で企業が野放図に行動しているという印象をいっそう強めた。この判決により、営利企業や非営利組織は、特定の候補者を支援する選挙運動やテレビCMなどの「選挙運動通信」に制約なく資金を支出できるようになった。大企業が政治を乗っ取り、それに対する法的な歯止めもなくなったと受け止めた人が多かった。

しかし実際には、大企業の政界への影響力は弱まった。この判決により、個人もみずからの思想やイデオロギーを推し進めるために莫大な資金を投じられるようになったからだ。そのような大富豪の大半がビジネスで財を成した人たちであることは事実だが、政治のために莫大な金額を使おうとするのはたいてい非常に強力なイデオロギーの持ち主だ。狭い意味でのビジネス上の利益のために途方もない金額を投じるわけではない。

これまで大企業が政治に影響力を及ぼすために支出してきた金額は、いま大富豪個人が支出している金額に遠く及ばない。シチズンズ・ユナイテッド判決にはさまざまな評価があるが、イデオロギーの影響力が強まり、有力企業の役割と力が弱体化した新しい時代の幕開けを象徴するものと言えるかもしれない。

企業は政治献金よりもロビー活動という形で政治への影響力を振るっているのではないか、と思うかもしれない。しかし、データを見る限り、企業はそれほど強烈なロビー活動を展開しているわけではない。

2007年のデータによると（これが最も新しい正確なデータだ）、ワシントンにおけるロビー活動の規模が最も大きいのは、ブルークロス・ブルーシールド協会（医療保険）だ。専属のロビイストを56人擁しているほか、30社のロビイング会社に依頼している。これに続くのが、ロッキード・マーチン（航空・宇宙、31人と53社）、ベライゾン（通信、21人と58社）だ。これらの企業が連邦政府からかなりの優遇やお目こぼしを受けていることは間違いない。ロビー活動の予算では、ゼネラル・エレクトリック（GE、複合企業）、アルトリア（たばこ）、AT&T（通信）、エクソンモービル（石油）が上位を占めている。

しかし、ロビイストが政治のすべてを動かしているというのは言いすぎだ。平均すると、大企業がワシントンに置いているロビイストは3・4人、中規模な企業は1・42人にすぎない。超有力企業でも平均13・9人にとどまる。それに、大多数の企業のロビー活動予算は、年間25万ドルに満たない。

しかも、ある綿密な研究によれば、企業がロビー活動をおこなっても、その企業にとって好ましい法律が制定される確率が高まったり、その企業が受注できる政府の仕事が多くなったりするわけではないという。そうした効果が乏しいという点では、政治献金も同じだ。[4]

政府予算の使い道から考える

強いて言えば、スタッフが足りない議員の法案起草や政策検討を企業が支援していることは問題だろう。だが、政府の政策がすべて大企業の希望どおりになっているわけではない。

その点は、連邦政府予算の主な支出項目を見ればよくわかる。最も大きな支出項目は、公的年金とメディケア（高齢者医療保険制度）。いずれも国民に強く支持されている制度だ。選挙では高齢者の投票率が高いため、政治家は競い合ってこれらの制度を継続させ、さらには拡大させようとする。

確かに、メディケア支出が膨らんでいる大きな理由の一つは、医療機関や医師団体によるロビー活動だ。たとえば、メディケア運営機関に薬品価格の交渉が禁じられていたり、医療機関に有利になるように高コストの医療制度が採用されていたりする。この状況は、連邦予算が企業の影響を強く受けている例の一つと言える。しかし、これが有権者の意向に沿った状況であることも否定できない。メディケイド（低所得者医療保険制度）については後述する。

これらに続く大きな支出項目は、国防費と国債の利息支払い費だ。兵器産業の働きかけにより国防費が膨張していることは間違いない。しかし、国防費のかなりの割合を占めているのは、設備・装備費ではなく、人件費と年金給付金だ。それに、兵器の価格が莫大な金額に上っていても、国防への支出は概して有権者に支持されている。国防予算の削減を公約の柱に据える政治家がある程度以上の支持を集めることは考えにくい。また、国債の利息支払い費の支出が企業の意向と無関係なことは言うまでもない。

最も露骨に産業界のロビー活動の影響を受けている政策は、農業補助金だ。しかし、農業補助金は年間総額200億ドル程度であり（具体的な金額は市場環境によって変動する）、総額4兆4000億ドルを超す連邦政府予算に占める割合はけっして大きくない。

企業の意向が強く反映されている政策としては、知的財産権をめぐる法制度も挙げられる。たとえば、アメリカ政府は通商関連の条約を交渉するとき、特許権と著作権を強力に保護する条項を盛り込むようつねに主張する。これは、アメリカが知的財産の輸出大国で、その輸出企業が政府の条約交渉過程に影響力を及ぼしているからだ。有権者は、強力な知的財産権保護を求めてはいない。

とはいえ、有権者にも間接的な影響は及ぶ。通商協定で知的財産権保護が弱まれば、知的財産を輸出している企業の雇用が失われないとも限らない。そうなれば、一部の有権者は打撃を被る。このように、一見すると企業が好き放題に振る舞っているように思える場合でも、間接的には有権者の利害も反映されているケースが少なくない。

州政府の予算についても見てみよう。州政府は連邦政府以上に、企業が思いどおりに動かしやすいのではないかと思う人もいるかもしれない。州レベルの政治のほうがメディアなどの監視の目が届きにくいし、財政面での安定性が乏しく、企業の言いなりになりやすい、というわけだ。しかし現実には、州政府の予算のほとんどは有権者の意向により決まっている。

州政府の主要な支出項目は、高校までの学校教育、刑務所、道路などのインフラ、高等教育、低所得者向けの公的な医療保険制度であるメディケイドだ。高校までの学校教育に予算を使うことは、有権者に強く支持されている。基本的に企業がごり押ししたわけではない。

刑務所ビジネスで儲けている企業は確かに存在する。近年、民間刑務所が増えすぎているのは、そのせいなのかもしれない。しかし、刑務所予算が膨張している最大の理由は、1980年代以降、有権者が犯罪に対して厳しい政策を望んだことにある。一方、産業界がインフラ整備を望むことは事実だが、最近はインフラ整備があまり重んじられていない。ものごとが企業の思うままに進んでいるとは言い難いように思える。

高等教育への支援も、企業の意向とはあまり関係がない。多くの企業がミシガン大学やカリフォルニア大学バークレー校などの公立大学との連携を望んでいる面はあるにせよ、これは主として有権者の望みを反映した政策だ。ちなみに、この分野への支出は減少傾向にある。その大きな要因は、有権者が高等教育支援を最優先事項とまでは考えていないことにある。

州政府の支出項目のなかで最も賛否がわかれているのは、メディケイドだ。共和党支持者が多い州（いわゆる「レッド・ステート」）では、この制度への反対論がとくに強い。メディケイドに関しては、強大な医療産業が政治に影響力を及ぼして、州レベルでも連邦政府レベルでも予算を膨張させてきた。低所得者向けの制度であるメディケイドは、高齢者向けのメディケアほど有権者の支持が強くない（低所得者層と高齢者層は重なり合う場合も多いが）。そこで、制度の存続と拡大のために、医療産業による政治への働きかけがいっそう必要とされるのだ。ただし、少なくとも左派の有権者がそれを望んでいることも事実だ。

このように、州政府の予算のほとんどは、企業ではなく有権者の希望に沿って決まっている。共和党支持者を含む有権者の意向により、トランプ政権発足後もメディケイドの拡充（これはオバマ政権の医療保険制度改革の大きな柱だった）が継続されている。

政府の規制に関してはどうか。企業が自分たちに都合のいい規制を設けさせたり、規制逃れをしたり、監督官庁にお目こぼしをさせたりしているという報道は後を絶たない。しかし、大半の企業関係者は現在の規制に強い不満をいだいている。規制が厳しすぎると感じている人がほとんどだ。

規制に対する賛否は別にして、規制が企業にきわめて大きなコストを生み出しているという客観的なデータもある。法令遵守のためにかかる直接的なコスト以外にも、CEOの関心とエネルギーがかなり奪われている。直接的なコストだけで年間何兆ドルにも上るという推計も珍しくない。そうしたコストの一部は最終的に消費者に転嫁される。

規制によるコストの正確な規模はよくわからない。しかし、そのコストがきわめて大きいことは間違いなさそうだ。現状が企業の望みどおりになっているとは言い難い。トランプ政権は規制緩和を声高に叫んでいるが、規制の大多数は廃止されておらず、近い将来に変更されることもなさそうだ。[5]

政治は金持ちのためにある？

プリンストン大学のマーティン・ギレンズとノースウエスタン大学のベンジャミン・ページの研究をきっかけに、金持ちのエリートたちがアメリカの政策を動かしていて、一般有権者の意向はほとんど反映されていないという主張が目立つようになった。しかし、そうした主張はおおむね裏づけを欠いている。

ギレンズとページは1779件の政策テーマに関するデータベースを参照して、実際に採用された政策が典型的もしくは平均的な有権者の意見よりエリートの意見に近いことを指摘した。一見するともっともらしい指摘に思えるが、多くの研究者がこの研究結果を否定している。そうした批判には説得力が感じられる。

まず、データベースに記載されていた政策の89・6%では、富裕層と中流層の意見が一致している。したがって、仮に富裕層が政策を動かしているとしても、中流層の意見とかけ離れた政策が推進されているわけではない。また、富裕層と中流層の意見が食い違っている政策でも、意見の違いは概して小さい。その差は、平均して10・9ポイントにとどまる。たとえば、ある政策に対する支持が中流層では43%なのに対し、富裕層では53・9%という具合で、深い亀裂が走っているとは言えない。

さらに、富裕層と中流層の意見対立がきわめて大きいテーマで富裕層の望みどおりの結果になるケースは、53%にすぎない。47%のケースでは中流層の意見が通っているのだ。やや富裕層の意見が通りやすいことは事実だが、中流層の意向が踏みにじられているというのは言いすぎだ。富裕層の主張どおりになる場合も、「保守的」な政策が採用されるケースは、「リベラル」な政策が採用されるケースより若干多い程度にすぎない。

以上の点をまとめると、少なくとも議会での立法に関して言えば、中流層はほぼ望みどおりの結果を手にしていることになる（言うまでもなく、中流層が望む政策とあなたが正しいと考える政策が一致するとは限らない[6]）。

データからはっきり見て取れるのは、貧困層の意向がほとんど通っていない現実だ。貧困層の利害が中流層や富裕層の利害に反している場合は、とりわけその傾向が強い。貧困層しか支持していない法案が成立する確率は18・6％にすぎない。

この点は、アメリカの民主主義にとって大問題と言えるだろう。しかし、政治が富裕層の意のままにされているわけではない。問題は、中流層と富裕層が貧困層のニーズを十分に気にかけていないことなのだ。

政府が何をするか（あるいは何をしないか）は、現状維持バイアスの影響も強く受ける。なんらかの法律の制定が提案されている場合、法改正が実現する確率はせいぜい0・5％程度、つまり200件に1件の割合でしかない。企業の抵抗が原因の場合も確かにある。しかし、0・5％という極端に小さい数字を見れば、現状維持の力が作用した結果という説明のほうがしっくりくる。

現状維持に傾く理由はさまざまだ。たとえば、政治的・イデオロギー的な要素が膠着状態を生む場合もある。理由はともかく、変化が起きにくい状況では、企業が政治の現状を覆すことも難しい。企業が自分たちの望みどおりにルールをやすやすと書き換え続けているわけではないのだ。

現実はもっと変化に乏しい。ワシントンで実質的な変化を起こすことは、誰にとっても簡単でない。原因は、三権分立による抑制と均衡の仕組みだったり、システム全体の複雑性だったり、有権者の無関心だったりするが、少なくとも企業の陰謀が原因ではない。もし本当に企業が思うままに政治を動かしているなら、政治はこのように停滞しないはずだ。[7]

また、企業が政治に影響を及ぼすことがつねに悪い結果を生むとは限らない。大企業がロビー活動により自分たちの意向を通そうとする政策テーマとしては、前述したように、税、貿易、移民、著作権などが挙げられる。

私が思うに、企業のロビー活動は、著作権に関しては有害だが、貿易と移民に関しては有益だ。税に関しては、功と罪の両方があるように思える。ロビイストは、簡素な税制と低い税率を求める傾向がある。貿易については、他国との貿易協定の締結と自由貿易を主張する。そのような主張は好ましい結果をもたらす。とくに、途上国の輸出産業に及ぶ恩恵が大きい。

補助金や公共事業を受注するためのロビー活動は、大企業よりも小規模な企業でよく見られる。公共事業自体は必要なものである場合が多いとしても、この分野でのロビー活動が活発なことは、税金の無駄遣いと利権の追求がまかり通っている証拠と言えるのかもしれない。[8]

有限責任会社は悪しき制度なのか

一部の論者は、有限責任会社の存在が道徳に反すると主張する。そのような論者に言わせれば、この制度は、企業が政治の産物である証拠だという。

有限責任とは要するに、企業の株主が持ち株の価値以上の経済的責任を負わないものとする法律上の仕組みのことだ。一見すると、個人が法人を隠れ蓑にして責任を逃れるための方便に思えるかもしれない。実際、アメリカ建国の父の一人であるトーマス・ジェファーソンも、有限責任会社の形態に懐疑的だった。[9]

しかし、この種の批判は正しくない。有限責任会社が存続し、おおむね主流の企業形態であり続けてきたのは、もちろん法律で強制されているからではない。それが効率のいい方法だからだ。

もし、有限責任ではなく、二重責任の仕組みが強制されたら、投資家の行動にどのような影響があるだろうか。二重責任とは、会社が倒産したとき、株主が最大で出資額と同額の追加負担を求められる仕組みのことだ（この制度を採用することは、今日も法律では禁じられていない）。投資家は、ある企業の株式に１００万ドル投資した場合、最大で２００万ドルまで責任を負うことになる。もしその会社が倒産すれば、裁判所がいわば株主の銀行口座に手を突っ込んで追加の金を徴収し、債権者に渡す可能性がある。

しかし、二重責任、あるいはそれ以上に重い責任を株主に課す仕組みを採用している企業に投資する資産家はあまりいないだろう。投資家は、少ない資本でペーパーカンパニーをつくり、その会社に投資先企業の株式を保有させる。そうすれば、万一の場合も資産の大半を守ることができる。

もし、この手法も禁止されたり制限されたりしたら？　投資家は、分散投資が簡単にはできなくなる。いくつもの企業の財務状態を監視したり、ほかの株主たちの財務状態を監視したりすることは、あまりに骨が折れる。

裏を返せば、分散投資をしないことが当たり前の分野では、無限責任の形態でも問題がない。パートナーシップと呼ばれる組織形態を採用している法律事務所はその典型だ。もし、資産の大半をそのような形態の法律事務所に投資するしか選択肢がなく、法律事務所のパートナー（共同経営者）の人数が比較的少なければ、無限責任の仕組みがある程度は機能するかもしれない。

しかし、無限責任の形態を法律で強制すれば、きわめて非効率な企業所有構造が出現する可能性が高い。たいてい、企業にとって最も好ましい株主とは、業界経験が豊富で、その会社に直接の利害関係があり、その会社以外に多くの資産を保有していて、資産を分散投資したいと考える人たちだ。しかし、無限責任が採用されると、このような人たちが株主にならなくなってしまう。そうなると、企業統治の質も低下する。そして、ほとんどの企業リーダーは、財務面できわめて難しい立場に立たされる。その結果として、企業は停滞に陥り、イノベーションよりも自己防衛に血道を上げるようになりかねない。

このような制度の下でも、富裕層は資産を守る手立てを見いだすだろう。資産を家族名義に変更したり、財団やペーパーカンパニーをつくってそこに資産を移したりすればいい。したがって、この類いの仕組みを採用しても恩恵はほとんど、もしくはまったくない[10]。

要するに、二重責任や無限責任の仕組みは非効率で、広い意味での社会正義にもあまり貢献できない。過去にその種の形態への移行が試みられたこともあったが、ほとんどの場合、もっと投資家のコストが小さい形態――たいていは古典的な意味での有限責任の考え方に基づいたものだ――に取って代わられただけだった[11]。

アメリカの歴史を通じて、有限責任からの脱却はたびたび試みられてきたが、そのたびに有限責任の仕組みを創設したり、復活させたりする結果になった。たとえば、マサチューセッツ州にはかって、連帯責任のルールが存在した。企業の株主の一人ひとりが会社のすべての債務に対して責任を負う仕組みだ。しかし、このルールは1830年に廃止された。ニューハンプシャー州、ミシガン州、ウィスコンシン州、ペンシルベニア州は有限責任からの脱却を試みたことがあったが、すぐに元の制度に戻した。その大きな要因は、州政府が財政破綻せずに自力でインフラを整備する能力を欠いていて、民間企業に頼らざるをえないことにあった。ニューヨーク州が1811～28年に一連の立法と司法判断により有限責任会社の設立条件を緩和すると、それが大きな転換点になった。

カリフォルニア州には1931年まで有限責任会社を認める法律が存在しなかったが、州経済が発展しはじめると、そのような制度が必要とされるようになった。あらゆる州で、既存の制度ではビジネスをおこなうコストが大きすぎると、企業が感じはじめた。もし有限責任の制度を設けなければ、企業がよその州に出ていく恐れがあったのだ。

19世紀後半にアメリカで工業化が進むと、有限責任会社の形態が台頭し、おおむね好ましい結果をもたらした。現在、アメリカで発行される領収書の約90%は有限責任会社が発行している。アメリカだけではない。今日の先進国ではほぼ例外なく、有限責任会社の仕組みが導入されている。[12]

多国籍企業は世界を支配していない

最後に、本書はアメリカ企業を主なテーマにしているが、「多国籍企業が世界を牛耳っている」という主張にも手短に反論を加えておこう。この種の主張はよく聞かれるものだが、不幸な誤解と言うほかない。

実際には、豊かな国々がより豊かに、より民主的になるにつれて、多国籍企業の力は弱まっており、ほとんどの国で小さな支持しか得られていないのが実情だ。ウーバー（Uber）、フェイスブック、グーグルは、中国でのビジネスを断念せざるをえなくなった。アメリカのテクノロジー企業は、欧州連合（EU）からも厳しい規制を突きつけられつつある。インドでは、小売大手ウォルマートのビジネスが制約されている。程度の差こそあれ、多くの新興国は厳しい規制を課して、欧米の多国籍企業の影響力を抑制しようとしている。

なにより、ナショナリズムや自国産業の保護と貿易黒字の確保を重んじる心理が再び強まるなかで、外国企業への参入障壁が設けられたり、国内に強力な基盤をもつ国有企業が台頭したりして、グローバリゼーションが部分的に後退する傾向も見られている。このような現象は、多国籍企業の政治力を奪う原因にもなるが、そもそも多国籍企業が世界を牛耳っていなかった証拠でもある。

もちろん、多国籍企業が不適切な形で外国に強い影響力を振るいすぎたケースはたくさんある。石油企業は、アフリカの国々の政治に干渉し、賄賂を渡して油田の開発権を取得してきた。自分たちの利益に沿っていると思えば、政権の腐敗を容認し、時には助長したこともある。環境保護規制を課されないように外国政治家の歓心を買おうとして、便宜を図ったり、間接的な形にせよ賄賂を渡したりする多国籍企業もある。

しかし、だからといって、多国籍企業が世界を支配していることにはならない。現実には、多国籍企業が外国のビジネス環境を手ごわいと感じるケースのほうがはるかに多い。それは、概してものごとが企業にとって都合がよくできていないからだ。

たとえば、中米のハイチからは、アメリカの多国籍企業のほとんどが撤退した。不安定な電力供給、道路状況の悪さ、老朽化した港湾施設、劣悪な司法制度、治安の悪さなどが原因だ。ハイチはお世辞にも強国とは言えないが、多国籍企業はこの小さな国を支配できていないのだ。

貧しい国の多くと一部の豊かな国は、統治の質に問題がある。その結果として、もっぱら外国企業を利するような政策が実行される場合もあるが、外国企業も含めてビジネス界全般にとって好ましくない環境が生まれる場合もあるのだ。一般的に、アメリカの企業はブータンやカメルーンよりもカナダに投資することを好む。この点は、多国籍企業の強大さを物語るエピソードの数々よりも現実を浮き彫りにしている。多国籍企業の横暴が目に余るケースも少なくないが、ここで紹介したような見方のほうが「多国籍企業が貧しい国を牛耳っている」という思い込みよりも現実に近い。

次章では、ここまでの議論を踏まえて、どうして私たちが企業を、とりわけ大企業をこれほど信用しないのかという問いを考えてみたい。

第9章

大企業が嫌われる理由

If Business Is So Good, Why Is It So Disliked ?

大企業を人間と同一視する発想

いよいよ、最大の問いに切り込もう。企業が非常に有益な存在で、企業批判の多くが誇張されていて、企業の腐敗度がそこで働く個人と変わらないのなら、どうして企業はこれほど嫌われるのか。その原因は、人間の性質そのものにある。問題は、私たちが企業に評価をくだす際、個人を評価するのと同じ基準を適用しがちだという点にある。

本章では、なぜ私たちが企業を人間のように扱うのかを論じたい。それがいかに私たちの判断を歪めているか、企業がいかに私たちのそうした思考様式を助長し、あるいは促しているか、そして、大衆文化やエンターテインメントがそのような発想をいかに定着させているかを見ていく。

2012年のアメリカ大統領選に共和党から出馬したミット・ロムニー（バラク・オバマに敗北）は数々の失言が問題にされたが、「企業は人間だ。私の友人だ」という言葉はとりわけ重大な失言だった。ドナルド・トランプの数々の発言に比べれば、大した問題ではないと思うかもしれない。しかし、当時、この発言は大きな波紋を呼んだ。

人間と人間以外のものを同一視するかのような発言は、倫理観が破綻していることの動かぬ証拠だと考えられた。ロムニーはあまりに冷血で、あまりに裕福な暮らしに浸っているせいで、道徳を見失っているように見えた。

文脈を考えれば、ロムニーの主張は完全に筋が通っていた。本来は、やり玉に挙げられる類いのものではなかったのだ。この発言は、税制改革、とりわけ法人税に関する議論でなされたものだった。ロムニーが言いたかったのは、企業に税金を課せば、やがてなんらかの形で人間にツケが回るということだった。みずからが設立した投資会社のベイン・キャピタルとかわいい孫たちの間に違いがない、などとは言っていない。

ある集会でこの発言をしたとき、聴衆から「そんなわけないだろ!」とヤジが飛んだ。すると、ロムニーはこう言い返した。「いや、そうだ。会社が稼いだ金は、すべて最後は個人の手に渡る。その金がほかのどこへ行くと思っているんだ?」[1]

別に間違ったことは言っていない。奇妙なのは、この発言が激しい批判を浴びる一方で、程度はともかく、ほぼすべての人が企業を人間のように考えていることだ。というより、企業批判派こそ、そのような主張を繰り返している。

私たちはみな、理屈ではホモサピエンスと有限責任会社の違いくらい理解している。極端な話、大好きなおばあちゃんと種子・農薬大手モンサントの区別がつかない人などいない。ところが、企業に関する情報を咀嚼する際、無意識に企業を人間扱いしてしまう。人間と同じ基準で企業を称賛したり批判したりし、あたかも人間に忠誠を誓うように、企業への忠誠を貫いたりする。

「企業が政治を意のままに動かしている」という結論に人々が飛びつく理由の一端も、ここにある。私たちは、人間だけでなく企業に対しても、裏切られたとか、見捨てられたと感じる。私たちはよくも悪くも、人間に対する考え方や感じ方を企業への評価に持ち込んでいるのだ。

私たちは、頭と心のなかで企業を人間に置き換える傾向がある。企業を擬人化して、意識をもった生身の独立した存在とみなし、人間に対するのと同じ道徳基準で評価するのだ。

2016年、保険大手のメットライフは、企業キャラクターとしてスヌーピーを使うのをやめた。しかし、それまで長年にわたってスヌーピーを用い続けてきたことから明らかなように、メットライフは自社を人間のように（というより、この場合は人気のある愛すべき犬のように）思ってもらいたいと考えていた。

スヌーピーは、シリーズ漫画「ピーナッツ」の実質的な主人公だ。本来の主人公は飼い主の男の子チャーリー・ブラウンなのだが、このビーグル犬は、愛らしくて、哲学的なところがあり、やさしく、さっぱりした性格で、言葉少なく神秘的というイメージがある。多くの人は、スヌーピーを見ると、自分の子ども時代を思い出す。日々の生活を共にし、自分の分身と位置づけていたペットを連想するのだ。[2]

メットライフは、新聞広告やテレビCMで30年にわたりスヌーピーを用い、イベントではスヌーピーが描かれた飛行船を飛ばしてきた。同社によると、スヌーピーをキャラクターに採用したのは1985年。「保険会社が冷たくてよそよそしいイメージをもたれている時代に、もっとフレンドリーで親しみやすい存在と思われたい」というのが理由だった。

では、なぜスヌーピーの使用をやめたのか。まず、キャラクターとして古くなったという事情がある。新しく採用されたのは、ブルーとグリーンでアルファベットの「M」の字を描いた企業ロゴだ。これは「パートナーシップM」と呼ばれている。ブルーとグリーンが混ざり合ってつくり出す多彩な色は、同社の顧客の多様性を表現しているという。適切な形で顧客に愛着をもってもらうには、スヌーピーは時代遅れとみなされたのだ。

一方、新しいキャッチコピーは、いっそう自社を人間的に見せようとしているように思える。そのキャッチコピーとは、「よりよい明日へ、ともに進もう」だ。「ぜひメットライフを。損はさせません」という古いキャッチコピーは、いまの時代にはやや直接的で冷たく感じられるのだろう。

メットライフは大規模な顧客意識調査を実施し、スヌーピーでは十分にリーダーシップ、責任感、そして今日の生活の慌ただしさを表現できないという結論に達した。スヌーピーは、保険を連想させづらいようにも思えた。それに、いまでは世界で1000を超すブランドがなんらかの形で「ピーナッツ」のキャラクターをマーケティングに用いている。メットライフとスヌーピーという組み合わせは、もはや特別なものに見えなくなっていた。

ニューヨーク・タイムズ紙に、クリスティン・ハウザーとサプナ・マヘシュワリがこの件について優れた記事を書いている。その記事のなかに、メットライフのグローバル最高マーケティング責任者を務めるエスター・リーのコメントが引用されている。「最近の企業は昔よりも親しみやすい印象をもたれるようになったと、リー氏は言う。消費者が企業に対して委縮しなくなったというのである。リー氏はこう述べている。『多くの企業が文字どおり顧客の一人ひとりに手を差し伸べるようになった。ツイッターで個々の顧客とやり取りする企業もある』」

要するに、企業は顧客に自社を人間のような存在だと思わせる能力を高めてきた。だから、メッセージのデジタル化に伴い、フレンドリーな雰囲気をまとうためにビーグル犬に頼る必要がなくなったのだ[3]。

進化の過程を通じて、人間が生きてきた環境では、個人が経験する大きな問題の多くは、ほかの個人の意思によって引き起こされてきた。人に最も恩恵をもたらし、最も害を及ぼすのは、明確な意図をもつ個人により構成される小集団だった。人間は、社会的地位を強く意識しながら集団の一員として生きるように進化してきた。子孫を残すことに成功し、幸せを手にするためには、適切な社会的連携を築くことが重要な意味をもってきた。私たちはよくも悪くも、そうした小集団が自分に対して取る行動や自分に対していだく意図を気にせずにいられない。

一方、私たちは、抽象的なシステムや規則の意味について考えたり、規則の間接的な影響により生活がどのように改善もしくは悪化するかに思いを巡らしたりすることは得意でない。

そこで、人はものごとを擬人化して考える。意識的にせよ無意識にせよ、企業を人間のようにみなし、人間と同様の基準で企業を評価せずにいられないのも、それが原因だ。

このような発想をすることは、ある程度は仕方がない。しかし、そのせいで判断を誤る場合があることは頭に入れておくべきだ。比喩を文字どおりに解釈しすぎたり、それにより感情を乱されすぎたりすることには、大きな危険がついて回る。ところが、現実には、人間との同一視を一切せずに企業について考えることは難しい。少なくとも、人間の小集団と重ね合わせずに企業を見られる人は多くない。

何千年にもわたり、人間はほとんどの時間、ほかの個人や集団（家族やグループ、部族など）、そしてほかの動物と関わって生きてきた。企業のような法人は最近まで存在せず、人間の頭の中でも構想されていなかった。人々にとって重要なのは、個人や小人数の集団がどのような意図をいだくかだった。

そのような時代の人たちは、天候や自然の力を擬人化し、何者かの精神や意図を体現するものと位置づけていた。そうした発想は、昔の多くの宗教に（そして現在の一部の宗教にも）存在する。「母なる大地」という言葉は、どうして生まれたのか。その根底にある発想は、月面に人間の顔を見て取る発想と似ている。今日の私たちも自動車や船やペットに名前をつけ、それらが自分の指示に従うよう期待し、その期待が裏切られれば失望する。

ギリシャ神話では、ガイアという女神が大地の象徴で、この女神が天の神ウラノスを産む（そして、のちにウラノスと結婚する）。神話の世界には、自然界のほぼあらゆる要素について、それを象徴する神や女神がいる。そのような神々は、（いささか大げさすぎる描写の場合も多いが）とても人間臭い性格の持ち主で、強い感情をもち、意図をもって行動する。今日でも、私たちはハリケーンを人間の名前で呼ぶなど、非常に多くのものを擬人化している。

擬人化すると、そのものをよりありありと認識できる。私たちは、昔から人間を介して世界を認識してきたからだ。西洋で最も影響力のある宗教、すなわちキリスト教も、神がイエス・キリストという人間の形であらわれるという考え方を土台にしている。キリストの母である聖母マリアも重要なシンボルになっている。

ものごとを擬人化する習性が最も強いのは、幼い子どもかもしれない。幼児向けのアニメで非生物がものを考えたり、感じたり、言葉を話したりするケースが多いのは、けっして偶然ではない。人類学者のスチュアート・ガスリーは、擬人化をテーマにした著作でこう記している。「(心理学者の)ピアジェによれば、幼い子どもは、ほぼあらゆる現象を、命と意識があり、人間が人間のためにつくったものと感じるという。……子どもたちの世界は『生き物の集合体』だ。その世界は人間がつくり出したもので、そこでは人間がすべての中心に位置すると考えられる」[4]

企業を憎むのは親を憎むのに似ている?

主に産業革命以降、途方もない影響力をもっているように見える近代的企業が登場すると、多くの人はなんらかの形でそれを擬人化して理解しようとした。人は、新しい状況や説明のつかないもの、潜在的な脅威に接すると、無意識に擬人化をおこなうものなのだ。

人は、すべての現象が誰かの計画と意図に基づいているかのような説明を心地よく感じる。ものごとの背景に計画や陰謀があると思いたがるのは、そのためだ。逆に、個人の計画や意図の影響を受けにくい市場秩序について理解するのは難しい。人間の行動によるものではあっても、人間が計画したものではない微妙な結果をなかなか理解できないのだ。この点は、ノーベル経済学賞受賞者のフリードリヒ・A・ハイエクが指摘したとおりだ[5]。

人々が陰謀論が好む背景には、さまざまな出来事や人間以外の力を擬人化したがる習性がある。

たとえば、暗殺事件がすべて組織的な陰謀ではなく、正気を失った個人による突発的な事件の場合もあるのだと、人々に理解させることは簡単でない。あらゆるクーデターの背後でＣＩＡが糸を引いているわけではないこと、そして、アメリカがイラクの原油すべてを持ち出しているわけではないことを納得させるのも難しい。

大きな事件が起きたとき、わかりやすい悪者をやり玉に挙げ、すべてがその悪者による陰謀だと決めつける人は多い。たいてい、そうした悪者は万能で強大な存在として描かれる。陰謀論を信じるのは、知識の乏しい人や教育レベルの低い人だけではない。教育レベルが高い人も陰謀論と無縁ではない。教育が陰謀論的な発想を助長する場合すらある。知識が豊富な人ほど、もっともらしい陰謀論を紡ぎ出す能力が高いのだ。

同様に、教育レベルの高い人が企業に関して正しい認識をもっているとは限らない。企業がさまざまな道徳を破り、経済を破滅させ、私たちを食い物にしているという、説得力ありげなストーリーをつくり上げたり、それとは逆に、企業を過度に礼賛したりするケースが少なくない。そうした非現実的な思い込み、とりわけ企業を悪者扱いする陰謀論に信憑性を感じる人が多いのは、みずからもしばしばひどい目に遭った経験があるからだ。たいていの人が手痛い経験をしているため、企業全般への批判が説得力をもつのだ。

もしかすると、人々は企業の力なしでは生きていけないからこそ、企業を憎み、批判し、嘲笑し、怒りをいだき、その地位を下げたがる面もあるのかもしれない。人々は企業に苛立たしい思いをすることが多いため、そのような態度を取りたくなるように思える。

私がこの本のアイデアを経済学者のブライアン・カプランに話すと、カプランは大げさな驚きの声を上げた。「でも……人々が企業に感謝しないなんて、嘘でしょ？　ぼくたちの必要なものは、みんな企業が提供してくれているじゃないか！　みんな企業のおかげじゃないか！」

もちろん、これはあくまでも冗談だ。人々がしばしば企業に厳しい視線を向けていることは、カプランもよく知っている。そして、人々が企業を批判するのは、企業が私たちのために、そして私たちに対して、あまりに多くのことをおこないすぎるからだ。

何かに似ていると思わないだろうか。カプランはこう言った。「企業を憎むのは、親を憎むのに似ている」

鋭い指摘だ。親はたいてい、わが子のために多くのことをする。ところが、そうした親の行動がもたらす結果に対して、子どもは少なくとも全面的には満足していない場合が非常に多い。アメリカではとくにその傾向が強い。親との関係では、子どもは大人になるまでほかの選択肢をなかなか選べない。それに対し、企業との関係では、ほとんどの人は企業に委ねる領域を増やすことを選んできた。しかし、企業は利己主義的な存在で、自社の利害に沿うときしか私たちの望みを考慮しない。

恐ろしい状況だと思うかもしれない。それでも、大半の人は企業の影響をますます強く受けるようになっている。人々は企業の創造性や安定感を評価し、勤務先の会社を通じて自己実現ができる可能性があることにも満足している。そして、混乱だらけの人生で、企業の商品を一服の清涼剤のように感じている。

企業がソーシャルメディアを活用する理由

こうした傾向にいっそう拍車をかけている要素がある。それは、私たちが企業を擬人化するよう企業が仕向けていることだ。企業が私たちの忠誠心と共感を獲得するために活用できる手立てのなかで、これほど強力なものはほかにない。

スヌーピーをキャラクターに用いたメットライフのように、企業は自社を私たちの友人として印象づけようとする。「オールステート保険に任せれば、すべて安心です」という具合だ。そうすることで、ブランドへの忠誠心を獲得しようとしている。

今日のテレビCMでは、幸せそうな家族と、鷹揚な態度の父親、やさしい母親、さりげなく異人種同士のカップルが描かれることが多い。あらゆる人の心に訴えかけ、同時に誰の気分も害さないためだ。CMに登場する子どもたちは、誰もが明るい未来をもっているように見える（少なくとも、そのCMで宣伝されている商品やサービスを購入すれば、ということだ）。

アンドロイドOSを搭載したスマートフォンを売りたいグーグルは、「フレンズ・ファーエバー（Friends Furever）」と銘打った広告キャンペーンを展開している。CMに出てくる「お友達」は、かわいい動物たちだ〔furever は、forever＝永遠とfur＝毛皮を合わせた造語〕。その動画はソーシャルメディアで大量に拡散され、広告専門誌「アドウィーク」によれば、2015年に最も拡散された広告だったという。

広告が直接的に友情や忠誠心を取り上げていなくても、広告を見た人たちに、温かみや思いやり、やさしさ、そして（商品や企業との）深い絆を感じてほしいと考えている場合が多い。

要するに、企業はあなたに、自社のことを友人のように感じてほしいと思っている。そのために、企業がどのような手法を用いているかを見てみよう。

企業はなぜ、ソーシャルメディアでの活動を活発化させているのか。一つの理由は、広い層にメッセージを届けたり、対象を絞り込んで広告を見せたりするうえで、フェイスブックやツイッターがきわめて有効だという点にある。しかし、理由はそれだけではない。企業がソーシャルメディアを使うのは、あなたの友人がそれを使っているからでもある。

フェイスブックを利用する人の多くは、このサービスを友人とつながる手段と位置づけている。そのため、フェイスブック上に存在する企業は、その人の意識のなかで友人と同じカテゴリーに分類される可能性がある。ソーシャルメディアを活用する企業は、ユーザーに実際の友人を連想させることにより、無意識に温かみと親しみを感じてもらえると期待しているのだ。確かに、お気に入りのレストランから誕生日にお祝いのカードと食前酒の無料チケット送られてきたら、悪い気はしない。

近年、マイレージやポイントカードなどのロイヤルティ・プログラムを導入する企業が増えているが、見落としてはならない点がある。この種のプログラムで、ロイヤルティ、すなわち忠誠心を発揮することを期待されるのは、消費者であって、企業ではない。消費者は、ポイントカードなどによる割引サービスを素晴らしいものと感じているだろう。しかし、経済学者が指摘するように、この種のサービスは顧客を囲い込むことにより競争を減らし、消費者に損をさせて企業収益を増やすことを目的にしている。

航空会社のマイレージ・プログラムやホテルチェーンのポイント・プログラムを考えればわかりやすい。あなたが特定の航空会社やホテルチェーンのマイルやポイントをある程度貯めていれば、その会社はあなたを顧客として獲得するための競争で他社より優位に立つ。つまり、あなたはその会社に囲い込まれたことになる。この種のプログラムはそうした囲い込みを可能にすることにより、長い目で見れば価格を上昇させる。それのどこが顧客への奉仕なのか。

知ってのとおり、ロイヤルティ・プログラムの類いは増加の一途をたどっている。私はそうした傾向を残念に思っている。近頃は、書店で本を買ってもスーパーで野菜を買っても、ポイントを貯められる。レンタカー、クルーズ船、サンドイッチ、旅客鉄道……それこそ、ありとあらゆるものに、この種のプログラムが設けられている。

ロイヤルティ・プログラムにまったく効用がないとまでは言わない。しかし、全体として見れば、競争を制限し、価格の上昇につながる。それなのに、私たちはせっせとポイントを貯める。他者が自分に対して忠実でいてほしいと望み、自分も他者に忠実でありたいと考える人間の性質につけ込まれていると言わざるをえない。

企業がよく用いるもう一つの手法は、セールス担当者が顧客と直接的な関係を築くというものだ。そうすることで、顧客がセールス担当者を裏切りたくないと思うように仕向け、さらにはセールス担当者と会社を同一視させる。これにより、私たちの頭の中でセールス担当者は会社を体現する存在になる。宗教で聖職者が神様の代わりになるようなものだ。セールス担当者を通じて、企業は自社をより人間らしく感じてもらえる。

私たちは、自分の意思決定や購買行動によりセールス担当者を喜ばせたい、その人物に好かれたい、好印象をもってもらいたいと思う。その結果、私たちが企業に対して感じる人間同様の絆がいっそう強まる。

心理学者のロバート・B・チャルディーニがマーケティングと説得術の古典的著作『影響力の武器――なぜ、人は動かされるのか』(邦訳・誠信書房)で詳しく述べているように、企業は生身の人間と同じように、顧客の忠誠心を獲得するためにあの手この手を駆使する。

生活用品や衛生用品を販売しているアムウェイの中核的戦略の一つは、戸別訪問をおこない、試供品を贈呈するというものだ。具体的には、アムウェイの訪問販売員が家に訪ねてきて、サンタクロースのように、さまざまな試供品の詰まった袋を置いていく。顧客はそれを手元に置いて試してみることができる。やがて販売員がまたやって来て、購入したいと思った商品はないかと尋ねる。

この手法は、訪問販売員に対して借りがあるように思わせることを狙っている。家にプレゼントを持ってきた友人に対するのと同様の感情をもたせようというわけだ。当然、訪問販売員は、みずからを好ましい人物と思わせ、友人のように振る舞うためのトレーニングを受けている。アムウェイが人々に自社を友人のように思わせるには、ハキハキしていて愛想のいい訪問販売員がプレゼントを配り、顧客のことが好きなように見せる(あるいは本当に好きなのかもしれない)ことに勝る方法はないだろう。[6]

密閉容器などのキッチン用品を製造・販売するタッパーウェア社のやり方は、もっと徹底している。プロの訪問販売員を雇って顧客の友人のように振る舞わせるのではなく、顧客の本物の友人を使うことが多い。誰かの家でホームパーティーを開かせて、その人の友人を招待し、その場で商品を売り込む。

商品の購入を無理強いされることはないが、大切な友人がパーティーに招いてくれたのだ。友情に応えるために、何か買わなくては申し訳ない、という気持ちになる人が多い。ある女性は、「最近はタッパーウェアのホームパーティーに呼ばれるのが嫌になった」と述べている。[7]

極端な場合、企業が自社のセールス担当者に感じのよさを強く求めるあまり、セールス担当者たちが不幸になるケースもある。スーパーマーケットチェーンのトレーダー・ジョーズでは、商品の売り場を尋ねられたときはそこまで客を案内すること、商品の返品を無条件で受け入れることなどを方針としている。顧客に対して非常にフレンドリーな姿勢だ。しかも、社員は顧客と接する際に笑顔を絶やしてはならないと決められている。

その結果、社員は上機嫌でいなくてはならないという強いプレッシャーを感じ、それゆえに上機嫌でいられなくなっている。2016年11月、ニューヨーク・タイムズ紙はこう報じた。「同社に長年勤めていたトーマス・ネーグルは……再三にわたって上司から叱責された。彼の笑顔と親切さが『嘘臭い』とみなされたためだ。そしてこの9月、彼は露骨に不機嫌な態度を見せたとの理由で解雇された[8]」

本来は人間味のない状況で人間味を醸し出そうとする手法は、つくりものであることが明白でも効果を発揮する場合がある。テレビのお笑い番組を思い浮かべてほしい。たいてい、別の場所で録音した笑い声が挿入されている。フレンドリーでくつろいだ雰囲気をつくり出し、視聴者がほかの視聴者と陽気な気分を共有し、情緒的な絆を感じられるようにすることが狙いだ。

そうした笑い声を「本物」だと思っている視聴者はまずいない。収録現場に一般観覧者が招かれていて、そのような笑い声をいっせいに上げたと思っている人や、もし現場に観覧者がいればそのように笑うだろうと思っている人は、ほとんどいないはずだ。それでも視聴者は、自分たちを操作するためのつくりものを喜んで受け入れている。私たちは、好きなテレビ番組でこの手法が用いられることを歓迎もしくは希望している。

企業は、自社の製品に生身の人間のような——つまり、言葉を話し、感情をもっているかのような——イメージをもたせようとする場合もある。その目的で、テレビCMにアニメーションを用いることが多い。最近は、コンピュータグラフィックスなどの最先端のデジタル技術の導入も進んでいる。

レーズンのCMなら、レーズンがおとなしく箱に詰まっているより、しゃべったり歌ったりするほうが購買意欲をそそられるかもしれない。実際、トイレクリーナーの「スクラビングバブル」は、「ボクたち働く、あなたラクする！」と消費者に語りかける。また、ファストフードチェーンのアービーズの広告では、オーブン用のミトンが消費者に来店を呼びかけ、製粉会社のピルズベリーの広告では、イメージキャラクターの「ドゥボーイ」が愛嬌を振りまいて製品を宣伝する。[9]

人間よりキャラクターのほうが信用できる？

ある研究によると、ほかの人間を信用したがらない人は、人間が伝えるメッセージよりも、「しゃべる商品」が語る言葉を信じる確率が高い。このような人たちは、他人を疑ってかかる傾向がある。ほかの人間ほど信用できない存在はいない、と思っているのだ。

疑り深い人は、メッセージを伝える人物の性格と振る舞いに敏感だ。テレビで話している人間に対して、信用できないとか、不誠実だという印象をいだきやすい。つくり笑いが露骨だったり、目が笑っていないように見えたりすることが原因かもしれないし、そもそもテレビに出るような人間は本心を話していないというイメージが原因かもしれない。

その点、言葉を話す犬や製品を擬人化したアニメキャラクターは、不信感をいだかせる要素が比較的少ない。そのため、人間よりも信頼されやすいのだ。[10]

また、断片的な証拠にとどまるものの、製品が不要になったとき、擬人化されている製品のほうが捨てられにくいという調査結果もある。不要になったあとも、ある程度の愛着が残るからだろう。そのような製品は、日々の生活のなかで感情に強く訴えかけてくる面があるのかもしれない。

私は自分の車を運転しているとき、車載の衛星ラジオ受信機に口頭で指示してチャンネルを変えさせる。すると、ラジオが私に返事をする。こうした経験を積み重ねる衛星ラジオへの愛情が少しずつ深まっているのかもしれないと、ときどき考えずにいられない。この問いの答えは、おそらく最後までわからない。だからこそ、いっそう不安になる。[11]

テクノロジー製品のなかには、リアルタイムでユーザーに語りかけるものもある。先鞭をつけたのはアップルの人工知能アシスタント「シリ」だが、この製品は大成功を収めているとは言えない。市場で最も大きなシェアを握っているのは、アマゾンの「アレクサ」だ。いわゆるパーソナルアシスタントの市場では――それが本当に「アシスタント」もしくは「秘書」と呼ぶに値するかはともかく――このほかにマイクロソフトの「コルタナ」やグーグルの「グーグル・アシスタント」などが競い合っている。

この種のソフトウェアを搭載した機器を自宅に導入すると、家族が増えたような気分になることがある。人工知能アシスタントは迅速に学習する能力を備えているので、使っているうちにますます機能が改善されていく。その結果、私たちはいっそうそれを家族のように感じる。

遠くない将来、家の中で人工知能アシスタントに話しかけて会話を楽しんだり、用事を言いつけたり、暇つぶしをしたりすることが当たり前になるかもしれない。多くの高齢者にとって、日々の話し相手がもっぱら人工知能になる日が到来しても不思議でない。

人工知能アシスタントがどのような声を発し、どのような雰囲気を醸し出すようにするかは、テクノロジー企業にとって非常に難しい問題だ。たとえば、男性の声と女性の声のどちらが好ましいのか(いまのところ、ほとんどが女性の声を採用している)。シリはちょっと生意気で皮肉屋なところがあり、アレクサは「えーっと」といった言葉を多用するのは、その方が人間らしく聞こえると考えているからかもしれない。

「ソフィー」と「モリー」という名前の人工知能看護師のキャラクターの開発も進められているという。機械の冷たいイメージを覆し、親切な印象を醸し出すことが狙いなのだろう。企業の製品が生身の人間のように扱われる傾向は、これから劇的に拡大するのかもしれない。

その種の製品に愛着をいだく人は多いだろう。これは、ペットに対して、それもかならずしも知的レベルの高くない動物に対しても愛情をもっている人が大勢いるのと似ている。2013年に公開されたスパイク・ジョーンズ監督の映画『her／世界でひとつの彼女』は、コンピュータに搭載されている人工知能に恋した男の物語だ。主人公は、その人工知能がほかの大勢のユーザーとも親密な関係を築いていることを知り、裏切られたと感じる。

未来のテクノロジー製品は目を見張る機能を備えるようになるが、私たちは失望を味わわされる可能性もある。その点は、私たちが生身の人間にしばしば失望するのと同じことだ。意外に感じるかもしれないが、私たちはシリやアレクサに対して、文房具やビスケットに対するほどの満足感はいだけないのかもしれない。

企業の擬人化は、消費者だけでなく、社員に向けてもおこなわれる。企業は消費者を操作するのと同じように、自社の社員も操作しようとするのだ。そのために用いる方法も共通している場合が多い。

企業の広告やPRキャンペーンは、自分が魅力的な会社やカッコいい会社で働いていると社員に思わせる役割も担っている。グーグルやフェイスブックの社員は、そこで働いていることが誇らしい。巧みなPR戦略のおかげで、そして実際に素晴らしい職場なので、親戚や友人から素晴らしい職場だと思われていて、ひときわ鼻が高い。ここ数年のさまざまな出来事により、イメージが少し崩れはじめていることは否めないが。

企業は、社員の士気を高めたり、絆を強めたりすることに余念がない。社員に会社を「リアル」な存在と感じさせるためにも骨を折る。CEOが工場の現場にたびたび顔を出したり、社員食堂で食事をしたりするのも、そうした試みの一つと言える。幹部たちが会社を家庭や親になぞらえて語ることも多い。

そしてなにより、会社は社員同士が絆をはぐくむよう促す。同僚を会社と同一視させたいのだ。社員は、勤務先の会社を、利益の最大化を目指す抽象的な法律上・制度上の概念ではなく、温かみがあり、気を許せて、献身的な人たちの集合体とみなすよう仕向けられる。

CEOなどの幹部がソーシャルメディアで発信するときは、顧客を獲得し、つなぎとめることだけを目的にしているわけではない。社員や未来の社員に向けて、会社のイメージを磨き上げることも目指しているのだ。

企業はここでも、会社と生身の人間を混同しがちな人間の傾向を助長している。企業がそうした行動を取るのは理解できる。「わが社という組織自体が何かを考えたり感じたりすることはありません。したがって、わが社の行動を抑制する要素は市場での競争だけです」と触れ回ることが、有効なPRキャンペーンだとは思えない。

擬人化が生む憎悪

もっとも、企業を友人であるかのように考えることは簡単でない。

大衆文化の世界では、企業が友人とは言い難い存在として描かれることが多い。邪悪な大企業幹部や成功者がしばしば登場する。企業を否定的に描く作品のほうがはるかに多いのは、ハリウッドの映画産業に民主党員が多いからだ、と説明する批評家もいる。だが、私の見立ては違う。問題はもっと根深い。企業や成功者を悪者として描くほうが簡単にヒット作をつくれるのだ。[12]

ヒットした映画やテレビドラマの要素を考えればすぐわかる。たいてい、わかりやすい悪者がいて、なんらかの陰謀があり、それに対峙する善玉がいる。そして戦いがあり、どちらかが勝つ。善玉が悪党を倒す場合が多い。

映画やテレビを見る人のなかには、経営者より働き手に感情移入する人のほうがはるかに多い。そこで、救世主が企業や政界の悪を倒すというストーリーがつくられやすい。たとえば、実在の環境保護活動家の活躍を土台にした映画『エリン・ブロコビッチ』(2000年)。ジュリア・ロバーツ演じる主人公は、聡明で美しく、勇ましい女性だ。悪徳企業が有害物質を環境に垂れ流していることを知って戦いに乗り出し、そして最終的に、その企業に正義の裁きをくだす。

しかし、あまり知られていないが、この映画の内容は、ほとんどが事実と異なる。言うまでもなく、描写を事実と異なるものにしたのは、よりドラマチックな作品にするためだ。ここで映画の例を紹介したのは、映画の社会的影響力がひときわ大きいからではない。大衆文化におけるストーリーの描写が過度に反企業的な内容になりがちなことを理解するうえで、映画がおあつらえ向きな例だからにすぎない。

企業を友人とみなすことが難しい理由はほかにもある。友情とは、具体的な恩恵だけでなく、見返りを求めない忠誠心も土台の一部にしてはぐくまれるものだ。もちろん、互いに繰り返し恩恵を施し合うことで友情が成り立っているケースも少なくない。しかし、多くの場合、相手にどのくらいのお返しをすればいいかをその都度考えたりはしない。

親しい人と一緒にいるのが楽しいという利己的な喜びだけでなく、ビジョンと価値観を共有していること、双方が相手のために犠牲を払うと期待できること、自分よりも（ある程度は）相手を優先させて行動することなども友情の要素だ。友情に基づいて行動すればどのくらいの見返りを期待できるかといった打算は、いちいち差し挟まない。

しかし、企業は違う。互恵的な友情の対象だと人々に思わせようとしているが、実際には道徳とは無関係の基準に基づいて行動している。そのような行動が企業と消費者の双方に恩恵をもたらす場合も多いが、そのようなケースばかりではない。

企業幹部は、株主のために利益を最大化する法的責任を負っている。少なくとも、法律や、会社の行動憲章、内規などに従う必要がある。具体的にどのような責任を課されるかは会社によってまちまちだが、会社を消費者の友人にすることが義務づけられることはない。利益の追求などの目的を達成するために必要な場合以外は、消費者の友人になる義務はないのだ。

そのような状況で企業にそそのかされるまま、企業を友人のように考えると、ほぼ例外なく失望する羽目になる。企業が取る行動は、私たちが友人に期待するものとは異なるからだ。この点では、企業は友人どころか親しい知人のレベルにも達していない。羊の皮を被ったオオカミと言ったほうがいい。ただし、このオオカミはあなたを食べるのではなく、あなたに食料を提供して料金を受け取ろうとするのだ。

私たちは、勤務先の企業を人間と同一視した場合も期待を裏切られる。私たちが企業に対していかに多くのことを求めているかは、政府が企業に何を要求しているかを見れば明らかだ。企業は、友人と親と配偶者と政府をすべて兼ねたような役割を課されている。

企業に求められる役割は政治体制や時代によって異なるが、たとえば医療保険、働き手が障がいを負った場合に備える保険、育児休業制度、メンタルヘルスのカウンセラー、託児施設などが要求されてきた。そして言うまでもなく、給料の支払い、オフィスやインターネット接続環境の整備、職場での友人関係の提供なども企業に期待される。

イギリスのエコノミストでジャーナリストのティム・ハーフォードも言うように、企業がこうした役割をすべて果たすことはそもそも無理なのかもしれない。そこで、企業に要求する役割を減らし、企業を評価する基準も変えたほうがいいと、ハーフォードは主張する。

実際、必要な社会的サービスや給付は、政府が提供するか、それぞれのサービスごとの市場を通じて供給したほうがいいのかもしれない。そうすれば、企業は本来最も得意なこと、つまり利益を得ながら有益な商品をつくることに専念できる。

しかし現実には、企業は社員のさまざまな世話をすることを期待されている。問題は、それでも私たちがけっして幸せになれないことだ。企業はすべての働き手に医療保険を提供できるわけではないし、時には社員を解雇することもある。解雇されれば、多くの人はさまざまな社会的サービスを奪われ、対人関係のネットワークも失うことになる。

さまざまなサービスをまとめて企業に担わせることがつねに悪いことだと決めつけるつもりはない。それに、すでに確立されたシステムを解体するのは難しいだろう。

オバマ政権が医療保険制度改革を推し進めたとき、それによって企業による医療保険の提供が大幅に減り、新設される医療保険取引所での医療保険購入が増えるだろうと、左右両派の多くの人が予想していた。しかし、この予想ははずれた。よきにつけ悪しきにつけ、アメリカでは企業が医療保険を提供する仕組みが強力に根づいているようだ。

企業にこのような福祉機能を期待するのも、企業を人間扱いする発想と言える。企業を人間と同様に人の感情を揺り動かす存在と位置づけるものだからだ。実際にどの程度うまくいっているかは別にして、企業は私たちのために多くのことをしてきたため、親や保護者のような擬人化された役割をもたされやすいのだ。

私たちは、消費者の立場でも企業に多くのことを求める。たとえば、製品が故障したり、うまく機能しなかったりすると、保証契約を結んでいなくても、企業が修理や交換に応じてくれるものと思っている。

大多数の消費者は、欠陥品の発生率が合理的に考えてどれくらいかを理解しておらず、企業が欠陥品にどのように対処するのが最も効率的かも知らない。そのため、購入した製品に問題があれば、ただちに完璧な対処を求める。実際は何もしないのが最も効率的な場合もあり、企業はそれを踏まえて行動する。しかし、それを知らない消費者は、企業に苦情の電話をかけ、電話口で長々と待たされる羽目になる。その結果、不当な扱いを受けたという怒りが募る。

企業が個々の苦情を相手にしない場合があるのは、苦情への対処に時間や労力を費やすのが非効率だと知っているからだ。購入者の思い違いであることも多いし、なかには意図的に嘘をついて会社を騙そうとする人もいる。

企業にもっと丁寧な苦情対応をさせることは不可能ではないし、大半の人はそれを願っている。しかし、その代償として価格の上昇を受け入れる覚悟がある人はほとんどいない。高級店で買い物をすれば、サービスの質が格段に高まるし、返品にも応じてもらいやすい。それなのに、高級店しか利用しない人がごく一部にとどまるのは、出費が痛いからだ。私たちは、支払った料金に相応のサービスしか受けられない。そして、それがその人にふさわしい水準のサービスなのだろう。

もっとも、企業を人間扱いすることは誤りだとしても、人々と企業が良好な関係を築くためには、そのような発想がおそらく欠かせない。企業が世論に支持されるためには、ある程度フレンドリーな態度で人々に接しなくてはならない。もし企業が人々に対して好ましい態度を取らなければ、政府や議会が企業に対して過度に厳しい態度で臨み、企業にとって悪い結果が生じる。

それに、たとえ非合理だとしても消費者が企業に対して忠誠心をもつことにより、企業の好ましい行動が促される面もある。企業が良好なイメージを築き、質の高いサービスを提供し続ければ、消費者はその企業にある種の情緒的な忠誠心をいだく。企業はそのことをよく理解しているので、おおむね好ましい行動を取ろうと考えるのだ。

もし消費者がもっと冷ややかな態度を取れば、このような好影響は生まれない。「企業は友人ではなく、血の通わない法律上の存在で、冷血に利益の追求を目指している」と思われていれば、企業は好感度を高めるような行動を取ろうと考えなくなる。消費者が企業と長くつき合おうと思っていればいるほど、営利企業も社会的責任に沿った行動を取るのだ。

このように考えると、企業に対する消費者の幻想は、社会にとって必要な面もある。したがって、企業の本質を人々に理解させ、人々に対する企業の忠誠心が表面的なものにすぎないという現実を知らしめることには、危険がついて回る。

社会を成り立たせるためには、人々がある程度は企業を人間扱いする必要があり、職場の一体感を保つためにも、社員が会社のことを人間のように考える必要がある。しかし、政治や政策を考えるうえでは、情緒的な擬人化は慎むべきだ。友情や忠誠心を大切にするあまり、企業にまで忠誠を誓うべきではない。血の通った人間を、とりわけ友人を評価するのと同様の基準で企業を見て、失望を繰り返すこともやめるべきだ。もっと感情を抜きにして企業を見たほうがいい。

企業はあくまでも法的・経済的な抽象概念にすぎない。そして、企業には好ましい要素もたくさんあるが、不十分な面も多いという現実を理解すべきなのだ。

人生をコントロールしたいという心理

企業は人間的な存在ではなく、実利上の目的を担う抽象的な存在なのだと考えられない人が多いのは、みずからの人生とみずからの未来、そして周囲の人たちの行動を多少なりともコントロールしたいという欲求が原因だ。私はそのような心理を「コントロール・プレミアム」という言葉で説明している。そのコントロールができていないとき、私たちは不安感に苛まれ、コントロールできているという感覚を取り戻そうとするのだ。この考え方は社会心理学などの心理学分野ではよく知られているが、経済学ではあまり指摘されてこなかった[13]。

私たちが企業を友人のように考えたがる理由の一つは、そうすることにより、自分が状況をコントロールできていると感じやすくなる点にある。私たちは日々、食料や娯楽、友人や家族とのコミュニケーション、地理的な移動など、多くのことを企業に依存している。「消費者主権」の重要性が叫ばれて久しいが、人々が実際にどのくらいものごとをコントロールできているかは疑わしい。

もちろん、ジャイアント、セーフウェイ、ホールフーズといった小売チェーンの店舗で何を購入するかは、自由に選べる。しかし、こうした商業ネットワークを利用せずに生きていくことは不可能に近い。私たちがくだす選択、そして私たちの人生のかなりの部分は、この種の商業ネットワークの影響を強く受けざるをえない。

消費者は、このような哲学的な問題について、つねに深く考え続けるわけにはいかない。思考と感情のエネルギーが枯れ果ててしまうからだ。そこで、現代の複雑な商業社会の性格を、狩猟採集時代の人間にもわかるような概念に「翻訳」して理解しようとする。

具体的には、自分が信頼できる人たちに囲まれて（そのなかには企業のセールス担当者も含まれる）、消費者としても働き手としてもみずからの自由な意思の下で生きていると考えるのだ。日々を生きていくうえでは、現実の企業の姿を——企業が主として利己的な利益追求のために、非人間的な仕組みをつくり上げている実態を——受け入れることの感情的負担はあまりに重い。

現代の商業社会で私たちが実際にどのくらい自由なのかは、議論の余地があるだろう。それでも、私たちが自由だという認識が全面的に正しいとは思えない。

今日のシステムは、形のうえではいくつもの自由を私たちに与えている。商品や職の選択肢は途方もなく多いし、意思決定で無理強いされることもあまりない。けれども、周囲への同調を求める圧力が強かったり、本人が十分に注意を払っていなかったり、私生活で強いストレスを感じていたり、素早く意思決定する必要に迫られていたりといった事情が重なる結果、真に自由な人生を送っているとは言いきれない。

いま私たちは、社会が個人に提供できるなかで最大限に近い自由を手にしていると言えるだろう。しかし、自由意思に基づいてみずからの運命を決めるという、哲学的な意味での自由を完全に得ているとまでは言えない。

現代の商業社会において、私たちの自由の少なくとも一部は幻想でしかない。それでも、そうした幻想のおかげで、私たちはものごとを実際以上にコントロールできていると感じ、人生を耐えることができている。そんな幻想が必要なくらい、私たちは自分の人生をコントロールできていないのだ。

自分が自由意思に基づいて生きているという安心感を与えてくれる企業観を捨てて、ビジネスと企業の世界がきわめて非人間的な場だという真実に向き合うことは、容易ではない。理屈のうえでは現実を理解できても、真に納得することは不可能に近い。そのような考え方や感じ方をすることは、人間の本能に反するからだ。

その点では、この種のことを分析する専門的な訓練を受けているはずの経済学者も例外でない。経済学者は情緒的な要素を切り離してものを考える達人だ。実際、仕事で経済を分析しているときは、経済をきわめて非人間的なものとみなして、その強みと弱みを検討することに苦労しない。

ところが、一人の消費者として企業と接するときは事情が違う。ほかの人たちと同じように、情緒的・直感的に行動せずにいられない。企業を愛し、失望し、忠実な顧客になったり浮気したりし、苦情電話をかけて長々と待たされて文句を言う。仕事を離れて商業社会に足を踏み入れると、理論に基づく思考を捨て、企業や企業の商品を擬人化してしまうのだ。恥ずべきことと言わざるをえない。しかし、これが人間の性《さが》だ。その性質からは、経済学者も逃れられないのである。

自分がものごとをコントロールできていない可能性に気づいたとき、人が示す反応にはさまざまなパターンがある。なかには精神の均衡を失う人もいるが、そのようなケースは多くない。一方、いくらかでもコントロールを取り戻そうとする人もいる。たとえば、ホームセンターチェーンのホーム・デポの対応に不満があれば、次に店を訪ねるときは、住宅リフォームのことを勉強していったり、詳しい友人に同伴してもらったりする。あるいは、ホーム・デポの代わりにオンラインオークションのイーベイで購入する方法を調べたりする。

しかし、もっと多く見られるのは、自分が実際以上にものごとをコントロールしていると思い込もうとするパターンだ。ビジネスの論理が浸透し、企業の影響力が強まった世界に対処しようとして、この種の反応を示す人は非常に多い。具体的には、コントロールを取り戻すために自分で野菜を栽培したりするのではなく、大量の買い物をしたり、目の前の問題をなかったことにして別の問題に関心を移したり、テレビを見て過ごしたりする（もっとも、テレビ番組やCMも企業がつくったものなのだが）。

こうした反応を非難するつもりはない。私たちが精神の安定を損なわないためには、商業社会を（少なくとも個人単位では）コントロールできていないという現実からなるべく目を背け、もっと言えば、そのような現実がないことにする必要があるからだ。

しかし、事実に反するストーリーを信じたところで、私たちが消費者としても働き手としても、十分にものごとをコントロールできていないという事実は変わらない。そのため、私たちは企業への失望を味わい続ける。購入した商品は期待どおりに機能せず、医療機関は私たちが望むほど明瞭に医療費の説明をしない。しかも、企業のセールス担当者は不正を決して認めず、苦情電話をかければ延々と待たされる。レストランでの食中毒も後を絶たない。

ほとんどの人は、このような経験をしたとき、企業が非人間的な世界を築いていることの利点を考慮したりはしない。感情が傷つき、不満や苛立ちを、時には怒りをいだく。友人だったはずの企業にまたしても裏切られたと感じるのだ。しかし、人間同士の友人関係がしばしばそうであるように、私たちはこのような不満をもつ一方で、企業がもたらす恩恵は当たり前のもののように考える。

左派的思想の持ち主も、現実主義者を自任する人も、企業に対して過度な思い入れをいだかずにものを考えることは難しい。私たちはほぼ毎日、消費者や働き手、あるいはビジネスの取引相手として企業と接している。そうしたなかで、企業を非人間的な存在とみなすことのストレスは計り知れないからだ。

たとえば、ハンバーガーチェーンに食事に行くとしよう。そのチェーンを運営している企業は、利益が数百万ドル増えると見込めれば、あなたが食中毒になる可能性が高まるような行動も平気で取るだろう(もちろん、訴訟リスクと企業イメージの悪化というデメリットを差し引いたうえで、それだけの利益が期待できれば、ということだが)。

あなたはハンバーガーを食べているとき、冷静にこのような分析をしたいだろうか。そんなことを考えていたら、食事が楽しくなくなる。そこで、あなたはそれを考えないようにする。頭のどこかでは本当のことを知っているのかもしれないが、実際に食中毒になるリスクがきわめて小さいこともわかっている。だから、食中毒の不安で頭がいっぱいになることなく食事を楽しめる。

現実的にはこれで差し支えない。そのほうが気持ちよく日々を送れるし、ストレスが小さくなれば長生きできるかもしれない。そういうわけで、私たちは悪い可能性についてあまり考えない。そうしなければ、人生はあまりにつらい。とはいえ、真実から目を背けているという事実は変わらない。

あなたは病院を受診したり、家族を病院に連れていったりするとき、医療ミスの確率が侮れないくらい高いという事実をどのくらい意識するだろうか。ある推計によれば、医療ミスによる死者は全米で年間25万人を超すという。

なかには、そうしたことをつねに考えている人もいる。私もその一人だ。「まずいことが起きないうちに、なるべく早く義父を退院させよう」などと考える。私はこのような生き方に満足している。よくも悪くも、病院や医者との関わりを最小限に減らせているからだ。これまでそれを実践できてきたことは、幸いと言うほかない。

しかし、私のような発想をする人間ばかりではない。最善の結果を信じて家族を病院に連れていく人は多い。そのような人たちは、よりよい治療を求めて医師や看護師に強く働きかけることはあっても、病院にいること自体に大きなリスクがついて回る（院内感染や医療ミスの危険がある）と考えて心配し続けることはないだろう。

患者や家族は、ただでさえ病気という重いストレスにさらされている。その状況でほかの重大なリスクを心配する余裕がある人は少ない。そこで、ほとんどの人は、「病院は病気を治してくれる安全な場所だ」という漠然としたイメージをいだいて病院や医師と接する。

この状況は、自分がいずれ死ぬことをつねに意識しながら生きられる人がいないのと似ているかもしれない。ロシア文学では、この種の心配ばかりしている人物は、たいてい人生がうまくいかない。幸せに生きられないのだ。そのため、ほとんどの人はみずからを自己欺瞞の霧で包み込む。企業についても多くの（ほとんどの場合は無意識の）錯覚をいだく。

こうした点を考えると、一つのデータだけ見ても、私たちが企業をどのくらい信頼しているかを完全に映し出すことはできない。人は、企業に対していだく期待や感情を局面ごとに変えている。私たちは企業に対して忠実であると同時に、懐疑的でもあるのだ。

この先、私たちはどのような行動を取るべきなのか。企業に対して懐疑的な態度を取り続けるのも悪くはない。そうした行動により、企業の行動を改善させられるケースも多いだろう。

しかし、私たちは、消費者としても働き手としても、場合によっては起業家としても、企業全般に対する敵意を弱め、企業が私たちの生活を大きく改善しているという事実をもっと評価すべきだ。企業に向けられている批判は、ほとんどが誤解だったり、不適切な基準で評価された結果だったりする。

一方、企業はどのような社会的責任を負っているのか。この問いに対する答えは一つではない。強いて言えば、企業の社会的責任は、企業の社会的責任のあり方を進化させていくことだ。そして、それにより企業の収益が増え、自由と繁栄など、社会全体の目標も推進されなくてはならない。

企業の社会的責任は、私たちが消費者としても働き手としても企業をもっと信じられるように、大きな成果を挙げることだと言い換えてもいいかもしれない。それがつねにうまくいくとは限らない。しかし、アメリカの企業は、莫大な富と機会を生み出し、世界の歴史上のほかのどの民間組織よりも大きな成功を収めてきたと言えるだろう。

この点において、成功している企業は、私たちが大切にしている価値の多くを体現する存在と見ることができる。

補論

企業とは何か、
なぜ働き手は不満なのか

What Is a Firm, Anyway, and Why Do So Many
Workers End Up So Frustrated ?

本書の議論に関連して、企業の本質をめぐる学説を振り返ってみよう。私自身の企業観は、次第に経済学界の主流の考え方とは異なるものになってきた。学界では、企業とは取引コストを減らす手段だと考える研究者が多い。私はそのような見方をせず、企業とは評判の担い手、そしてある種の比喩的な人格だと考えるようになった。

のちのノーベル経済学賞受賞者であるロナルド・コースが1937年に発表した有名な論文「企業の本質」("The Nature of the Firm")は、何十年にもわたり、企業に関する学説の土台になってきた。企業とは取引コスト削減の手段であると主張したのは、この論文だ。

仕事が発生するたびに働き手を探すとすれば、いつも望みどおりの人材が見つかるとは限らない。見つかった人物がきちんと仕事をしてくれる保証もない。そこで企業は、会社の規模を大きくすることで人材の質を確保しようと考える。人材を雇用して社内に取り込むことにより、管理と統制をしやすくしようという発想だ。取引コストの削減という言葉でコースが言おうとしたのは、このようなことだ。

コースの論文から30年以上経って、やはりのちにノーベル経済学賞を受賞するオリバー・ウィリアムソンが一連の論文で同様の考え方を詳しく論じた。ウィリアムソンの主張によれば、企業がその都度、労働市場で人材を調達するのではなく、社内のヒエラルキー型組織を通じて業務を実行すれば、働き手の機会主義的行動に振り回されるリスクを小さくできるという。

1回限りで仕事を任せる人物と契約をまとめるより、社員に指示してその仕事をさせるほうが手軽だし、結果も好ましい場合がある。1回限りの仕事を受注する人物は、その会社と長期にわたり良好な関係を築きたいというインセンティブを社員ほど強くもってない可能性があるからだ。ウィリアムソンの研究は、企業に関する経済学思想の基盤になっている。その考え方には多くの真理が含まれているが、私の考え方とはやや異なる。

企業が取引コストの削減を目指す場合があるという点に、異を唱えようとは思わない。しかし、企業がつねにそのような行動を取るわけではない。取引コストの削減を目指す場合がほとんどだとも言い難い。

あなたの職場でパソコンを購入するとしよう。取引コストを抑えるうえでは、次のどちらの方法が好ましいだろうか。アマゾンのオンライン通販で（あるいは家電量販店のベストバイに出向いて）買うか、それとも社内の購買部門を通じて注文するか。

もちろん、答えは会社によって異なるが、ほとんどの人は気づいているはずだ。今日、多くの市場では取引コストがきわめて小さくなっている。なるほど、社内の購買部門を通じて買えば、（大量に購入する場合は）パソコンを安く買えるかもしれない。しかし、購買部門とやり取りするほうが面倒は多い。購買部門が重んじることは、おそらくあなたが重んじていることとは異なる。書類への記入や上司の承認が求められるかもしれない。官僚主義的な会社では、手続きが救いようもなくややこしい場合もある。
社員数が多い大企業には、官僚体質がはびこっているケースが多い。大企業が官僚的になる理由についてはさまざまな考え方があるが、いずれにせよ、そのような現象がしばしば見られることは間違いない。この点は、企業経営者や企業で働く人なら誰でも知っている。

このようなケースを考えると、企業がさまざまな面で取引コストの削減を実現していることは事実だとしても、取引コストの削減が企業の最大の本質だとは考えにくい（もちろん、雇用関係を通じて取引コストが削減されているケースはたくさんある。たとえば、私は秘書に大量の資料をプリントアウトさせているが、もし秘書を雇わずに、必要になるたびにオンライン上の仲介サービスを利用して誰かを研究室に呼び、その作業をさせるとすれば、手間とストレスは計り知れない）。

また、法的にはともかく、経済学的に見て、どこからどこまでを企業の内部とみなすべきかも難しい。企業と企業の間で、そして企業と社外のパートナーの間で、取引コストを抑えるための革新的な契約が結ばれているケースがあるからだ。取引コストの削減という要素に着目する場合、企業と市場の境界線をどこに引くべきか、私は確信をもてない。

それに比べれば、法的責任の所在など、法律上の境界線を引くほうが格段に容易だ。そうした法律的な観点に立つと、企業の本質に関する最も適切な考え方が浮かび上がってくる。それは、企業を社会的評判と法的責任の担い手とみなす考え方だ。

コースとウィリアムソンの取引コストのアプローチにならってまとめれば、私は企業を以下のような存在と考えている。

1　企業は、好ましい価格で購入された資産の集合体である（成功している企業は、少なくともそう言っていい）。
2　企業は、社内と社外の評判および規範が結びついた存在である。
3　企業は、契約上の責任および法的責任の担い手である。

さらに、次の点を（企業の本質とは言わないが）企業の特徴の一つとして挙げたい。

4　企業は、取引コストに関して効率的な面ときわめて非効率な面が併存した存在である。

ビジネスの世界では、度を越して非効率な会社は淘汰される。そのため、全体としては効率的な面のほうがいくらか多い。これは、競争の効用として期待されているとおりの結果だ。取引コストという制約を克服するために企業が存在している面は確かにある。この点において、コースとウィリアムソンの主張は一面の真理を含んでいる。しかし、企業の本質に関して取引コストの削減という要素を過大評価していることは否めない[1]。

本書では主に、前述の2番目の「社内と社外の評判および規範が結びついた存在」という側面に注目してきた。未来の働き手や未来のCEO、金融ジャーナリストや官僚、有権者、ソーシャルメディアのユーザーなど、誰もが企業に対してさまざまな思いや意見をもっていることを指摘した。

その一方で、取引コストに関する4番目の見方が色濃く反映されている記述もある。CEOの報酬を論じた第2章や、金融セクターをテーマにした第7章がそうだ[2]。

だが、今日の企業活動を論じる際に取引コストの要素を重んじる発想に対しては、やはり異論がある。企業がそんなに取引コストの削減に成功しているのなら、企業はもっと人々に愛されていいはずだ。

確かに、企業はビジネスをおこなうのに支障がない程度に取引コストを抑えることができている。少なくとも、ほかの選択肢に比べれば取引コストは小さい。それでも、企業の取引コストがことのほか小さいとまでは言えない。だからこそ、私たちはしばしば企業に苛立ちを感じるのだ。勤務先の会社に対しても、そのような感情をいだくことがある。

よほど小さな会社で働いている人でないかぎり、多くの人は自分の会社の官僚的な体質に強い不満をいだいている（ほとんどの人は、立場が逆になれば自分も他人に官僚的な接し方をするのだが）。官僚主義を嫌うのは部分的には正しいことだ。官僚主義は、実力本位の評価を妨げたり、多段階の承認手続きを求めるなどして、ものごとを複雑にしたり、成果を挙げた人物に正しく報いなかったり、私たちが強い不満を感じるような人物を昇進させたりする。官僚主義のせいで、自分にふさわしいと考えるペースで頂点に上り詰められない場合もあるだろう。

官僚主義が、一部の社員が暴走したり、上司が部下をえこひいきしたり、大株主が私腹を肥やしたりするのを阻止する役に立っていることは否定しない。このように、企業の官僚主義が有益な面もある。

だが、官僚主義が原因で会社での生活が過酷になったり、きわめて不公正になったりする場合があることも事実だ。これもまた、「企業の本質」なのである。

謝辞

ティム・バートレット、クリスティナ・カシオポ、ブライアン・カプラン、ナターシャ・コーエン、テレサ・ハートネット、ダニエル・クライン、エズラ・クライン、ランドール・クロスナー、ティモシー・リー、ホリス・ロビンス、アレックス・タバロック、ディロン・トージンは、有益なコメントを寄せ、議論の相手になり、支援してくれた。この人たちに感謝の言葉を述べたい。とくに、ティム・バートレットは高質で徹底した編集作業をおこない、本書を完成まで見届けてくれた。また、テレサ・ハートネットは出版エージェントとして素晴らしい仕事をしてくれた。

私は本書のために、多くのＣＥＯや企業幹部、社員たちに話を聞いた。そのほとんどは即興インタビューのような形だったため、ここで一人ひとりの名前は挙げないが、そうした人たちにも感謝している。

記述の公正を期すために情報を開示しておくと、本書で言及した企業の多くは、私の所属大学に寄付をしている。また、私は報酬を受け取って講演をおこなうこともあるが、記憶にある限り、本書に登場する企業から講演料の支払いを受けたことはない。

解説——企業のもつ2つの顔とどう向き合うか

飯田泰之（明治大学政治経済学部准教授）

本書の著者タイラー・コーエンほど八面六臂という表現が適切な経済学者はいないだろう。一線級の研究者であるだけではない。ジョージ・メイソン大学の同僚であるアレックス・タバロックとともに運営する「Marginal Revolution（限界革命）」[1]は世界で最も大きな影響力をもつ経済・経済学ブログのひとつである。そこで取り上げられる話題を概観しても、氏の興味・関心の広さと洞察力の深さをうかがい知ることができる。「パンデミックでポップ音楽の人気が低下する理由」や「客以外でもトイレを利用できるようにしたコーヒー店に何が起きたか」などは経済問題を離れても関心を持つ方が多いのではないだろうか。

そして、これらの広範な対象への言及が思いつきではなく、専門的な研究に裏付けされたものである点も特筆すべきところだ。

1 「Marginal Revolution (https://marginalrevolution.com/)」の一部は海外ブログ翻訳サイト「経済学101（https://econ101.jp/）」で読むことができる。

ゲーム理論による対立や交渉の分析で知られるトーマス・シェリング（2005年アルフレッド・ノーベル記念スウェーデン国立銀行経済学賞受賞）の指導を受けた著者はミクロ経済学に関する数多くの論文を発表しているが、初期の研究業績は景気循環や金融・厚生経済学といったマクロの経済現象に関する理論的な研究も多い。著者の名前を『大停滞』（2011年、NTT出版）で知ったという読者にとっては、マクロ経済の専門家というイメージが強いかもしれない。同書は、長期停滞論争と呼ばれるトップエコノミスト間の一大論争のきっかけになった、今なお必読の小作品である。[2]

一方で、その先駆性において注目されるのが一連の文化や芸術に関する経済学的な研究である。そのエッセンスは『創造的破壊――グローバル文化経済学とコンテンツ産業』（2011年、作品社）で知ることができる。一見対立的に見える市場と文化について、その互恵的な関係を見いだす一連の研究は、文化経済学という一分野を切り開いた。余談ながら、著者はワシントンDC周辺のエスニック料理店ガイドの作成者としても知られ、グルメ（これも重要な文化でありコンテンツ産業である）については『エコノミストの昼ごはん――コーエン教授のグルメ経済学』（2015年、作品社）といった著作もある。

また、近年では哲学や政治哲学に関する分析についても大きな関心を寄せており、専門的な論文も著している。先進国政府が、将来の貧困者や海外の最貧者ではなく、現在の国内貧困層を援助することはどのような形で正当化できるのかといった議論は再分配政策を考える上で重要な論点となるだろう。[3]『大格差――機械の知能は仕事と所得をどう変えるか』（2014年、NTT出版）や『大分断――格差と停滞を生んだ「現状満足階級」の実像』（2019年、NTT出版）といった著作が、経済学にとどまらない、歴史・社会哲学・政治哲学からの省察を加えた学際的研究の側面ももっていることに気づかされる。

あまりに多様な対象、多彩な専門性の活用から著者の活動に散漫な印象を持ったという人がいたならば、その感想はすぐに修正した方がよい。すべての論説に通底する論理と思想は驚くほど一貫している。人間の合理性とそこから生まれる創造性や多様性についての深い信頼と希望を思考の基礎とする著者は、一般的にはリバタリアン（自由至上主義者）と分類される。ちなみに、本務校のジョージ・メイソン大学は米国におけるリバタリアンの一大拠点として知られる。その一方で、著者の分析や提言は教条的なリバタリアン、典型的な小さな政府論のそれとはあきらかに異質である。

それは本書のテーマである「企業」をどのような存在として捉えるかという点にも色濃く反映されている。補論で自身が言及しているように、著者の企業観は標準的な経済学の理解とは大きく異なる。この理解と本書冒頭で宣言される「私は企業を擁護するためにこの本を書いた。企業はもっと愛されていいはずだ。」（第1章）という表現は密接に結びついている。本書が単なる「ビジネス擁護宣言」ではなく、第1章の原タイトルの通り「新しいビジネス擁護宣言（A New Pro-Business

2　論争の概要については『景気の回復が感じられないのはなぜか――長期停滞論争』（サマーズ他・山形浩生訳、世界思想社、2019年）に詳しい。
3　Cowen, Tyler(2002), "Does The Welfare State Help The Poor?" *Social Philosophy and Policy*, 19(1), pp.36-54.

機関・組織・職業	大変信頼できる	信頼できる
自衛隊	19.7	39.3
医療機関	13.4	45.2
裁判官	12.2	36.4
銀行	11.7	37.8
警察	10.7	37.1
教師	7.6	31.9
大企業	3.1	24.9
マスコミ・報道機関	1.9	12.6
官僚	1.7	11.6
政治家	1.5	8.9

機関・組織・職業に対する日本人の信頼（%）[4]

Manifesto)」であることにも注目する必要があるだろう。いうまでもなく、著者は主流派経済学のなかで数多くの業績を残し、主流派経済学の論理でさまざまな現象に説明を加えてきた。しかし、その分析は教科書的な主流派の枠を超え、発展させる可能性を秘めている。

本書の多くの章は、「企業に対するいわれなき批判」に対して事実と明快なロジックで反証していくという構成をとっている。

たとえば、強欲な大企業が善良な市民を欺して膨大な利益を上げる（そして苦しむ小市民を正義の弁護士が救う……など）というストーリーはあまりにも陳腐でありながら、今なお見かけるシナリオだ。しかし、第2章「企業は個人よりも悪質なのか」では、食品の産地偽装などを例に企業が悪質な嘘をつくことをみとめながらも、多くの学術的な研究に依拠しながら、個人や非営利団体も同じくらいか、それ以上の頻度で不誠実な行動をとっていることを明らかにしている。この結論を、大企業ほど虚偽や不誠実な行動が明らかになったときのコストが高いことから説明する。ネット上の情報発信・拡散が容易に行われる現代ではそのコストはかつてよりもはるかに高くなっているだろう。

また、第5章「独占企業の力が強まりすぎている?」においても、主流派の問題整理の力が遺憾なく発揮されている。市場を支配し、価格を操ることで消費者に過大な負担を押しつける独占企業は現代には存在しない。いかなる巨大企業も、無数のライバルを抱えている。価格を不当につりあげたならば、その企業は他社に顧客を奪われるだけだ。ネットワーク型の産業においても競争は非常に激しい。アメリカの料理宅配史上で2年前まで6割近いシェアを誇ったクラブハブがわずか1年でドアダッシュに市場を奪われ、いまやウーバーにさえ追いつかれそうになっていることなどはその一例だろう。加えて、特に先進国においては、あらゆる財・サービスに代替品がある。カラオケ店が一社独占となり、その価格を大きくつり上げたならば——顧客はファミレスやボーリング場、はては携帯ゲームに奪われるだろう。市場はかつてないほどにコンテスタブル(潜在的競争者の多い状態)になっている。

アメリカ人は大企業を信用していない(第1章)。程度の差こそあれ日本においても同様の傾向が

---

4 中央調査社「「議員、官僚、大企業、警察等の信頼感」調査」(2018年3月)による。日本人はアメリカ人よりは多少大企業への信頼度が高いようだ。そのため、「米国での大企業への信頼」は「日本におけるマスコミ・報道機関への信頼」なみに低いという点に留意して本書を読む必要がある。

あるようだ。その大企業への不信感や嫌悪感の多くが誤解であり、誇張されすぎたものだということを明らかにしていくのが多くの章の概要である。

しかし、落ち着いて考えてみると――国民は、消費者は本当に大企業を嫌っているのだろうか。日本においても客足まばらな地元商店街が多いのに対し、大手企業経営のショッピングモールは大盛況だ。全国チェーンのファストフード店、ファミリーレストランが店舗数を増やしていく様は、人々が大企業を嫌い、批判していることと全く整合的ではない。

この矛盾を考える上で、著者の企業観は大きな意味をもつ。主流派経済学では企業を取引コストの節約という観点から理解する。外注するよりも社内で行った方が効率的な活動を取り込むことで企業が形成されるという考え方だ。たとえば、経理や賃金・社会保険料に関する事務を社内で行った方が効率的な組織は、経理課の規模を大きくすることになる。外注と内生化のいずれが得かを勘案して企業の範囲・サイズが決まる。

効率化のツールとして企業を捉える考え方は法学や哲学における法人名目説[5]に通じる。株主等の拠出金を効率的に、つまりはより多くの利益を生むように運用するための組織として企業が存在し、契約関係が複雑化するのを避けるために便宜上の仕組みとして（契約の主体となることのできる）法人という資格があたえられる。いわば企業のモノとして、制度としての側面に注目するこの理解は、標準的な経済理論との相性もよい。

一方で、多くの消費者は大企業を擬人化して捉える傾向がある。また、企業自身も顧客や従業員の忠誠心を高めるために「利益の最大化を目指す抽象的な法律上・制度上の概念ではなく、温かみがあり、気を許せて、献身的な人たちの集合体」（第9章）とうけとめられるべく努力を重ねてきた。その結果、現代の企業について社内外の評判と規範が結びついた「比喩的な人格」（補論）としての理解が可能になっている。これは名目説の対極にある法人実存説に近い企業理解である。法人をそれ自体が実態のある、意思・目的のある主体と捉える考え方だ。企業が特殊な意味での人格を有しているとしたならば、各章で反証されている言われなき批判がつづいている状況は気の毒に感じてしまう。そして、社会に大きな恩恵をもたらしているのだから「企業はもっと愛されていいはずだ」（第1章）。

ＩＣＴ技術の向上やＡＩの発展を通じて、現代の経済活動はますます非人間化していると感じる人もいるだろう。しかし、消費者がその品質や詳細な機能を理解しない、できようもない商品・サービスが増加すると、「何を買うか」よりも「誰から買うか」が重要になっていく。さらに、先進国における消費のほとんどが生存のために行われるわけではない――栄養失調に陥るのを防ぐためにランチを食べた人、寒さに耐えられないという理由でスーツを仕立てた人は先進国にはほとんどいないだろう。このような余剰を消費する状況では「誰から買うか」はますます重要になっている。著者の主要研究分野である文化・娯楽・グルメではこの傾向はいわずもがなのことだ。この「誰」のひとつの候補となるのが比喩的な人格としての企業である。

5　法人名目説・実存説を巡る議論については、『会社はこれからどうなるのか』（岩井克人、平凡社、２００３年）を参照されたい。

企業自身も望むところである企業の擬人化が進む中で、その企業におわされた過大な、時に不可能な、人々の期待が大企業への不信感の原因である。擬人化された企業はほとんどの個人よりはるかに大きな力をもっている。あなたが大企業の従業員だとして、会社はその気になれば1000万円の特別ボーナスを支給することができる。そして、閑職に飛ばしたり、転勤させたり、場合によっては解雇することができる。その一方で、大企業が何でもできるわけではない。3歳児にとって両親が万能のスーパースターに見えるように（いとも簡単に天井の電気を取り替えたり、ブロックを組み立てたりできるのだ！）、個人からみると擬人化された企業はとてつもない力をもつ巨人のように感じられる。そして両親が実際には万能ではないように、企業は企業同士の激しい競争のなかで活動する一主体に過ぎない。ブライアン・カプランが指摘する親への憎悪に似た大企業憎悪（第9章）は、現実の企業が常に名目説（機能としての企業）と実存説（社会的実態としての企業）という両面を持っているところに由来するのではないだろうか。

現下のコロナショックにおいても、医療機器の提供からワクチンの開発まで、大企業の活動は世界にとって大きな影響力を持っている。また、どんな巨大企業にとってもコロナショックは従来の経営方針を大きく修正するきっかけとなるだろう。空前の厄災の中で、常に両義的な性格を有する現代企業がどのような活動を行い、消費者がそれをどのように評価していくのか。本書は、コロナ後の企業活動とそれに対する国民の感情を理解する上で重要な導きの糸となり得るのではないだろうか。

Intelligence 54：1-32.
Walker, David I. 2012. "The Law and Economics of Executive Compensation：Theory and Evidence." in *Research Handbook on the Economics of Corporate Law*, edited by Claire A. Hill and Brett H. McDonnell. Cheltenham, UK：Edward Elgar, 2012.
Wallis, John Joseph. 2005. "Constitutions, Corporations, and Corruption：American States and Constitutional Change, 1842 to 1852." *Journal of Economic History* 65, no. 1 (March)：211-256.
Warren, Geoff. 2014. "Long-Term Investing：What Determines Business Horizon?" CIFR Paper No. 39. Center for International Finance and Regulation, University of Melbourne.
Watts, Duncan J., and David M. Rothschild. 2017. "Don't Blame the Election on Fake News. Blame It on the Media." *Columbia Journalism Review*, December 5, 2017.
Weeks, Miles. 2016. "Legendary Hedge Fund Wants to Use Atomic Clocks to Beat High-Speed Traders." *Bloomberg News*, July 7, 2016.
Yang, Stephanie. 2018. "Elizabeth Warren Maintains a Hard Line on the Big Banks." *Wall Street Journal*, June 1, 2018.
Younkins, Edward. 1998. "Cinema and the Capitalist Hero." Foundation for Economic Education, Atlanta, GA, June 1, 1998.
Zak, Paul J., and Stephen Knack. 2001. "Trust and Growth." *Economic Journal* 111, no. 470 (April)：295-321.
Zauzmer, Julie M. 2013. "Where We Stand：The Class of 2013 Senior Survey." *Harvard Crimson*, May 28, 2013.
Zhen, Liu. 2017. "Shanghai Adopts Facial Recognition System to Name, Shame Jaywalkers." *South China Morning Post*, July 3, 2017.
Zingales, Luigi. 2012. *A Capitalism for the People：Recapturing the Lost Genius of American Prosperity*. New York; Basic Books. 『人びとのための資本主義――市場と自由を取り戻す』（NTT出版）
Zingales, Luigi. 2017. "Towards a Political Theory of the Firm." *Journal of Economic Perspectives* 31, no. 3 (Summer)：113-130.
Zinman, Jonathan. 2008. "Restricting Consumer Credit Access：Household Survey Evidence on Effects Around the Oregon Rate Cap." Working Paper, Dartmouth College, December 2008.
Zmuda, Natalie. 2014. "Coca-Cola Maintains Marketing Spending Amid Sluggish Demand." *Advertising Age*, July 22, 2014.
Zuluaga, Diego. 2016. "Why Corporation Tax Should Be Scrapped." IEA Discussion Paper No. 74. Institute of Economic Affairs, London.

February 1, 2018. https://www.digitalcommerce360.com/2018/02/01/googles-ad-revenue-jumps-nearly-25-in-2017.
Statista. 2017. "Media Advertising Spending in the United States from 2015 to 2021." https://www.statista.com/statistics/272314/advertising-spending-in-the-us (accessed September 29, 2018).
Stein, Jeff, and Jena McGregor. 2018. "CEO Pay Jumps to $19 Million Annually, as Fears Mount over the Wealthy Pocketing Gains." *Washington Post*, August 16, 2018.
Stephens-Davidowitz, Seth. 2017. *Everybody Lies: Big Data, New Data, and What the Internet Can Tell Us About Who We Really Are*. New York: HarperCollins. 『誰もが嘘をついている――ビッグデータ分析が暴く人間のヤバい本性』（光文社）
Summers, Lawrence H. 2017. "The Jury Is Still Out on Corporate Short- Termism." *Financial Times*, February 9, 2017.
Surowiecki, James. 2016. "The Financial Page: Unlikely Alliances." *New Yorker*, April 25, 2016.
Syverson, Chad. 2011. "What Determines Productivity?" *Journal of Economic Literature* 49 (2): 326-365.
Taub, Amanda. 2016. "How Stable Are Democracies? 'Warning Signs Are Flashing Red.'" *New York Times*, November 29, 2016.
Tausig, Mark. 1999. "Work and Mental Health." In *Handbook of the Sociology of Mental Health*, edited by Carol S. Aneshensel and Jo C. Phelan, 255-274. New York: Kluwer.
Taylor, Lucian A. 2013. "CEO Wage Dynamics: Estimates from a Learning Model." *Journal of Financial Economics* 108: 79-98.
Taylor, Timothy. 2014. "Opting Out of the U.S. Corporate Income Tax." *Conversable Economist* (blog), December 22, 2014.
Terviö, Marko. 2008. "The Difference That CEOs Make: An Assignment Model Approach." *American Economic Review* 98, no. 3 (June): 642-668.
Thomas, Landon Jr. 2017. "Why Are Mutual Fund Fees So High? This Billionaire Knows." *New York Times*, December 30, 2017.
Tomassi, Kate DuBose. 2006. "Most Common Resume Lies." *Forbes*, May 23, 2006.
Touré-Tillery, Maferima, and Ann L. McGill. 2015. "Who or What to Believe: Trust and the Differential Persuasiveness of Human and Anthropomorphized Messengers." *Journal of Marketing* 79 (July): 94-110.
Town, Robert, Douglas Wholey, Roger Feldman, and Lawton R. Burns. 2006. "The Welfare Consequences of Hospital Mergers." NBER Working Paper No. 12244. National Bureau of Economic Research, Washington, DC.
Viscusi, Kip. 1980. "Union, Labor Market Structure, and the Welfare Implications of the Quality of Work." *Journal of Labor Research* 1, no. 1 (Spring): 175-192.
Wahba, Phil. 2015. "Shoplifting, Worker Theft Cost Retailers $32 Billion Last Year." *Fortune*, June 24, 2015.
Wai, Jonathan, and David Lincoln. 2016. "Investigating the Right Tail of Wealth: Education, Cognitive Ability, Giving, Network Power, Gender, Ethnicity, Leadership, and Other Characteristics."

Schwitzgebel, Eric, and Joshua Rust. 2014. "The Moral Behavior of Ethics Professors: Relationships Among Self-Reported Behavior, Expressed Normative Attitude, and Directly Observed Behavior." *Philosophical Psychology* 27 (3): 293-327.

Schwitzgebel, Eric, Joshua Rust, Linus Ta-Lun Huang, Alan Moore, and Justin Coates. 2012. "Ethicists' Courtesy at Philosophy Conferences." *Philosophical Psychology* 25 (3): 331-340.

Segrave, Kerry. 2011. *Vision Aids in America: A Social History of Eyewear and Sight Correction Since 1900*. Jefferson, NC: McFarland.

Setser, Brad. 2017. "Dark Matter: Soon to Be Revealed?" *Follow the Money* (blog), Council on Foreign Relations, February 2, 2017.

Shah, Bimal R., Seth W. Glickman, Li Liang, W. Brian Gibler, E. Magnus Ohman, Charles V. Pollack Jr., Matthew T. Roe, and Eric D. Peterson. 2007. "The Impact of For-Profit Hospital Status on the Care and Outcomes of Patients With Non-ST-Segment Elevation Myocardial Infection." *Journal of the American College of Cardiology* 50 (15): 1462-1468.

Shapiro, Carl. 2017. "Antitrust in a Time of Populism." Working Paper, University of California, Berkeley, October 24, 2017. http://dx.doi.org/10.2139/ssrn.3058345.

Shephard, Alex. 2018. "Don't Look to Democrats to Regulate Big Tech." *New Republic*, March 13, 2018.

Shu, Pian. 2013. "Career Choice and Skill Development of MIT Graduates: Are the "Best and Brightest" Going into Finance?" Working Paper, Harvard Business School.

Shu, Pian. 2016. "Innovating in Science and Engineering or 'Cashing In' on Wall Street? Evidence on Elite STEM Talent." Working Paper 16-067, Harvard Business School.

Silvergate, Harvey. 2011. *Three Felonies a Day: How the Feds Target the Innocent*. New York: Encounter Books.

Skiba, Paige Marta. 2012. "Regulation of Payday Loans: Misguided?" *Washington and Lee Law Review* 69 (2): 1023-1049.

Skiba, Paige Marta, and Jeremy Tobacman. 2011. "Do Payday Loans Cause Bankruptcy?" Vanderbilt Law and Economics Research Paper No. 11-13, December 1, 2011.

Skiba, Paige Marta, and Jeremy Tobacman. 2008. "Payday Loans, Uncertainty, and Discounting: Explaining Patterns of Borrowing, Repayment, and Default." Varderbilt Law and Economics Research Paper No. 08-33, August 21, 2008.

Skorup, Brent. 2013. "Reclaiming Federal Spectrum: Proposals and Recommendations." *Columbia Science and Technology Review* 15 (Fall): 90-124.

Song, Jae, David J. Price, Faith Guvenen, and Nicholas Bloom. 2015. "Firming Up Inequality." NBER Working Paper No. 21199. National Bureau of Economic Research, Washington, DC.

Sprothen, Vera. 2016. "Trading Tech Accelerates Toward Speed of Light." *Wall Street Journal*, August 7, 2016.

SSTI. 2016. "$77.3B in Total Venture Capital Invested in 2015, Report Finds; VC Trends to Look for in 2016." State Science and Technology Institute, Columbus, OH, January 15, 2016.

Stambor, Zak. 2018. "Google's Ad Revenue Jumps Nearly 25% in 2017." DigitalCommerce360,

Payoff Autonomy." *American Economic Journal: Microeconomics* 6, no. 4 (November): 138-161.
Paul, Karsten I., and Klaus Moser. 2009. "Unemployment Impairs Mental Health: Meta-analyses." *Journal of Vocational Behavior* 74: 264-282.
Pearlstein, Steven. 2016. "How Big Business Lost Washington." *Washington Post*, September 2, 2016.
Pellegrino, Bruno, and Luigi Zingales. 2017. "Diagnosing the Italian Disease." NBER Working Paper No. 23964. National Bureau of Economic Research, Washington, DC.
Pfeffer, Jeffrey. 2018. *Dying for a Paycheck: How Modern Management Harms Employee Health and Company Performance — and What We Can Do About It*. New York: HarperCollins.『ブラック職場があなたを殺す』（日本経済新聞出版社）
Philippon, Thomas. 2011. "Has the Finance Industry Become Less Efficient? Or Where Is Wal-Mart When We Need It?" VoxEU, Center for Economic Policy Research, December 2, 2011. https://voxeu.org/article/where-wal-mart-when- we-need-it.
Philippon, Thomas. 2015. "Has the U.S. Finance Industry Become Less Efficient? On the Theory and Measurement of Financial Intermediation." *American Economic Review* 105 (4): 1408-1438.
Philippon, Thomas, and Ariell Reshef. 2012. "Wages and Human Capital in the U.S. Finance Industry, 1909-2006." *Quarterly Journal of Economics* 127, no. 4 (November): 1551-1609.
Phillips, Tim, and Rebecca Clare. 2015. *Game of Thrones on Business: Strategy, Morality and Leadership Lessons from the World's Most Talked-About TV Show*. Oxford: Infinite Ideas.
Protess, Ben, and Michael Corkery. 2016. "Just How Much Do the Top Private Equity Earners Make?" *New York Times*, December 10, 2016.
Roy, William G. 1997. *Socializing Capital: The Rise of the Large Industrial Corporation in America*. Princeton, NJ: Princeton University Press.
Rucker, Philip. 2011. "Mitt Romney Says 'Corporations Are People.'" *Washington Post*, August 11, 2011.
Russell, Karl, and Williams, Josh. 2016. "Meet the Highest-Paid C.E.O.s in 2015." *New York Times*, May 27, 2016.
Sampson, Rachelle C., and Yuan Shi. 2016. "Are US Firms and Markets Becoming More Short-Term Oriented? Evidence of shifting Firm and Investor Time Horizons, 1980-2013." https://papers.ssrn.com/sol3/papers.cfm?abstract_id=2837524.
Scannell, Kara, and Vanessa Houlder. 2016. "US tax havens: The new Switzerland." *Financial Times*, May 9, 2016.
Scheiber, Noam. 2016. "At Trader Joe's, Good Cheer May Hide Complaints." *New York Times*, November 3, 2016.
Schizer, David M. 2016. "Between Scylla and Charybdis: Taxing Corporations or Shareholders (or Both)." Columbia Law and Economics Working Paper No. 536.
Schor, Juliet B. 2004. *Born to Buy*. New York: Scribner.
Schwitzgebel, Eric. 2009. "Do Ethicists Steal More Books?" *Philosophical Psychology* 22: 711-725.
Schwitzgebel, Eric, and Joshua Rust. 2009. "The Moral Behavior of Ethicists." *Mind* 118 (October): 1043-1059.

Manjoo, Farhad. 2017. "Why Tech Is Starting to Make Me Uneasy." *New York Times*, October 11, 2017.
Marcaux, Alexei. 2017. "The Power and the Limits of Milton Friedman's Arguments Against Corporate Social Responsibility." In *Wealth, Commerce, and Philosophy: Foundational Thinkers and Business Ethics*, edited by Eugene Heath and Byron Kaldis, 339-380. Chicago: University of Chicago Press.
Matthews, Dylan. 2016. "Remember That Study Saying America Is an Oligarchy? 3 Rebuttals Say It's Wrong." *Vox*, May 9, 2016.
Mauboussin, Michael J., and Dan Callahan. 2015. "A Long Look at Short-Termism: Questioning the Premise." Journal of Applied Corporate Finance 27 (3): 70-82.
McCarthy, Justin. 2015. "Little Change in Percentage of Americans Who Own Stocks." Gallup, April 22, 2015.
McClellan, Mark B., and Douglas O. Staiger. 2000. "Comparing Hospital Quality at For-Profit and Not-for-Profit Hospitals." In *The Changing Hospital Industry: Comparing For-Profit and Not-for-Profit Institutions*, edited by David M. Cutler, 93-112. Chicago: University of Chicago Press.
McGrattan, Ellen R., and Richard Rogerson. 2004. "Changes in Hours Worked, 1950-2000." *Federal Reserve Bank of Minneapolis Quarterly Review* 28, no. 1 (2004): 14-33.
Melzer, Brian T. 2011. "The Real Costs of Credit Access: Evidence from the Payday Lending Market." *Quarterly Journal of Economics* 126: 517-555.
Mishel, Lawrence, and Alyssa Davis. 2015. "Top CEOs Make 300 Times More Than Typical Workers." Issue Brief No. 399. Economic Policy Institute, June 21, 2015.
Moran, Joe. 2018. "Soiling with Its Poison: The Problem with Employment That Is Insufficiently Rewarding." *Times Literary Supplement*, July 27, 2018.
Mullen, Jethro. 2016. "China Is No Longer the Biggest Foreign Holder of U.S. Debt." CNN Money, December 16, 2016.
Murphy, Kevin J., and Jan Zabojnik. 2004. "CEO Pay and Appointments: A Market-Based Explanation for Recent Trends." *American Economic Review* 95, no. 2 (May): 192-196.
Murphy, Kevin J., and Jan Zabojnik. 2007. "Managerial Capital and the Market for CEOs." Working Paper, April 2007. https://ssrn.com/abstract-984376.
Newport, Frank. 2018. "Democrats More Positive About Socialism Than Capitalism." Gallup, August 13, 2018. https://news.gallup.com/poll/240725/democrats-positive-socialism-capitalism.aspx.
Nguyen, Bang Dang, and Kasper Meisner Nielsen. 2014. "What Death Can Tell: Are Executives Paid for Their Contributions to Firm Value?" *Management Science* 60 (12): 2859-2885.
NVCA. 2016. "$58.8 Billion in Venture Capital Invested Across U.S." Press release, National Venture Capital Association, Washington, DC, January 15, 2016.
Ortega, Josué, and Philipp Hergovich. 2017. "The Strength of Absent Ties: Social Integration via Online Dating." ArXiv working paper, September 14, 2018.
Osborne, Evan. 2007. *The Rise of the Anti-Corporate Movement*. Westport, CT: Praeger.
Owens, David, Zachary Grossman, and Ryan Fackler. 2014. "The Control Premium: A Preference for

Kuhn, Andreas, Rafael Lalive, and Josef Zweimueller. 2009. "The Public Health Costs of Unemployment." *Cahiers de Recherches Economiques du Département d'Econométrie et d'Economie Politique*, University of Lausanne.

Kuhn, Peter. 2004. "Is Monopsony the Right Way to Model Labor Markets? A Review of Alan Manning's Monopsony in Motion." *International Journal of the Economics of Business* 11, no. 3 (November): 369-378.

Larcker, David F., Nicholas E. Donatiello, and Brian Tayan. 2017. "CEO Talent: America's Scarcest Resource? 2017 CEO Talent Survey." Stanford Graduate School of Business, Stanford University, September 2017.

Lawrence, Edward C., and Gregory Elliehausen. "A Comparative Analysis of Payday Loan Customers." *Contemporary Economic Policy* 26, no. 2 (April): 299-316.

Lea, Richard. 2015. "The Big Question: Are Books Getting Longer?" *Guardian*, December 10, 2015.

Lee, Michelle Ye Hee, and Elise Viebeck. 2017. "How Congress Plays by Different Rules on Sexual Harassment and Misconduct." *Washington Post*, October 27, 2017.

LeFevre, Judith. 1988. "Flow and the Quality of Experience During Work and Leisure." In *Optimal Experience: Psychological Studies of Flow in Consciousness*, edited by Mihaly Csikszentmihalyi and Isabella Selega Csikszentmihalyi, 307-318. Cambridge: Cambridge University Press.

Leonhardt, David. 2014. "How the Government Exaggerates the Cost of College." *New York Times*, July 29, 2014.

Leubsdorf, Ben. 2017. "How Cell-Phone Plans with Unlimited Data Limited Inflation." *Wall Street Journal*, May 22, 2017.

Lev, Baruch, Christine Petrovits, and Suresh Radhakrishnan. 2010. "Is Doing Good Good for You? How Corporate Charitable Contributions Enhance Revenue Growth." *Strategic Management Journal* 31, no. 2 (February): 182-200.

Levine, Ross. 2014. "In Defense of Wall Street: The Social Productivity of the Financial System." In *The Role of Central Banks in Financial Stability: How Has It Changed?*, edited by Douglas D. Evanoff, Cornelia Holthausen, and Manfred Kremer, 257-259. World Scientific Studies in International Economics 30, Singapore.

Lichtenberg, Frank R. 2013. "The Effect of Pharmaceutical Innovation on Longevity: Patient-Level Evidence from the 1996-2002 Medical Expenditure Panel Survey and Linked Mortality Public-Use Files." *Forum for Health Economics and Policy* 16 (1): 1-33.

Lublin, Joann S. 2017. "Few Can Fill the CEO's Job, Directors Say." *Wall Street Journal*, October 10, 2017.

Maestas, Nicole, Kathleen J. Mullen, David Powell, Till von Wachter, and Jeffrey B. Wenger. 2017. "Working Conditions in the United States: Results of the 2015 American Working Conditions Survey." RAND Corporation, Santa Monica, CA.

Maksimovic, Vojislav, Gordon M. Phillips, and Liu Yang. 2017. "Do Public Firms Respond to Investment Opportunities More Than Private Firms? The Impact of Initial Firm Quality." NBER Working Paper No. 24104. National Bureau of Economic Research, Washington, DC.

Jackson, James K. 2013. "The United States as a Net Debtor Nation：Overview of the International Investment Position." RL32964. Congressional Research Service, Washington, DC.

Jensen, Michael C., and Kevin J. Murphy. 1990. "Performance Pay and Top-Management Incentives." *Journal of Political Economy* 98：225-264.

Jenter, Dirk, Egor Matveyev, and Lukas Roth. 2016. "Good and Bad CEOs." Working paper, March 2016.

Joynt, Karen E., E. John Orav, and Ashish K. Jha. 2014. "Association Between Hospital Conversions to For-Profit Status and Clinical and Economic Outcomes." *Journal of the American Medical Association* 312 (16)：1644-1652.

Jylha, Petri, Kalle Rinne, and Matti Suominen. 2018. "Do Hedge Funds Supply or Demand Liquidity?" *Review of Finance* 18 (4)：1259-1298.

Kahle, Kathleen, and René M. Stulz. 2017. "Is the US Public Corporation in Trouble?" *Journal of Economic Perspectives* 31, no. 3 (Summer)：67-88.

Kahneman, Daniel, Alan B. Krueger, David A. Schkade, Norbert Schwarz, and Arthur A. Stone. 2004. "A Survey Method for Characterizing Daily Life Experience：The Day Reconstruction Method." *Science* 306, no. 5702 (December 3)：1776-1780.

Kaplan, Greg, Kurt Mitman, and Giovanni L. Violante. 2017. "The Housing Boom and Bust：Model Meets Evidence." NBER Working Paper No. 23694. National Bureau of Economic Research, Washington, DC.

Kaplan, Greg, and Sam Schulhofer-Wohl. 2018. "The Changing (Dis-)Utility of Work." NBER Working Paper No. 24738. National Bureau of Economic Research, Washington, DC.

Kaplan, Steven N. 2012. "Executive Compensation and Corporate Governance in the U.S.：Perceptions, Facts and Challenges." NBER Working Paper No. 18395. National Bureau of Economic Research, Washington, DC.

Kaplan, Steven N., Mark M. Klebanov, and Morten Sorensen. 2012. "Which CEO Characteristics and Abilities Matter?" *Journal of Finance* 67, no. 3 (June)：973-1007.

Kaplan, Steven N., and Josh Lerner. 2010. "It Ain't Broke：The Past, Present, and Future of Venture Capital." *Journal of Applied Corporate Finance* 22 (2)：36-47.

Kaplan, Steven N., and Joshua Rauh. 2010. "Wall Street and Main Street：What Contributes to the Rise in the Highest Incomes?" *Review of Financial Studies* 23, no. 3 (March)：1004-1050.

Kaplan, Steven N., and Joshua Rauh. 2013. "It's the Market：The Broad-Based Rise in the Return to Top Talent." *Journal of Economic Perspectives* 27, no. 3 (Summer)：35-55.

Kaur, Supreet, Michael Kremer, and Sendhil Mullainathan. 2015. "Self-Control at Work." *Journal of Political Economy* 123, no. 6 (October)：1227-1277.

Keller, Wolfgang, and William W. Olney. 2017. "Globalization and Executive Compensation." NBER Working Paper No. 23384. National Bureau of Economic Research, Washington, DC.

Knack, Stephen, and Philip Keefer. 1997. "Does Social Capital Have an Economic Payoff? A Cross-Country Investigation." *Quarterly Journal of Economics* 112 (4)：1252-1288.

Konczal, Mike. 2016. "Learning from Trump in Retrospect." *The Medium*, December 2, 2016.

Press.
Gutiérrez, Germán, and Thomas Philippon. 2017. "Declining Competition and Investment in the U.S." NBER Working Paper No. 23583. National Bureau of Economic Research, Washington, DC.
Halpern, Paul, Michael Trebilcock, and Stuart Turnbull. 1980. "An Economic Analysis of Limited Liability in Corporation Law." *University of Toronto Law Journal* 30, no. 2 (Spring): 117-150.
Hare, Robert D. 1999. *Without Conscience: The Psychopaths Amongst Us*. New York: Guilford Press.
Hart, Oliver D., and John Moore. 1990. "Property Rights and the Nature of the Firm." *Journal of Political Economy* 98, no. 6 (December): 1119-1158.
Hart, Oliver, and Luigi Zingales. 2016. "Should a Company Pursue Shareholder Value?" Working paper, October 2016.
Hartmann, Thom. 2010. *Unequal Protection: How Corporations Became "People" — and How You Can Fight Back*. San Francisco: Berrett-Koehler.
Hauser, Christine, and Sapna Maheshwari. 2006. "MetLife Grounds Snoopy. Curse You, Red Baron!" *New York Times*, October 20, 2016.
Hausmann, Ricardo, and Federico Sturzenegger. 2006. "U.S. and Global Imbalances: Can Dark Matter Prevent a Big Bang?" Working paper, John F. Kennedy School of Government, Harvard University.
Henle, Christine A., Brian R. Dineen, and Michelle K. Duffy. 2017. "Assessing International Resume Deception: Development and Nomological Network of a Resume Fraud Measure." *Journal of Business and Psychology*, published online December 16, 2017.
Henrich, Joseph. 2000. "Does Culture Matter in Economic Behavior? Ultimatum Game Bargaining Among the Machiguenga of the Peruvian Amazon." *American Economic Review* 90, no. 4 (September): 973-979.
Henrich, Joseph, Robert Boyd, Samuel Bowles, Colin Camerer, Ernst Fehr, and Herbert Gintis, editors. 2004. *Foundations of Human Sociality: Economic Experiments and Ethnographic Evidence from Fifteen Small-Scale Societies*. Oxford: Oxford University Press.
Henrich, Joseph, et al. 2006. "Costly Punishment Across Human Societies." *Science* 312: 1767-1770.
Henrich, Joseph, et al. 2010. "Markets, Religion, Community Size, and the Evolution of Fairness and Punishment." *Science* 327: 1480-1484.
Hersch, Joni. 2011. "Compensating Differentials for Sexual Harassment." *American Economic Review*, 101 (3): 630-34.
Hirschman, Albert O. 1992. *Rival Views of Market Society and Other Recent Essays*. Cambridge, MA: Harvard University Press.
Hogan, Marin. 2017. "The Powerful Predators on Capitol Hill." *The Cut*, November 9, 2017.
Hsieh, Chang-Tai, and Peter J. Klenow. 2009. "Misallocation and Manufacturing TFP in China and India." *Quarterly Journal of Economics* 124 (4): 1403-1448.
IRS. 2016. *Tax Gap Estimates for Tax Years 2008-2010*. Washington, DC: Internal Revenue Service.
Isen, Adam. 2012. "Dying to Know? Are Workers Paid Their Marginal Product?" Working Paper, University of Pennsylvania.

Ganapati, Shrat. 2017. "Oligopolies, Prices, and Quantities：Has Industry Concentration Increased Price and Restricted Output?" https://papers.ssrn.com/sol3/papers.cfm?abstract_id=3030966.

Gentzkow, Matthew, and Jesse M. Shapiro. 2014. "Ideological Segregation Online and Offline." Chicago Booth Research Paper No. 10-19. Booth School of Business, University of Chicago.

Giertz, Seth H., and Jacob A. Mortensen. 2013. "Recent Income Trends for Top Executives：Evidence from Tax Return Data." *National Tax Journal* 66 (4)：913-938.

Gilens, Martin, and Benjamin I. Page. 2014. "Testing Theories of American Politics：Elites, Interest Groups, and Average Citizens." *Perspectives on Politics* 12, no. 3 (September)：564-581.

Glazer, Amihai. 1978. "The Economics of Repair Markets." Ph.D. dissertation, Department of Economics, Yale University.

Gompers, Paul, William Gornall, Steven N. Kaplan, and Ilya A. Strebulaev. 2016. "How Do Venture Capitalists Make Decisions?" NBER Working Paper No. 22587. National Bureau of Economic Research, Washington, DC.

Gorton, Gary, and Frank Schmid. 2002. "Class Struggle Inside the Firm：A Study of German Codetermination." Working Paper 2000-025B. Federal Reserve Bank of St. Louis.

Gourinchas, Pierre Olivier. 2016. "The Structure of the International Monetary System." Research Summary. National Bureau of Economic Research, Washington, DC.

Gow, Ian D., Steven N. Kaplan, David F. Larcker, and Anastasia A. Zakolyukina. 2016. "CEO Personality and Firm Policies." NBER Working Paper No. 22435. National Bureau of Economic Research, Washington, DC.

Graeber, David. 2018. *Bullshit Jobs：A Theory*. New York：Simon and Schuster.

Graham, John R., Campbell R. Harvey, Jillian Popadak, and Shivaram Rajgopal. 2017. "Corporate Culture：Evidence from the Field." NBER Working Paper No. 23255. National Bureau of Economic Research, Washington, DC.

Gravelle, Jennifer C. 2011. "Corporate Tax Incidence：A Review of Empirical Estimates and Analysis." Congressional Budget Office, Washington, DC.

Green, Francis, Stephen Machin, and Alan Manning. 1996. "The Employer Size-Wage Effect：Can Dynamic Monopsony Provide an Explanation?" *Oxford Economic Papers* 48：433-455.

Greenwood, Robin, and David Scharfstein. 2013. "The Growth of Finance." *Journal of Economic Perspectives* 27, no. 2 (Spring)：3-28.

Griffin, John, and Jin Xu. 2009. "How Smart Are the Smart Guys? A Unique View from Hedge Fund Stock Holdings." *Review of Financial Studies* 22：2531-2570.

Grossman, Sanford J., and Oliver D. Hart. 1986. "The Costs and Benefits of Ownership：A Theory of Vertical and Lateral Integration." *Journal of Political Economy* 94, no. 4 (August)：691-719.

Grynbaum, Michael, and Herrman John. 2018. "New Foils for the Right：Google and Facebook." *The New York Times*, March 6, 2018.

Guiso, Luigi, Paola Sapienza, and Luigi Zingales. 2013. "The Value of Corporate Culture." NBER Working Paper No. 19557. National Bureau of Economic Research, Washington, DC.

Guthrie, Stewart. 1993. *Faces in the Clouds：A New Theory of Religion*. Oxford：Oxford University

Fitzsimons, Grainne M., Tanya L. Chartrand, and Gavan J. Fitzsimons. 2008. "Automatic Effects of Brand Exposure on Motivated Behavior: How Apple Makes You 'Think Different.' "*Journal of Consumer Research* 35 (June): 21-35.

Foote, Christopher L., Kristopher F. Girardi, and Paul S. Willen. 2017. "Why Did So Many People Make So Many Ex Post Bad Decisions? The Causes of the Foreclosure Crisis." NBER Working Paper No. 18082. National Bureau of Economic Research, Washington, DC.

Foote, Christopher L., Lara Loewenstein, and Paul S. Willen. 2016. "Cross-Sectional Patterns of Mortgage Debt During the Housing Boom: Evidence and Implications." NBER Working Paper No. 22985. National Bureau of Economic Research, Washington, DC.

Foster, Tom. 2017. "The Shelf Life of John Mackey." *Texas Monthly*, June 2017.

Francis, Theo, and Joann S. Lublin. 2016. "CEO Pay Shrank Most Since Financial Crisis." *Wall Street Journal*, April 7, 2016.

Frazier, Mya. 2017. "Dollar General Hits a Gold Mine in Rural America." *Bloomberg Businessweek*, October 11, 2017.

Freeman, Richard B., Douglas Kruse, and Joseph Blasi. 2004. "Monitoring Colleagues at Work: Profit Sharing, Employee Ownership, Broad-Based Stock Options and Workplace Performance in the United States." CEP Discussion Paper No. 647. Centre for Economic Performance, London School of Economics and Political Science.

Fried, Jesse M., and Charles C. Y. Wang. 2017. "Short-Termism and Shareholder Payouts: Getting Corporate Capital Flows Right." Working Paper 17-062, Harvard Business School.

Friedman, Milton. 1970. "The Social Responsibility of Business Is to Increase Its Profits." *New York Times Magazine*, September 13, 1970.

Friedman, Milton, John Mackey, and T. J. Rodgers. 2005. "Rethinking the Social Responsibility of Business." *Reason*, October 2005. http://reason.com/archives/2005/10/01/rethinking-the-social-responsi.

Frydman, Carola, and Dirk Jenter. 2010. "CEO Compensation." *Annual Review of Financial Economics* 2: 75-102.

Frydman, Carola, and Raven E. Saks. 2007. "Executive Compensation: A New View from a Long-Term Perspective, 1936-2005." Working Paper 2007-35. Federal Reserve Board, Washington, DC.

Fuest, Clements, Andreas Peichl, and Sebastian Siegloch. 2018. "Do Higher Corporate Taxes Reduce Wages? Micro Evidence from Germany." *American Economic Review* 108, no. 2 (February): 393-418.

Furman, Jason. 2018. "The Real Reason You're Not Getting a Pay Raise." *Vox*, August 11, 2018.

Gabaix, Xavier, and Augustin Landier. 2008. "Why Has CEO Pay Increased So Much?" *Quarterly Journal of Economics* 121 (1): 49-100.

Gabaix, Xavier, Augustin Landier, and Julien Sauvagnat. 2014. "CEO Pay and Firm Size: An Update After the Crisis." *Economic Journal* 124 (574): F40- F59.

Gallup. 2016. "Confidence in Institutions." Gallup Poll and Report, June 2016. https://news.gallup.com/poll/1597/confidence-institutions.aspx.

Economist. 2016. "From Clout to Rout: Why European Companies Have Become a Fading Force in Global Business." *Economist*, July 2, 2016.

Economist. 2017. "Corporate Short-Termism Is a Frustratingly Slippery Idea." *Economist*, February 16, 2017.

Edmans, Adam, Xavier Gabaix, and Dirk Jenter. 2017. "Executive Compensation: A Survey of Theory and Evidence." NBER Working Paper No. 23596. National Bureau of Economic Research, Washington, DC.

Egan, Mark, Gregor Matvos, and Amit Seru. 2016. "The Market for Financial Adviser Misconduct." NBER Working Paper No. 22050. National Bureau of Economic Research, Washington, DC.

Ehrenfreund, Max. 2016. "A Majority of Millennials Now Reject Capitalism, Poll Shows." *Washington Post*, April 26, 2016.

Elliehausen, Gregory. 2009. "An Analysis of Consumers' Use of Payday Loans." Monograph No. 41. Financial Services Research Program, George Washington University.

Elson, Charles M. 2003. "What's Wrong with Executive Compensation?" *Harvard Business Review*, January 2003.

Enns, Peter K. 2015. "Relative Policy Support and Coincidental Representation." *Perspectives on Politics* 13 (4): 1053-1064.

Ensminger, Jean, and Joseph Henrich, editors. 2014. Experimenting with Social Norms: Fairness and *Punishment in Cross-Cultural Perspective*. New York: Russell Sage Foundation.

Evershed, Richard, and Nicola Temple. 2016. *Sorting the Beef from the Bull: The Science of Food Fraud Forensics*. London: Bloomsbury Sigma.

Falato, Antonio, Dan Li, and Todd Milbourn. 2015. "Which Skills Matter in the Market for CEOs? Evidence from Pay for CEO Credentials." *Management Science* 61, no. 12 (December): 2845-2869.

Fama, Eugene F., and Kenneth R. French. 1998. "Value and Growth: An International Perspective." *Journal of Finance* 53, no. 6 (December): 1975-1999.

Farr, Christina. 2016. "On the Dark Web, Medical Records Are a Hot Commodity." *Fast Company*, July 7, 2016.

Faulkender, Michael, and Jun Yang. 2010. "Inside the Black Box: The Role and Composition of Compensation Peer Groups." *Journal of Financial Economics* 96, no. 2 (May): 257-270.

Faust, Leland. 2016. *A Capitalist's Lament: How Wall Street Is Fleecing You and Ruining America*. New York: Skyhorse Publishing.

Fehr, Ernst, and John A. List. 2004. "The Hidden Costs and Returns of Incentives — Trust and Trustworthiness Among CEOs." *Journal of the European Economic Association* 2, no. 5 (September): 743-771.

Feldman, Robert S., James A. Forrest, and Benjamin R. Happ. 2002. "Self-Presentation and Verbal Deception: Do Self-Presenters Lie More?" *Basic and Applied Social Psychology* 24 (2): 163-170.

Felipe, Jesus, Aahish Mehta, and Changyong Rhee. 2014. "Manufacturing Matters … but It's the Jobs That Count." ADB Economics Working Paper No. 420. Asian Development Bank, Mandaluyong, Philippines.

November 4, 2016.

Cowley, Stacy, and Matthew Goldstein. 2016."Accusations of Fraud at Wells Fargo Spread to Sham Insurance Policies." *New York Times*, December 10, 2016.

Craig, Ben, and John Pencavel. 1992. "The Behavior of Worker Cooperatives: The Plywood Companies of the Pacific Northwest." *American Economic Review* 82, no. 5 (December): 1083-1105.

Csikszentmihalyi, Mihaly, and Judith LeFevre. 1989. "Optimal Experience in Work and Leisure." *Journal of Personality and Social Psychology* 56 (5): 815-822.

Damaske, Sarah, Joshua M. Smyth, and Matthew J. Zawadzki. 2014. "Has Work Replaced Home as a Haven? Re-examining Arlie Hochschild's Time Bind Proposition with Objective Stress Data." *Social Science and Medicine* 115 (August): 130-138.

Damaske, Sarah, Joshua M. Smyth, and Matthew J. Zawadzki. 2016. "Stress at Work: Differential Experiences of High Versus Low SES Workers." *Social Science and Medicine* 156 (May): 125-133.

DaVanzo, Joan E., Steven Heath, Audrey El-Gamil, and Allen Dobson. 2009. "The Economic Contribution of the Dietary Supplement Industry." Dobson DaVanzo & Associates, LLC, May 7, 2009.

Davies, Richard, Andrew G. Haldane, Mette Nielsen, and Silvia Pezzini. 2014. "Measuring the Costs of Short- Termism." *Journal of Financial Stability* 12: 16-25.

Davis, Gerald F. 2016. *The Vanishing American Corporation: Navigating the Hazards of a New Economy*. Oakland, CA: Berrett- Koehler.

Della Volpe, John, and Sonya Jacobs. 2016. "Survey of Young Americans' Attitudes Toward Politics and Public Service." Harvard Public Opinion Project, Harvard University Institute of Politics, April 25, 2016.

DePaulo, Bella M., Matthew E. Ansfield, Susan E. Kirkendol, and Joseph M. Boden. 2004. "Serious Lies." *Basic and Applied Social Psychology* 26 (2-3): 147-167.

DePaulo, Bella M., and Deborah A. Kashy. 1998. "Everyday Lies in Close and Casual Relationships." *Journal of Personality and Social Psychology* 74 (1): 63-79.

DePaulo, Bella M., Deborah A. Kashy, Susan E. Kirkendol, and Melissa M. Wyer. 1996. "Lying in Everyday Life." *Journal of Personality and Social Psychology* 70 (5): 979-995.

Desan, Mathieu, and Michael A. McCarthy. 2018. "A Time to Be Bold." *Jacobin*, July 31, 2018.

Diamond, Peter A. 1998. "What Stock Market Returns to Expect for the Future?" Center for Retirement Research, Boston College.

DiPrete, Thomas A., Gregory M. Eirich, and Matthew Pittinsky. 2010. "Compensation Benchmarking, Leapfrogs, and the Surge in Executive Pay." *American Journal of Sociology* 115, no. 6 (May): 1671-1712.

Drutman, Lee. 2015. *The Business of America Is Lobbying: How Corporations Became Politicized and Politics Became More Corporate*. New York: Oxford University Press.

Dyck, Alexander, Adair Morse, and Luigi Zingales. 2013. "How Pervasive Is Corporate Fraud?" Rotman School of Management Working Paper No. 2222608. February 22, 2013.

Clarke, Conor, and Wojciech Kopzcuk. 2016. "Business Income and Business Taxation in the United States Since the 1950s." NBER Working Paper No. 22778. National Bureau of Economic Research, Washington, DC.

Cline, William R. 2015. "Further Statistical Debate on 'Too Much Finance.'" PIIE Working Paper No. 15-16. Peterson Institute for International Economics, Washington, DC.

Coffey, Bentley, and Patrick McLaughlin. 2016. "The Cumulative Cost of Regulations." Mercatus Working Paper. Mercatus Center, George Mason University, Arlington, VA.

College Board. 2016. *Trends in College Pricing 2016*. Princeton, NJ: College Board.

Comoreanu, Alina. 2017. "Bank Market Share by Deposits and Assets." WalletHub, February 9, 2017. https://wallethub.com/edu/bank-market-share-by-deposits/25587.

Content First. 2009. *Venture Impact: The Economic Importance of Venture Capital-Backed Companies to the U.S. Economy*. Global Insight Report. Arlington, VA: National Venture Capital Association.

Conyon, Martin J. 2006. "Executive Compensation and Incentives." *Academy of Management Perspectives* 20 (1): 25-44.

Cooper, Zack, Stuart V. Craig, Martin Gaynor, and John Van Reenan. 2015. "The Price Ain't Right? Hospital Prices and Health Spending on the Privately Insured." NBER Working Paper No. 21815. National Bureau of Economic Research, Washington, DC.

Core, John E. Wayne R. Guay, and Randall S. Thomas. 2005. "Is U.S. CEO Compensation Inefficient Pay Without Performance?" *Michigan Law Review* 103, no. 6 (May): 1142-1185.

Cournede, Boris, and Oliver Denk. 2015. "Finance and Economic Growth in OECD and G20 Countries." OECD Economics Department Working Paper No. 1223. OECD, Paris.

Cowen, Tyler. 2000. *In Praise of Commercial Culture*. Cambridge, MA: Harvard University Press.

Cowen, Tyler. 2012. *An Economist Gets Lunch*. New York: Dutton.『エコノミストの昼ごはん——コーエン教授のグルメ経済学』(作品社)

Cowen, Tyler. 2016. "When Products Talk." *New Yorker*, June 1, 2016.

Cowen, Tyler. 2017a. *The Complacent Class: The Self- Defeating Quest for the American Dream*. New York: St. Martin's Press.『大分断——格差と停滞を生んだ「現状満足階級」の実像』(NTT出版)

Cowen, Tyler. 2017b. "Work Isn't So Bad After All." In Elizabeth Anderson, *Private Government: How Employers Rule Our Lives (and Why We Don't Talk About It)*, 108-117. Princeton, NJ: Princeton University Press.

Cowen, Tyler. 2017c. "The New World of Monopoly? What About Flying?" *Marginal Revolution* (blog), September 2, 2017.

Cowen, Tyler. 2017d. "Facebook's Harm Is Taking Life out of Context." *Bloomberg View*, September 20, 2017.

Cowley, Stacy. 2016a. "'Lions Hunting Zebras':Wells Fargo Employees Targeted People Who Would 'Put Up the Least Resistance.'" *New York Times*, October 21, 2016.

Cowley, Stacy. 2016b. "Scrutiny for Wells Fargo over Ex-Employee Files." *New York Times*,

Burman, Leonard E., Kimberly A. Clausing, and Lydia Austin. 2017. "Is U.S. Corporate Income Double- Taxed?" *National Tax Journal*, 70 (3): 675-706.

Cairnes, Gus. 2014. "Life Expectancy Now Considerably Exceeds the Average in Some People with HIV in the US." NAM Aidsmap, January 6, 2014. http://www.aidsmap.com/Life-expectancy-now-considerably-exceeds-the-average-in-some-people-with-HIV-in-the-US/page/2816267.

Calmes, Jackie. 2016. "Hiring Hurdle: Finding Workers Who Can Pass a Drug Test." *New York Times*, May 17, 2016.

Cao, Zhiyan, Guy D. Fernando, Arindam Tripathy, and Arun Upadhyay. 2018. "The Economics of Corporate Lobbying." *Journal of Corporate Finance* 49 (April): 54-80.

Caplan, Art. 2016. "Why Privacy Must Die." *The Health Care Blog*, December 19, 2016. http://thehealthcareblog.com/blog/2016/12/19/goodbye-privacy-we-hardly-knew-ye.

Capps, Cory, Dennis W. Carlton, and Guy David. 2017. "Antitrust Treatment of Nonprofits: Should Hospitals Receive Special Care?" NBER Working Paper No. 23131. National Bureau of Economic Research, Washington, DC.

Cardiff-Hicks, Brianna, Francine Lafontaine, and Kathryn Shaw. 2014. "Do Large Modern Retailers Pay Premium Wages?" NBER Working Paper No. 20313. National Bureau of Economic Research, Washington, DC.

Cassar, Lea, and Stephan Meier. 2017. "Intentions for Doing Good Matter for Doing Well: The (Negative) Signaling Value of Prosocial Incentives." NBER Working Paper No. 24109. National Bureau of Economic Research, Washington, DC.

CBO. 2017. "International Comparisons of Corporate Income Tax Rates," March 8, 2017. Congressional Budget Office, Washington, DC.

Chandler, Jesse, and Norbert Schwarz. 2010. "Use Does Not Wear Ragged the Fabric of Friendship: Thinking of Objects as Alive Makes People Less Willing to Replace Them." *Journal of Consumer Psychology* 20: 138-145.

Chang, Yuk Ying, Sudipto Dasgupta, and Gilles Hilary. 2010. "CEO Ability, Pay, and Firm Performance." *Management Science* 56 (10): 1633-1652.

Chartrand, Tanya L., Grainne M. Fitzsimons, and Gavan J. Fitzsimons. 2008. "Automatic Effects of Anthropomorphized Objects on Behavior." *Social Cognition* 26 (2): 198-209.

Chen, Peter, Loukas Karabarbounis, and Brent Neiman. 2017. "The Global Rise of Corporate Saving." NBER Working Paper No. 23133. National Bureau of Economic Research, Washington, DC.

Cheng, Ing-Haw, Sahil Raina, and Wei Xiong. 2014. "Wall Street and the Housing Bubble." *American Economic Review* 104 (9): 2797-2829.

Chris, Alex. 2017. "Top 10 Search Engines in the World." Reliablesoft.net. Accessed December 6, 2017. https://www.reliablesoft.net/top-10-search-engines-in-the-world/.

Cialdini, Robert B. 2007. *Influence: The Psychology of Persuasion*, rev. ed. New York: Collins Business.『影響力の武器 第 3 版――なぜ，人は動かされるのか』（誠信書房）

Clark, Andrew E., and Andrew J. Oswald. 1994. "Unhappiness and Unemployment." *Economic Journal* 104, no. 424 (May): 648-659.

tax-reform-pass-through-income-deduction-more-complex-than-thought.
Bessembinder, Hendrik. 2018. "Do Stocks Outperform Treasury Bills?" *Journal of Financial Economics* 129, no.3 (September).
Bessen, James. 2017. "Information Technology and Industry Concentration." Working Paper, Boston University School of Law, September 2017.
Bloom, Nicholas, Christos Genakos, Raffaella Sadun, and John Van Reenen. 2012. "Management Practices Across Firms and Countries." NBER Working Paper No. 17850. National Bureau of Economic Research, Washington, DC.
Bloom, Nicholas, Raffaella Sadun, and John Van Reenen. 2016. "Management as a Technology?" NBER Working Paper No. 22327. National Bureau of Economic Research, Washington, DC.
Bloxham, Eleanor. 2015. "Here's Why You Should Care About How CEOs Get Paid." *Fortune*, October 20, 2015.
Blumberg, Paul. 1989. *The Predatory Society: Deception in the American Marketplace*. New York: Oxford University Press.
Boal, William M., and Michael R. Ransom. 1997. "Monopsony in the Labor Market." *Journal of Economic Literature* 35, no. 1 (March): 86-112.
Bodenhorn, Howard. 2016. "Two Centuries of Finance and Growth in the United States, 1790-1980." NBER Working Paper No. 22652. National Bureau of Economic Research, Washington, DC.
Bonnanno, Alessandro, and Rigoberto A. Lopez. 2009. "Is Wal-Mart a Monopsony? Evidence from Local Labor Markets." Paper prepared for presentation at the International Association of Agricultural Economists Conference, Beijing, August 16-22, 2009.
Booth, Alison L., and Gylfi Zoega. 2000. "Why Do Firms Invest in General Training? 'Good' Firms and 'Bad' Firms as a Source of Monopsony Power." CEPR Discussion Paper 2536. Center for Economic and Policy Research, Washington, DC.
Bort, Julie. 2014. "The 25 Most Enjoyable Companies to Work For." *Business Insider*, August 22, 2014.
Boxell, Levi, Matthew Gentzkow, and Jesse M. Shapiro. 2017. "Is the Internet Causing Political Polarization? Evidence from Demographics." NBER Working Paper No. 23258. National Bureau of Economic Research, Washington, DC.
Branham, J. Alexander, Stuart N. Soroka, and Christopher Wlezien. 2017. "When Do the Rich Win?" *Political Science Quarterly* 132, no. 1 (Spring).
Brav, Alon, Wei Jiang, Song Ma, and Xuan Tian. 2016. "How Does Hedge Fund Activism Reshape Corporate Innovation?" NBER Working Paper No. 22273. National Bureau of Economic Research, Washington, DC.
Brightman, Christopher J. 2012. "Expected Return." Investment Management Consultants Association, Denver, CO.
Brooks, Nathan, and Katarina Fritzon. 2016. "Psychopathic Personality Characteristics Amongst High Functioning Populations." *Crime Psychology Review* 2 (1): 22-44.
Burkeman, Oliver. 2014. "Why Is Home More Stressful than Work? Because We're Too Lax About Relaxing." *Guardian*, June 4, 2014.

Austin, Christina. 2012. "The Billionaires' Club：Only 36 Companies Have $1,000 Million-Plus Ad Budgets." *Business Insider Australia*, November 11, 2012.

Autor, David, David Dorn, Lawrence F. Katz, Christina Patterson, and John Van Reenen. 2017. "Concentrating on the Fall of the Labor Share." NBER Working Paper No. 23108. National Bureau of Economic Research, Washington, DC.

'Backpacker'. 2015. "1929 Was a Great Year to Buy Stocks." Bogleheads.org (blog), May 6, 2015. https://www.bogleheads.org/forum/viewtopic.php?t=165263.

Bainbridge, Stephen M., and M. Todd Henderson. 2016. *Limited Liability：A Legal and Economic Analysis*. Cheltenham, UK：Edward Elgar.

Balchunas, Eric. 2016. "How the Vanguard Effect Adds Up to $1 Trillion." *Bloomberg View*, August 30, 2016.

Ballesteros, Luis, and Michael Useem. 2016. "The Social Value of Corporate Giving and the Economic Costs of Disasters." Wharton School Research Paper No. 84. Wharton School, University of Pennsylvania, Philadelphia.

Ballesteros, Luis, Michael Useem, and Tyler Wry. 2017. "Masters of Disasters? An Empirical Analysis of How Societies Benefit from Corporate Disaster Aid." *Academy of Management Journal* 60, no. 5.

Barber, Brad M., Yi-Tsung Lee, Yu-Jane Liu, and Terrance Odean. 2009. "Just How Much Do Individual Investors Lose by Trading?" *Review of Financial Studies* 22, no. 2.

Barber, Brad M., and Terrance Odean. 2000. "Trading Is Hazardous to Your Wealth：The Common Stock Investment Performance of Individual Investors." *Journal of Finance* 55：773-806. https://papers.ssrn.com/sol3/papers.cfm? abstract_id=1872211.

Barber, Brad M., and Terrance Odean. 2011. "The Behavior of Individual Investors." https://papers.ssrn.com/sol3/papers.cfm? abstract_id=1872211.

Bashir, Omar S. 2015. "Testing Inferences About American Politics：A Review of the 'Oligarchy' Result." *Research and Politics*, October-December 2015：1-7.

Bebchuk, Lucien, and Jesse Fried. 2006. *Pay Without Performance：The Unfulfilled Promise of Executive Compensation*. Cambridge, MA：Harvard University Press.『業績連動型報酬の虚実——アメリカの役員報酬とコーポレート・ガバナンス』（大学教育出版）

Becker, Sascha O., and Hans K. Hvide. 2013. "Do Entrepreneurs Matter?" IZA Discussion Paper No. 7146. IZA Institute of Labor Economics, Bonn, Germany.

Bennedsen, Morten, Francisco Pérez-González, and Daniel Wolfenzon. 2011. "Estimating the Value of the Boss：Evidence from CEO Hospitalization Events." Working paper, Columbia Business School. 2011.

Bergstresser, Daniel, John M. R. Chalmers, and Peter Tufano. 2009. "Assessing the Costs and Benefits of Brokers in the Mutual Fund Industry." *Review of Financial Studies* 22 (10)：4129-4156.

Bernstein, Elizabeth. 2014. "Work Creates Less Stress than Home, Penn State Researchers Find." *Wall Street Journal*, June 2, 2014.

Berry, Ken. 2018. "2018 Tax Reform：Pass-Through Income Deduction More Complex Than Thought." CPA Practice Advisor, January 8, 2018. http://www.cpapracticeadvisor.com/news/12389903/2018-

参考文献

Adelino, Manuel, Antoinette Schoar, and Felipe Severino. 2017. "Dynamics of Housing Debt in the Recent Boom and Great Recession." NBER Working Paper No. 23502. National Bureau of Economic Research, Washington, DC.

Aggarwal, Pankaf, and Ann L. McGill. 2007. "Is That Car Smiling at Me? Scheme Congruity as a Basis for Evaluating Anthropomorphized Products." *Journal of Consumer Research* 34 (December): 468-479.

Aggarwal, Pankaf, and Ann L. McGill. 2012. "When Brands Seem Human, Do Humans Act Like Brands? Automatic Behavioral Priming." *Journal of Consumer Research* 39 (August): 307-323.

Aguinis, Herman, and Ante Glavas. 2012. "What We Know and Don't Know About Corporate Social Responsibility: A Review and Research Agenda." *Journal of Management* 38, no. 4 (July): 932-968.

Ales, Laurence, and Christopher Sleet. 2016. "Taxing Top CEO Incomes." *American Economic Review* 106 (11): 3331-3366.

Alexander, Scott. 2016. "Contra Robinson on Schooling." *Slate Star Codex* (blog). December 6, 2016.

Alexander, Scott. 2017. "Silicon Valley: A Reality Check." *Slate Star Codex* (blog), May 11, 2017. http://slatestarcodex.com/2017/05/11/silicon-valley-a-reality-check.

Allcott, Hunt, and Matthew Gentzkower. 2017. "Social Media and Fake News in the 2016 Election." NBER Working Paper No. 23089. National Bureau of Economic Reseach, Washington, DC.

Anderson, Ryan. 2016. "The Ugly Truth About Online Dating: Are We Sacrificing Love for Convenience?" *Psychology Today*, September 2016. https://www.psychologytoday.com/us/blog/the-mating-game/201609/the-ugly-truth-about-online-dating.

Ante, Spencer. 2008. *Creative Capital: Georges Doriot and the Birth of Venture Capital*. Cambridge, MA: Harvard Business Review Press.

Antill, Samuel, David Hou, and Asani Sarkar. 2014. "Components of U.S. Financial Sector Growth, 1950-2013." *FRBNY Economic Policy Review* 20, no. 2 (December): 59-83.

Arcand, Jean-Louis, Enrico Berkes, and Ugo Panizza. 2015. "Too Much Finance?" *Journal of Economic Growth* 20, no. 2 (June): 105-148.

Ariely, Dan. 2012. *The (Honest) Truth About Dishonesty*. New York: HarperCollins.『ずる――嘘とごまかしの行動経済学』(ハヤカワ・ノンフィクション文庫)

Ashenfelter, Orley C., Henry Farber, and Michael R. Ransom. 2010. "Modern Models of Monopsony in Labor Markets." IZA Discussion Paper No. 4915. IZA Institute of Labor Economics, Bonn, Germany.

Atkinson, Robert D., and Michael Lind. 2018. *Big Is Beautiful: Debunking the Myth of Small Business*. Cambridge, MA: MIT Press.

化における大企業の描写は，大企業が信用できないという考え方を強化する材料の一つになっている（その描写はおおむね不正確なのだが）.
もっとも，ハリウッド映画やテレビ番組が発信する暗黙のメッセージは，画面を通して見る限り，たいていそれほど反企業的ではない．ハリウッド映画の基本的な価値観は個人主義とヒロイズムだ．その点で，映画はアメリカ人にややリバタリアン的な思考を植えつけていると言えるかもしれない．リバタリアン的な考え方は，反企業的というよりもむしろ，親企業的性格が強いとみなせる．しかも，そうした映画は，ヒーローの活躍を描き，観客の心理を高揚させることが主眼で，そもそも企業がまったく登場しない場合もある.
この点では，ハリウッドの映画産業がアメリカの知的・イデオロギー的環境を悪化させているとは言えない．しかし，企業や市場の恩恵が映画で描かれることはあまりない．アダム・スミスは，主に「見えざる手」のメカニズムが機能する結果，人々の利益追求行動が（その人自身はかならずしも気がついていないが）社会全体の利益につながると指摘した．表面に見えないところで利益と損失のバランスが取られ，ある用途から別の用途に資源が移されるのだ．ところが，そうした「見えざる手」は，文字どおり目に見えない.
しかも，このメカニズムを理解するためには，ある程度の理論を知っている必要がある．映画で「見えざる手」的な考え方が描かれた場合に，それを理解できるだけの経済学的知識をもった人はあまりいない．そのうえ，大衆文化を楽しむ人たちは，登場人物の意図を基準にその人物への評価を決めることが多い．映画ではたいてい，登場人物の行動の結果よりも意図のほうが描きやすいからだ．経済学的に言えば，少なくとも適切な仕組みが整っていれば，純粋に利己的な（あるいは主として利己的な）動機で行動しても，好ましい結果になる可能性があるが，この点も作品では描きにくい．そのためには，多くの抽象的な議論が避けられないからだ.

〔13〕 コントロール・プレミアムについては Owens, Grossman, and Fackler 2014 を参照.

補論

〔1〕 私はコースとウィリアムソンの著作から多くのことを学んだが，私の現在の考え方は，それよりも，ジョン・ロジャーズ・コモンズ，デビット・M・クレプス（評判の担い手としての企業という考え方はクレプスの理論に基づいている），ジュリオ・ローテンバーグの影響を強く受けている.

〔2〕 企業を社会的・法的評判の担い手とみなす考え方は，煎じ詰めれば，企業を取引コスト最少化の手段とみなす考え方と同じなのではないかと思う人もいるかもしれない．確かに，企業が評判の担い手になれば，その結果として取引コストが削減されるケースもある．しかし，企業が批判の標的になることが増えて，むしろ取引コストが大きくなる場合もある．私が思うに，基本的には，企業が評判の担い手になることを選択し，それにより取引コストが最少化されているわけではない．評判の担い手であることは，企業の選択の結果ではなく，（個別の事情による違いはあるにせよ）企業に求められることの一部なのだと，私は考えている．その意味で，企業を評判の担い手とみなす考え方は，コースやウィリアムソンの学説とは大きな違いがある.

パートナーシップの形態はさまざまな分野で成功しているが，有限責任を採用する組織を駆逐しつつあるとは言い難い．パートナーシップ形態の企業が増えているとすれば，それは組織形態として優れているからというより，税制上の理由が大きい（いわゆる「パススルー企業」として税制上有利な扱いを受けられるからである）．

〔12〕 この歴史についてはOsborne 2007, ch. 2を参照．ニューヨーク州については，とくにBainbridge and Henderson 2016, 37–38を参照．州政府の財政上の能力不足と有限責任会社の関係についてはWallis 2005を参照．90％という数字についてはBainbridge and Henderson 2016, 13を参照．

Chapter 9

〔1〕 Rucker 2011を参照．

〔2〕 メットライフについてはHauser and Maheshwari 2016を参照．

〔3〕 Hauser and Maheshwari 2016.

〔4〕 Guthrie 1993, 107.

〔5〕 擬人化全般についてはChartrand, Fitzsimons, and Fitzsimons 2008およびGuthrie 1993を参照．

〔6〕 Cialdini 2007, 28-29.

〔7〕 Cialdini 2007, 168-169.

〔8〕 Scheiber 2016を参照．

〔9〕 ニコニコする自動車に対して消費者がどのように反応するかについては，Aggarwal and McGill 2007, 2012を参照．

〔10〕 Touré-Tillery and McGill 2015.

〔11〕 確定的な証拠があるとまでは言えないが，企業の商品やサービスのもつ人間的特徴が私たちに「感染」するケースもあるのかもしれない．たとえば，あるラボ実験によれば，アップルのプロダクトに触れた人たちは，比較グループの実験参加者たちよりも創造性豊かな振る舞いを見せた（実験当時は，アップルがいまより創造的な印象をもたれていた）．一方、ディズニーのプロダクトに触れた人たちは，より誠実な行動を取る傾向があった．現実世界でもこのようなラボ実験どおりの現象が見られるかは明らかでない．しかし，この実験結果を見る限り，企業が人間のロールモデルと同様の影響を私たちに与える可能性は否定できない．
あるいは，あるブランドや企業のイメージに触れると，そのブランドや企業との接触を予想し，それにふさわしい行動を取ろうという意欲が無意識に強まるのかもしれない．たとえば，ある企業が広告を通じて「賢い」イメージを打ち出したとすると，その広告を見た人たちは，自分がその企業と接触することになると感じ，少なくとも一時的にはより賢くなる，というわけだ．これも，企業と人間を混同し，企業を擬人化する行為の一例と言える．

この点についての優れた文献には，たとえばFitzsimons, Chartrand, and Fitzsimons 2008がある．商品への愛着についてはChandler and Schwartz 2010を参照．商品の擬人化全般についてはCowen 2016を参照．

〔12〕 アメリカの大衆文化は大企業によって支えられている場合が多いが，皮肉なことに，大衆文

後押したと主張している.
〔29〕 中国のアメリカ国債保有高については Mullen 2016 を参照.
〔30〕 これらの数字については Comoreanu 2017 を参照（データの出所は連邦預金保険公社）.

Chapter 8

〔1〕 これらの引用はすべて Pearlstein 2016 による.
〔2〕 ルイジ・ジンガレスは縁故資本主義をことのほか厳しく批判してきた人物の一人である. たとえば, Zingales 2017 を参照.
〔3〕 広告予算については Statista 2017 を参照. GM については Austin 2012 を参照. Drutman 2015, 223 も参照. コカ・コーラについては Zmuda 2014 を参照. 企業幹部の発言は Pearlstein 2016 より引用.
〔4〕 Drutman 2015, 83, 86–87, 91 を参照. ロビー活動については Cao et al. 2018 を参照.
〔5〕 たとえば, Coffey and McLaughlin 2016 によれば, 1977 年以降の規制コストは推計約 4 兆ドルに達するという.
〔6〕 Gilens and Page 2014 を参照. 関連する点については, Enns 2015, Bashir 2015, Branham, Soroka, and Wlezien 2017, Matthews 2016 を参照.
〔7〕 現状維持バイアスについては Bashir 2015 を参照.
〔8〕 Drutman 2015, 92–93 を参照.
〔9〕 ジェファーソンについては Bainbridge and Henderson 2016, 2 を参照.
〔10〕 Halpern, Trebilcock, and Turnbull 1980 は, この問題についての歴史を踏まえた良質な論考である.
〔11〕 二重責任や無限責任が理にかなうケースもあるかもしれない. 具体的には, 多額の借り入れをしていて, しかも社会の信頼を得ることが重要な企業の場合だ. 生命保険会社や債務の多い金融機関などを思い浮かべればいい. これらの分野の規制がもっと弱く, 政府による救済策がほとんど, もしくはまったく実施されず, （銀行の場合は）預金保険制度が存在しなかったとすれば, 二重責任や無限責任の企業形態が発展し, 定着していた可能性もある.
有限責任の下では, 生命保険会社は, 30–40 年後に保険金を支払えるかを気にかけずに, 保険料収入で無謀なギャンブルに走りかねない. この場合, 大きなリスクを伴う行動が成功したときに得をするのは株主で, 裏目に出たときに大きな損失を被るのは保険加入者だ. そこで, 規制当局は, これらの企業に対して（二重責任や無限責任こそ義務づけていないが）手厚い資本準備金を要求している. この仕組みは, 二重責任や無限責任と同様の機能をより効率的に果たしていると言っていいだろう.
パートナーシップも, 厳格な有限責任から乖離した企業形態の一つだ. たとえば, パートナー（共同経営者）はみな, ほかのパートナーが業務上犯した不法行為や背信行為に対する責任を負う. 法律事務所はこの形態を採用していることが多く, 昔は投資銀行でもパートナーシップが珍しくなかった（ゴールドマン・サックスもそうだった）. この形態では, パートナーたちがほかのパートナーの行動を監視する必要があり, 事業の規模が比較的小さければうまくいくように思える（事業の規模が大きくなると, 監視は不可能だ）.

むにつれて，アメリカの投資家は国外の保有資産を，高リスクあるいは低流動性の株式などの証券や直接投資に集中させていった．一方，アメリカに投資する外国投資家は，債券に資産を集中させていった．具体的には，アメリカ国債や，不動産金融などの分野で政府系機関が発行する債券，対外融資などである」．つまり，アメリカ人のほうが全般的に楽観的で，リスク許容度が高いと言える．こうした傾向をアメリカの金融業界が後押ししている面もある．

Setser 2017 は，「ダークマター」の一部が多国籍企業の会計上のトリック（税率が低い国にある子会社・関連会社への収益のつけかえ）によるものである可能性について検討している．

〔18〕 経済学の動向に詳しい人は知ってのとおり，金融セクターと経済成長の関係について結論は出ていない．最も説得力のありそうなデータによれば，低所得国では両者の間に正の相関関係があり，高所得国では有意な関係は見られないという．この点については，指摘したいことが二つある．

第一は，金融セクターの発展がもたらす好影響はたいてい1回限りのもので，金融セクターが発展すればするほど経済成長が加速するわけではないということだ．それでも意義は大きい．効果が複数年続く場合はなおさらだ．たとえば，前述の「ダークマター」に関する議論からもわかるように，金融セクターはアメリカ人が消費に回せる金額を大幅に増やしているが，これによって経済成長率が1%から2%に上昇するわけではない．しかし，そのおかげでアメリカ人の暮らしはかなり豊かになっている．これは見落とされがちな点だ．以上は専門性の高い議論だが，大きな恩恵をもたらしている制度が経済成長率を押し上げていないケースは珍しくない．

第二は，裕福な国の経済はどうしても成長ペースが遅くなる．キャッチアップ型の成長ができないからだ．金融セクターが経済を豊かにするのなら，その結果として経済成長率を押し下げる作用もあるようにも思える．しかし，このような見方では金融セクターの恩恵を見落としてしまう．

以上の点については Cline 2015 を参照．Cournede and Denk 2015 は，この点に関して懐疑的な論文だ．金融セクターと成長の関係全般については Arcand, Berkes, and Panizza 2015 を参照．

〔19〕 Scannell and Houlder 2016.

〔20〕 Scannell and Houlder 2016.

〔21〕 金融セクターが GDP に占める割合については Philippon 2011, 2015 を参照．

〔22〕 この点については Philippon 2015 を参照．

〔23〕 これらのデータについては Philippon and Reshef 2012 を参照．

〔24〕 Shu 2013, 2016 を参照．

〔25〕 Kaplan and Rauh 2010, 1006. この論文は，金融業界の報酬全般に関する優れた資料だ．

〔26〕 Greenwood and Scharfstein 2013.

〔27〕 Balchunas 2016 を参照．2004 年の数字は Bergstresser, Chalmers, and Tufano 2009 による．投資信託の手数料が高い要因の一つは，ファンドの評議員が投資家の利害より経営陣の利害を重んじる場合が多いことにある．Thomas 2017 を参照．

〔28〕 Antill, Hou, and Sarkar 2014 は，ノンバンクによる信用仲介が金融セクターの成長を大きく

こうした変化の結果，音楽は社会的愛着との関係が弱まり，昔のような文化的・社会的影響力と政治的意味を失ったと言っていいかもしれない．ポピュラー音楽の人気が高まる一方で，ラップ以外のプロテスト音楽の影響力は弱まっている．今日のアメリカでは，ドナルド・トランプというきわめて批判の多い人物が大統領を務めているにもかかわらず，その状況は変わっていない．

以上の記述は Cowen 2017d による．

〔9〕 本のページ数については Lea 2015 を参照．確かに，こうした大作は最後まで読まれる場合ばかりではない．しかし，あらゆるものが軽薄短小化しているという一般的なイメージとは異なる傾向であることは確かだ．

〔10〕 小説への反対論については Cowen 1998, 64 を参照．

〔11〕 Alexander 2017 を参照．

〔12〕 上海の状況については Zhen 2017 を参照．

〔13〕 医療記録のプライバシーの危うさについては Caplan 2016 を参照．

〔14〕 Farr 2016 および Caplan 2016 を参照．

Chapter 7

〔1〕 19 世紀アメリカの経済成長で金融が果たした役割については Bodenhorn 2016 を参照．

〔2〕 このような事例については Faust 2016 を参照．

〔3〕 Zauzmer 2013 を参照．

〔4〕 NVCA 2016 および SSTI 2016 を参照．

〔5〕 Gompers et al. 2016, 12–13. この論文は 681 社のベンチャーキャピタル会社の 889 人のベンチャーキャピタリストを対象にした調査に基づいている．

〔6〕 Gompers et al. 2016.

〔7〕 Content First 2009, Kaplan and Lerner 2010, Gompers et al. 2016 を参照．

〔8〕 第二次世界大戦後間もない時期にアメリカでベンチャーキャピタル投資の礎を築いたのは，ジョルジュ・ドリオというフランス人だった．ドリオの生涯については Ante 2008 を参照．

〔9〕 7% という数字については，たとえば Diamond 1998 を参照．これとは異なる値を導き出している研究もあるが（Brightman 2012 を参照），いずれの研究もかなり高いパーセンテージを示している．

〔10〕 Egan, Matvos, and Seru 2016 を参照．

〔11〕 Backpacker 2015 を参照．

〔12〕 数字は McCarthy 2015 による．

〔13〕 Greenwood and Scharfstein 2013, 13–14.

〔14〕 Greenwood and Scharfstein 2013, 9 を参照．

〔15〕 Greenwood and Scharfstein 2013, 14.

〔16〕 Hausmann and Sturzenegger 2006 を参照．

〔17〕 「ダークマター」に関する議論は，Jackson 2013 に整理されている．最新の推計は Gourinchas 2016 を参照．この論文は以下のように記している．「金融のグローバル化が進

Chapter 5

〔1〕 小売業界の市場集中については Autor et al. 2017 を参照.
〔2〕 これらの数字は Frazier 2017 による.
〔3〕 Ganapati 2017 も参照. この論文では,「過去 20 年間の非製造業における市場集中と, 価格の変動の間に相関関係は見られない. 生産量との間に相関関係がある」と指摘している.
〔4〕 Gutiérrez and Philippon 2017 を参照.
〔5〕 重要分野における情報テクノロジーへの投資と市場集中の関係については Bessen 2017 を参照.
〔6〕 病院統合に関する経済学的分析については Cooper et al. 2015 と Town et al. 2006 を参照. このテーマ全般については Feyma and Hartley 2016 を参照.
〔7〕 携帯通信サービスの料金下落については Leubsdorf 2017 を参照. 電波周波数帯域の民間への売却については Skorup 2013 を参照.
〔8〕 航空業界については Cowen 2017c を参照. このブログ記事では, 総飛行距離数についてはアメリカ運輸省のデータを, インフレ調整済みの航空料金についてはセントルイス連邦準備銀行のデータを引用した (いずれもオンラインで閲覧可能). 航空市場全体の市場集中度と個々の航空路線の競争度の違いについては Shapiro 2017 を参照. 私自身は, 料金が安くなっても, 座席が狭くなったり, 設備がお粗末になったりすることは歓迎しない. しかし, 私が出張するときはたいてい自腹を切っていない. その点で大半の人とは状況が異なる. 実際, 市場の状況を見ると, ほとんどの人は料金が安いほうを好むようだ.
〔9〕 Leonhardt 2014 および College Board 2016 を参照.

Chapter 6

〔1〕 Shephard 2018 および Manjoo 2017 を参照.
〔2〕 シェア上位の顔ぶれは Chris 2017 による.
〔3〕 アルファベットおよびグーグルのネット広告収入については Stambor 2018 を参照.
〔4〕 これらの数字については Watts and Rothschild 2017 を参照.
〔5〕 Watts and Rothschild 2017 を参照.
〔6〕 これらの点については Allcott and Gentzkower 2017 を参照. 二極化については Boxell, Gentzkow, and Shapiro 2017 を参照.
〔7〕 Gentzkow and Shapiro 2014 および Boxell, Gentzkow, and Shapiro 2017 を参照.
〔8〕 フェイスブックは, 音楽などさまざまな文化から文脈を奪ってしまった. ソーシャルメディアを利用すれば, 人と人が手軽に結びつけるので, そのための手段として音楽などに頼る必要性がほとんどなくなったのだ. 昔の若者は, 音楽を通じて, 自分がどのような人間か, どのような社会集団に属したいかを表現していた. 1990 年代後半には, フェミニストならインディゴ・ガールズを聞き, サラ・マクラクランの CD を貸し借りし, 音楽フェアのリリスフェアに足を運んだものだ. しかし, いまはフェイスブックのアイコンやインスタグラムの投稿を通じて, 自分の考えを表現できる.

ある（ただし，この研究は資産の耐用年数を考慮していない）.

〔31〕 Mauboussin and Callahan 2015.

〔32〕 関連する問題については Summers 2017 を参照.

〔33〕 研究開発については Davies et al. 2014, 22 および Cowen 2017a の議論を参照.

〔34〕 この点については Fried and Wang 2017 を参照.

Chapter 4

〔1〕 Graeber 2018 および Moran 2018 を参照.

〔2〕 Kahneman et al. 2004 を参照.

〔3〕 Maestas et al. 2017, 40. この研究は，同研究を取り上げたメディアの報道から受ける印象よりも，アメリカの雇用の状況について楽観的な結論を導き出している.

〔4〕 これらの結果に関するさまざまな視点については，Kuhn, Lalive, and Zweimueller 2009, Tausig 1999, Clark and Oswald 1994 を参照. 失業が精神の健康と幸福感に及ぼす影響については Paul and Moser 2009 を参照.

〔5〕 McGrattan and Rogerson 2004.

〔6〕 Damaske, Smyth, and Zawadzki 2014, 2016 を参照.

〔7〕 Bernstein 2014 を参照.

〔8〕 フロー理論は心理学界で主流の考え方とはとうてい言えない. 人間の幸福感全般がどのくらいフローの影響を受けているかには，議論の余地がある. 人間の知性と情緒に対して大きな意味をもつ要素はほかにもあるからだ. それでも，フロー理論は人々の考え方に大きな影響を与えてきた. 実際，この理論は，人生の幸福感（仕事を通じた満足感もそのなかに含まれる）の少なくとも一部の側面に関して興味深い視点をもたらした.

〔9〕 LeFevre 1988 および Csikszentmihalyi and LeFevre 1989 を参照.

〔10〕 トランプの選挙運動については Konczal 2016 を参照.

〔11〕 職場の友人については Maestas et al. 2017, 34 を参照.

〔12〕 この点については，Burkeman 2014 を参照.

〔13〕 Lee and Viebeck 2017 を参照.

〔14〕 このような文化については Hogan 2017 を参照.

〔15〕 「補償賃金」については Hersch 2011 を参照. 女性の職場環境の改善については Kaplan and Schulhofer-Wohl 2018 を参照.

〔16〕 「買い手独占」については，Boal and Ransom 1997 と Ashenfelter, Farber, and Ransom 2010 を参照. ウォルマートについては Bonnanno and Lopez 2009 を参照. 買い手独占の考え方が（とくに中・長期的現象を説明する要因として）これまであまり経済学者に支持されてこなかった理由については，たとえば Kuhn 2004 を参照. 賃金の停滞については Furman 2018 を参照.

〔17〕 このテーマに関しては，Kaur, Kremer, and Mullainathan 2015 が議論の出発点になるだろう.

〔18〕 これらの点については Cowen 2017b を参照.

〔19〕 このメカニズムについては Freeman, Kruse, and Blasi 2004 を参照.

ては Taylor 2013 を参照．Jensen and Murphy 1990 によれば，アメリカの大企業で CEO が株主価値を 1000 ドル増やすと，その CEO の報酬は約 3.25 ドル増えるという．もっとも，これは有名な論文だが，今日の実情とは乖離している．この研究では計算に入れていない報酬形態があるうえ，しかも CEO の報酬額そのものではなく，報酬額の増加分しか見ていないため，本文で紹介したデータとは一致していない．Jensen and Murphy 1990 以降，ストック・オプションの制度が急速に広がり，CEO の報酬が株主価値といっそう緊密に連動するようになった．一部の推計によれば，CEO が受け取る報酬は，みずからが増やした企業価値に占めるパーセンテージで見ると Jensen and Murphy 1990 の 4 倍に達している．もしかすると，もっと増えているかもしれない．

このようなアプローチによる研究の一部を整理した論文に，Walker 2012, 10 がある．Jensen and Murphy 1990 の結果を再計算したものに，Conyon 2006, Frydman and Saks 2007, Frydman and Jenter 2010 がある．Frydman and Jenter 2010 は第二次世界大戦前の状況も論じている．あまり知られていないが，アメリカの CEO の報酬決定で金銭的インセンティブが重んじられる傾向は，今日より第二次世界大戦前のほうが目立っていた．

〔26〕 Giertz and Mortenson 2013 を参照．報酬決定コンサルタントを雇うと，既存の CEO の利害が尊重されて報酬が上昇するとの指摘がある．この点に関しては，本格的な研究のなかにも，この指摘を支持するものと，否定するものの両方がある．差し当たりは結論を保留しておくほうがよさそうだ．統計を基にした分析によれば，報酬委員会のメンバー構成と報酬額の間には関連がないように見える．しかし，経営陣と癒着している人物がメンバーになっていても，それが統計にあらわれないケースもあるかもしれない．いずれにせよ，このような批判をする人は企業の CEO にもしばしばいるが，（少なくとも現時点では）この批判には裏づけがない．Conyon 2006, 38 および Walker 2012, 17–18 を参照．

〔27〕 意外に感じるかもしれないが，場合によっては CEO の報酬が企業規模の拡大より速いペースで上昇することが望ましいのかもしれない．企業の規模が大きくなり，報酬が上昇すると，CEO のなかには現状維持に走る人たちが出てくる．そのような人物は，手にした特権に安住し，地位を守ることに血道を上げ，社内に官僚体質をはびこらせてしまう．すでに数百万ドルの報酬を得ている人たちにとって，その収入を失わないことが最優先になるのは意外なことではない．

では，取締役会や株主は，CEO に適度なリスクを伴う行動を取り続けさせるために，どうすればいいのか．そのためには，さらに業績が向上すればさらに高い報酬を支払うようにすればいい．CEO の報酬はそのようにして増加してきた．途方もなく高い報酬は，高給取りの CEO たち自身が生み出している問題に対処するためのものという側面もあるのだ．道徳に反すると感じる人も多いだろう．実際，そうなのかもしれない．しかし，現実の効果を考えた場合，このような対応は好結果を生んでいると言えるかもしれない．

〔28〕 短期志向に関するデータを整理したものに，Mauboussin and Callahan 2015 がある．Fama and French 1998 も参照．Maksimovic, Phillips, and Yang 2017 の推計によれば，選択効果によるバイアスの影響を取り除くと，株式上場が短期志向を助長する傾向は見られないという．

〔29〕 これらのデータについては *Economist* 2017 を参照．

〔30〕 Mauboussin and Callahan 2015. 短期志向に対する優れた批判に，Sampson and Shi 2016 が

〔9〕 企業の輸出能力が10%高ければ，CEOの報酬も2%高いという関係が見られる（会社の規模の影響を除外して計算した数字）．この点は，グローバル志向が強く，CEOの職務をこなせる人材がいかに希少か，そしてそのような人材の報酬がいかに高騰しやすいかを浮き彫りにしている．Keller and Olney 2017を参照．

〔10〕 Frydman and Jenter 2010を参照．外部登用についてはMurphy and Zabojnik 2007を参照．

〔11〕 Frydman and Jenter 2010を参照．就任時の給料についてはFalato, Li, and Milbourn 2015を参照．この論文によれば，強力な経歴の持ち主ほど就任時の給料が高く，就任後の業績も良好だという．

〔12〕 この点については，Ales and Sleet 2016を参照．

〔13〕 Kaplan 2012およびKaplan and Rauh 2013を参照．

〔14〕 Kaplan 2012およびKaplan and Rauh 2013を参照．

〔15〕 Kaplan 2012を参照．この傾向は，トップクラスのプライベートエクイティ投資会社の幹部たちにも見られる．ニューヨーク・タイムズ紙の推計によると，ブラックストーン・グループのスティーヴン・A・シュワルツマンCEOは，2015年に8億ドル近くを受け取った．そのほとんどは，投資を成功させたことによる報酬と株式による収入だ．基本給は35万ドルにとどまり，ボーナスはまったく受け取っていない．同社のハミルトン・J・ジェームズ社長の報酬は2億3300万ドル，不動産部門責任者のジョナサン・D・グレイは2億4900万ドルを受け取った．ブラックストーン以外では，2013年にアポロ・グローバル・マネジメントのレオン・ブラックが5億4300万ドル，2015年にコールバーグ・クラヴィス・ロバーツ（KKR）の共同トップであるヘンリー・R・クラヴィスとジョージ・R・ロバーツが合わせて3億5600万ドルを受け取った．プライベートエクイティ会社でとくに高額の収入を得ている人たちは，その会社の創業者である場合が多く，自社の投資案件で多くの株式を保有している．Protess and Corkery 2016.

〔16〕 Kaplan 2012を参照．

〔17〕 Frydman and Jenter 2010を参照．外部招聘のCEOの高額報酬についてはMurphy and Zabojnik 2004を参照．

〔18〕 Song et al. 2015を参照．Autor et al. 2017も参照．

〔19〕 スーパースター企業は，イギリスとドイツでも経済的不平等を拡大させた最大の要因と位置づけられている．両国の場合も，個々の会社の中で（つまり，一般社員と幹部の間で）不平等が広がっているわけではない．一部の企業が目覚ましいペースで生産性を向上させていて，ほかの企業がそれについていけていないのだ．

〔20〕 Nguyen and Nielsen 2014および，このテーマ全般についてはTerviö 2008を参照．2.32%という数字はJenter, Matveyev, and Roth 2016による．

〔21〕 Becker and Hvide 2013を参照．

〔22〕 Bennedsen, Pérez-González, and Wolfenzon 2011を参照．

〔23〕 CEOの交代について調べて，これらの研究と同様の結論を導き出しているものに，Chang, Dasgupta, and Hilary 2010がある．

〔24〕 働き手が限界生産物のすべてを受け取っていないことについてはIsen 2012を参照．

〔25〕 68-73%という数字についてはNguyen and Nielsen 2014を参照．44-68%という数字につい

うまく運営されているように見えるものの多くは，一見するとビジネスと無縁に見えても，営利企業の手法とスキルを援用している．

〔18〕 これらの調査結果については，Zak and Knack 2001 および Knack and Keefer 1997 を参照．

〔19〕 カリフォルニア州については Capps, Carlton, and David 2017 を参照．営利に転換した非営利病院については Joynt, Orav, and Jha 2014 を参照．2000 年の研究は McClellan and Staiger 2000，2007 年の研究は Shah et al. 2007 を参照．これらの研究に関しては，Scott Alexander（Alexander 2016）に多くを教えられた．

〔20〕 Lichtenberg 2013 など，Frank Lichtenberg の研究全般を参照．HIV 感染者の平均余命については Cairns 2014 を参照．

〔21〕 Brooks and Fritzon 2016 を参照．Hare 1999 も参照．

Chapter 3

〔1〕 たとえば，Bloxham 2015 や Elson 2003 を参照．

〔2〕 たとえば，Walker 2012 や Kaplan and Rauh 2013 を参照．CEO と一般社員の給料格差については Mishel and Davis 2015 を参照．この論文は，CEO に対する一般的な批判の多くを検討し，そうした批判が妥当なものだと結論づけている．Bebchuk and Fried 2006 も，アメリカにおける CEO の高額報酬に関する批判として有名な著作だ．いくつかの批判に対する回答としては，Core, Guay, and Thomas 2005 がある．最新のデータは Stein and McGregor 2018 を参照．

〔3〕 最近の良質なデータは Edmans, Gabaix, and Jenter 2017 を参照．

〔4〕 たとえば，Mishel and Davis 2015 や Frydman and Saks 2007 を参照．

〔5〕 Gabaix and Landier 2008 を参照．この問題に関して，そして CEO の報酬全般に関しては，Edmans, Gabaix, and Jenter 2017 が参考になる．3100 万ドル（2014 年の貨幣価値に換算）という数字は，Edmans, Gabiax, and Jenter 2017, 17 による．

〔6〕 Gabaix, Landier, and Sauvagnat 2014, 3-4. たとえば，大不況の時期，CEO の報酬は企業価値の減少にほぼ比例する形で減少していた．「CEO の報酬額の変動は，企業価値と緊密に連動していた．2007 年から 09 年にかけて，企業価値は平均で 17.4%，株式の時価総額は 37.9% 減少し，CEO の報酬に関する指数も 27.7% 落ち込んだ．一方，2009 年から 11 年にかけて，企業価値は 19%，株式時価総額は 27% 上昇し，報酬の指数は 22% 上昇した」という．

2014 年から 15 年にかけて，アメリカの大手上場企業 300 社の CEO たちの報酬の中央値は 3.8% 下落した（1120 万ドルから 1080 万ドルに減少）．この年，300 人の CEO のうち半分以上は，給料の増減が 1% 未満にとどまっていた．CEO たちの報酬が減った最大の理由は株価の不振だった．

21 世紀の最初の 10 年間に CEO の報酬が伸び悩んだことについては，Frydman and Jenter 2010 を参照．2014 年と 2015 年の比較は Francis and Lublin 2016 を参照．

〔7〕 上位 4% というデータは Bessembinder 2018 を参照．取締役の意識調査は Larcker, Donatiello, and Tayan 2017 を参照．

〔8〕 Lublin 2017 を参照．

〔2〕 Evershed and Temple 2016, 20, 122 を参照.
〔3〕 この調査およびその他の関連データについては Anderson 2016 を参照.
〔4〕 嘘の回数については DePaulo et al. 1996 を参照. 親しい人への嘘については DePaulo et al. 2004 および DePaulo and Kashy 1998 を参照.
〔5〕 この研究については Feldman, Forrest, and Happ 2002 を参照.
〔6〕 履歴書については Tomassi 2006 および Henle, Dineen, and Duffy 2017 を参照.
〔7〕 万引きと店員による盗みについては, たとえば Wahba 2015 を参照. 薬物検査について Calmes 2016 を参照.
〔8〕 Schwitzgebel 2009 および Schwitzgebel and Rust 2014 を参照.
〔9〕 倫理学者たちの見方については Schwitzgebel and Rust 2009 を参照. 学会参加者については Schwitzgebel et al. 2012 を参照.
〔10〕 Stephens-Davidowitz 2017, ch. 3 を参照.
〔11〕 IRS 2016 を参照.
〔12〕 データは http://www.taxpolicycenter.org/statistics/amount-revenue-source. による. ちなみに, 企業の会計不正については Dyck, Morse, and Zingales 2013 を参照. この論文によれば, 1996-2004 年の期間, アメリカの大手上場企業の 7 社に 1 社は会計不正に手を染めていたという（企業と個人の比較はなされていない）.
タックス・ギャップに関するデータの多くは厳密なものとは言えない. それらのデータの基礎を成すのは, 個人や企業が本来いくら納税すべきかという国税当局の推計だ. しかし, 企業が税の抜け道を次々と見つけ出す法人所得税の場合はとくに,「脱税」と「合法だが甚だしい節税」を明確に区別できないように思える. このような事情はあるものの, 本文で記した以外にも, 企業より個人の脱税が深刻であることを示唆する強力なデータがある. たとえば, 2008-10 年の期間の雇用税の脱税額は年間約 810 億ドルに上る. そのほとんどは企業の不正ではなく, 個人事業主の脱税だ. この点も考慮に入れると, 企業よりも個人のほうが悪質に思える.
〔13〕 Fehr and List 2004 を参照.
〔14〕 Henrich 2000, 974 を参照.
〔15〕 以上の点については, Ensminger and Henrich 2014; Henrich et al. 2004; Henrich et al. 2006; Henrich et. al. 2010 を参照. 18 世紀については Hirschman 1992 を参照.
〔16〕 自社の利益のためだけに行動しているとみなされれば企業の慈善活動が逆効果になりかねないことを示唆する研究に, Cassar and Meier 2017 がある.
〔17〕 Graham et al. 2017 を参照. 歴史的に見ても, ビジネスとビジネス以外の領域は互いに強く影響を及ぼし合ってきた. ビジネスの能力が慈善活動や政治運動, 環境保護活動などに生かされるケースも多い. たとえば, マイクロソフトのビル・ゲイツは経営経験を生かして, 途上国の保健・医療状況の改善に取り組んでいる. もっと地域レベルの地味な活動をしている人たちもいる. 企業の財務責任者のなかには, 所属している教会の財務をボランティアで引き受けている人も多い. アメリカの企業は元々, 組織運営の手法を宗教界から学んだ. そして今日の企業は, 宗教団体や慈善団体のために組織運営のスキルを――ビジネスの世界で磨き上げられて, 市場で有効性を実証されているスキルを――提供しているのだ. アメリカで

原 注

＊原注・参考文献に記載の URL は原著刊行時点のものである

Chapter 1

〔1〕 世論調査については Newport 2018 を参照.
〔2〕 Bloom et al. 2012 を参照.
〔3〕 生産性については Syverson 2011 を参照．中国とインドについては Hsieh and Klenow 2009 を参照.
〔4〕 Bloom, Sadun, and Van Reenen 2016 に加えて，国際比較については Pellegrino and Zingales 2017 を参照.
〔5〕 Bloom, Sadun, and Van Reenen 2016.
〔6〕 LGBT の権利擁護で大企業が果たしてきた役割については，たとえば Surowiecki 2016 を参照.
〔7〕 Ehrenfreund 2016 および Della Volpe and Jacobs 2016 を参照.
〔8〕 Desan and McCarthy 2018 を参照.
〔9〕 Segrave 2011 を参照.
〔10〕 Gallup 2016 による.
〔11〕 大企業の給料が高いことについては Cardiff-Hicks, Lafontaine, and Shaw 2014 を参照．詐欺行為に手を染める度合いなど，大企業と中小企業の比較全般については，Atkinson and Lind 2018 を参照．同書は，大企業に関する非常に優れた著作である.
〔12〕 右派による反テクノロジー企業キャンペーンについては，たとえば Grynbaum and Herrman 2018 を参照.
〔13〕 https://twitter.com/EdwardGLuce/status/1029760202437001216, August 15, 2018 を参照.
〔14〕 Friedman 1970. フリードマンの論文は，企業経営者を従業員と位置づけている点で間違っている．それよりも，取締役会と企業幹部は「受託者」と呼ぶほうが妥当だ．この点に関しては，たとえば Hart and Zingales 2016 を参照．同論文は，フリードマンの論文以降の議論も整理している．企業の社会的責任に関する著作としては，Aguinis and Glavas 2012（非常に有益なサーベイ論文だ），Marcaux 2017, Guiso, Sapienza, and Zingales 2013, Lev, Petrovits, and Radhakrishnan 2010 がある.
〔15〕 参考までに，ロックンロールの歴史については Cowen(2000) で，遺伝子組み換え作物については Cowen (2012) で論じている.

Chapter 2

〔1〕 ダイエット・サプリメントについては DaVanzo et al. 2009 を参照.

[著者]
タイラー・コーエン（Tyler Cowen）
米国ジョージ・メイソン大学経済学教授・同大学マルカタスセンター所長。1962年生まれ。ハーバード大学にて経済学博士号取得。「世界に最も影響を与える経済学者の一人」（英エコノミスト誌）。人気経済学ブログ「Marginal Revolution」（www.marginalrevolution.com）、オンライン経済学教育サイト「MRUniversity」（www.mruniversity.com）を運営し、最も発信力のある経済学者として知られる。著書に『大停滞』『大格差』『大分断』（以上、NTT 出版）、『エコノミストの昼ごはん』（作品社）、『フレーミング』（日経 BP 社）など。ニューヨーク・タイムズ、ウォール・ストリート・ジャーナル、ワシントン・ポスト他に寄稿。

[訳者]
池村千秋（いけむら・ちあき）
翻訳家。訳書にグラットン＋スコット『LIFE SHIFT』（東洋経済新報社）、コーエン『大停滞』『大格差』『大分断』、ボネット『WORK DESIGN』（以上、NTT 出版）、モレッティ『年収は「住むところ」で決まる』（プレジデント社）など。

[解説者]
飯田泰之（いいだ・やすゆき）
明治大学政治経済学部准教授。専門はマクロ経済学、経済政策。1975年生まれ。東京大学経済学部卒業後、同大学院経済学研究科博士課程単位取得。著書に『経済学講義』（ちくま新書）、『マクロ経済学の核心』（光文社新書）、『日本史に学ぶマネーの論理』（PHP 研究所）、『これからの地域再生』（編著、晶文社）など。

BIG BUSINESS（ビッグビジネス）――巨大企業はなぜ嫌われるのか

2020年8月4日　初版第1刷発行

著　者　タイラー・コーエン
訳　者　池村千秋
解説者　飯田泰之

発行者　長谷部敏治

発行所　NTT出版株式会社
〒108-0023 東京都港区芝浦3-4-1 グランパークタワー
営業担当　TEL 03(5434)1010　FAX 03(5434)0909
編集担当　TEL 03(5434)1001
https://www.nttpub.co.jp

装　幀　三森健太（JUNGLE）
本文組版　株式会社キャップス
印刷・製本　株式会社光邦

© IKEMURA Chiaki 2020
Printed in Japan
ISBN 978-4-7571-2380-9　C0033
乱丁・落丁はお取り替えいたします。
定価はカバーに表示してあります。

タイラー・コーエンの本

大停滞

若田部昌澄［解説］ 池村千秋［訳］

経済成長の源泉は失われたのか？
世界同時不況はなぜ起きたのか？
米国の政策関係者や世界の経済論壇で論争を呼んだ問題作。

46判上製　168頁　定価（本体1,600円＋税）
ISBN978-4-7571-2280-2 C0033

大格差

機械の知能は仕事と所得をどう変えるか

若田部昌澄［解説］ 池村千秋［訳］

テクノロジー失業に陥らないために、何をなすべきか？
『大停滞』で世界的論争を呼んだ経済学界の異才による
驚くべき未来予想図。

46判上製　360頁　定価（本体2,400円＋税）
ISBN978-4-7571-2326-7 C0033

大分断

格差と停滞を生んだ「現状満足階級」の実像

渡辺 靖［解説］ 池村千秋［訳］

リスクを嫌い、活力ある経済と
イノベーションを失った社会の末路とは？
「変わらない時代」の快適さに警鐘を鳴らす。

46判上製　336頁　定価（本体2,400円＋税）
ISBN978-4-7571-2363-2 C0033